猎术

猎头核心技能

第 2 版

郑孝领　编著

图书在版编目（CIP）数据

猎术：猎头核心技能/郑孝领编著 . —2 版 .
北京：中国发展出版社，2019.11
ISBN 978-7-5177-1093-6

Ⅰ.①猎… Ⅱ.①郑… Ⅲ.①企业管理—人力资源管理
Ⅳ.①F272.92

中国版本图书馆 CIP 数据核字（2019）第 268340 号

书　　　名：猎术：猎头核心技能（第 2 版）
著作责任者：郑孝领
出 版 发 行：中国发展出版社
联　系　地　址：北京经济技术开发区荣华中路 22 号亦城财富中心 1 号楼 8 层
　　　　　　　（100176）
标　准　书　号：ISBN 978-7-5177-1093-6
经　销　者：各地新华书店
印　刷　者：北京市密东印刷有限公司
开　　　本：710mm×1000mm　1/16
印　　　张：21.5
字　　　数：288 千字
版　　　次：2020 年 12 月第 1 版
印　　　次：2020 年 12 月第 1 次印刷
定　　　价：58.00 元

联 系 电 话：（010）68990642　68990692
购 书 热 线：（010）68990682　68990686
网 络 订 购：http：//zgfzcbs.tmall.com
网 购 电 话：（010）68990639　88333349
本 社 网 址：http：//www.develpress.com
电 子 邮 件：fazhanreader@163.com

版权所有·翻印必究

本社图书若有缺页、倒页，请向发行部调换

迎接猎头业的第二个黄金 20 年

彭剑锋

企业与企业之间的竞争本质上是人才的竞争。猎头是企业和人才之间的独特桥梁，是企业间人才再配置与人才价值再实现的重要推手，是企业高端人才竞争的重要手段。随着互联网与人力资本时代的到来，企业对高端人才的需求越来越旺盛，人才通过流动实现价值增值的意愿越来越强烈，猎头作为企业获取所需高端人才的重要途径，其重要性和价值是毋庸置疑的。

中国猎头业与中国改革开放和经济高速发展的 30 年相伴而生。从 20 多年前仅仅是外企雇用猎头寻找人才到今天国企、民企都大量借助猎头"挖人"，从完全由外资猎头公司把控市场到本土猎头公司的快速崛起，中国猎头业经历了第一个黄金时代。在这个黄金时代里，企业开始认识到猎头的独特价值并广泛使用猎头，猎头的行业服务水平大幅提升，本土猎头公司和猎头顾问快速成长，一批有潜力、布局长远的猎头公司脱颖而出。据估计，中国高端猎头市场已达 200 亿元的规模。但与此同时，与有着非常成熟的商业服务模式和专业服务体系的国外猎头业相比，中国猎头业还处于鱼龙混杂的初级阶段，亟待走出行业乱象丛生的怪圈。

我国猎头行业已经到了转型的十字路口。经过几十年高速发展，中国经济正在加快产业转型升级，随着企业战略转型和业务的调整，招聘精英人才成为企业最重要也是最棘手的问题。因此，我可以大胆预测，在经过外资企业引领的第一个猎头黄金20年后，我国猎头业正迎来本土猎头引领的第二个黄金20年。

第二个黄金20年将有着与第一个20年不同的特征。第一，如果说第一个黄金20年是外资企业和外资猎头引领的，那么第二个黄金20年一定是由本土企业（主要是本土民营企业）和本土猎头"唱主角"。第二，由于信息化的发展以及大数据在招聘、猎头行业的应用，再加上许多大型企业自己就有丰富的人才招聘经验，企业不再固定地跟某一家猎头公司合作，传统的由于信息不对称造成的猎头行业的优势已经不复存在，猎头行业向咨询型、顾问型、定制化解决方案型转变可以说是一个必然。

因此，对于众多的猎头机构来说，这第二个黄金时代既是难得的发展机遇，也是攸关生死的挑战。对于本土猎头机构来说，找准自己的市场定位，提高专业操作能力，配以优良的综合延伸服务，才能获得客户及市场的认同。

所以，培养更多的职业"猎手"、提高猎头机构的专业能力及综合服务能力迫在眉睫。在这个时候，我看到了本土"老猎手"郑孝领写的《猎术：猎头核心技能》这本书。这是一本定位非常清晰的书，它告诉读者，如何才能成为一个好的猎头。

郑孝领是我认识的猎头中仅有的完全没有国外猎头经验而且是地方政府组织系统干部出身的资深猎头。他对猎头的认识完全基于他多年的实践。多年前，他曾告诉我说，一个好的猎头不是简单地做"搬砖头"的工作，而应该是一个"医生"，要能够看出企业人力资源管理的病症并开出合适的"处方"，通俗地说，就是要"读懂企业、读懂职位、读懂老板"。直到今天，我对这段话依然记忆犹新。

猎头是一个技术活。就像本书所说的，猎头所做的工作就是人才的合理配置，就是让合适的人在合适的时间到合适的地方。让我们的企业管理者和猎头从业者都好好读读这本书，学习如何实现这"三合适"。

目　录

第1章　走近猎头

头脑是智慧、知识之所在，网罗人才就是为了获取最新、最前沿的技术信息和管理智慧。猎头公司就是专门猎取这种知识头脑的公司。

猎头并非挖墙脚 / 2

猎头与人才战争 / 5

猎头在中国 / 8

猎头让多方共赢 / 13

猎头有其严格的规矩 / 17

猎头有其规范的服务流程 / 21

猎头对顾问要求极高 / 24

附件 1　《高级人才寻访服务规范》/ 27

附件 2　《职业道德公约》/ 32

附件 3　《规范化执业指南》/ 33

附件 4　《AESC 候选人测评及背景调查程序》/ 37

媒体链接　高端人才争夺激烈　"猎头"导演人才"暗战" / 39

第2章　双方合作共赢

在企业发展的过程中，人才短缺是最大的障碍。这种障碍不仅制约着企业的发展战略，更制约着企业生产力的发展。

猎头是企业的战略合作伙伴 / 44

高端岗位需要猎头 / 50

猎头服务的是优秀企业 / 56

双方合作要共赢 / 65

猎头要有周密的寻访计划 / 69

附件1　猎头需求调查表 / 72

附件2　猎头合作协议 / 74

附件3　长期猎头服务协议 / 78

附件4　××猎头项目寻访计划书 / 82

媒体链接　因经济发展而活跃　安徽猎头暗流涌动 / 86

第3章　诊断企业

　　猎头只有在读懂企业、读懂老板、读懂职位的情况下，才能真正明确企业需要什么样的人才，老板喜欢什么样的人才，职位需要什么样的人才，也才能招到企业需要的、老板满意的、能胜任职位的合适人才。

猎头顾问读企业 / 90

猎头顾问读老板 / 103

猎头顾问读职位 / 111

附件　总经理职位说明书 / 122

媒体链接　猎手是一份"耗费心力"的工作 / 125

第4章　搜寻人才

　　搜寻人才是猎头顾问在猎头服务过程中耗时最多、费力最大的一项工作，猎头顾问能不能搜寻到用人单位需要的合适人选，是决定猎头能否成功的关键。

人才库中搜寻人才 / 130

人才网站搜寻人才 / 133

利用人脉推荐人才 / 135

招聘会上寻找人才 / 137

培训会场寻找人才 / 138

利用新媒体寻找人才／140

定向猎取人才／142

媒体链接　合肥猎头圈老 A 擅长"人肉搜索"／146

第 5 章　读人才

　　猎头顾问必须会读人。既要能读懂企业，也要能读懂企业老板，还要能读懂人才。他不仅要看清人才的外表、行为，更要读懂人才内在的思想和动机。

猎头顾问要会读人／150

简历读人／155

电话读人／159

面谈读人／165

测评工具读人／182

背景调查读人／200

媒体链接　企业求贤若渴　猎头生意井喷／210

第 6 章　推荐人才

　　猎头顾问在推荐中始终坚持的原则是：要为用人单位推荐最合适的人才，宁愿做不成，也决不推荐一个自己认为不合适的人才。

确定推荐候选人名单／214

单位与候选人的交流／229

签订聘用协议及协助上岗／236

附件 1　聘用协议／242

附件 2　录用通知书／245

附件 3　劳动合同范本／247

媒体链接　科学识才　助推发展／253

第7章 跟踪服务

猎头顾问要让企业和人才感到被关心、被重视，让企业和人才的疑虑、烦恼能找到诉说的地方，让企业和人才得到共同发展，让企业和人才更优秀。真正实现让企业招得进、留得住、能发挥作用。

"空降兵"水土不服的种种表现／258

"空降兵"不能"成活"的主因在单位／264

"空降兵"不能"成活"的内因在己／270

做好跟踪服务，防止"水土不服"／273

"空降兵"要像一颗优良的种子／291

媒体链接　官办"猎头"公司全国"挖人"／294

第8章 企业、人才、猎头

企业、人才、猎头三者相互联系、相互依存、共同提高、共同发展，实现社会高级人才合理配置，促进经济社会的发展和管理水平的全面进步。

企业／300

人才／312

猎头／319

媒体链接　一个猎头的生存法则／326

编后语／332

第1章

走近猎头

头脑是智慧、知识之所在,网罗人才就是为了获取最新、最前沿的技术信息和管理智慧。猎头公司就是专门猎取这种知识头脑的公司。

猎头并非挖墙脚

我是1999年开始由组织工作转为猎头服务工作的。在当时，只要向人介绍我是××猎头公司的，别人就会另眼相看。在人们眼里，猎头就是专门做不道德的事——挖人墙脚。还有熟人和朋友直接问我，有好好的组织部处长工作，干几年就能转岗到县区或市直部门做领导干部，去做什么猎头？有的还会问，你们组织部也开始挖人墙脚了？等等，有时让人哭笑不得。由于受传统思想观念和道德观念的影响，"猎头"在中国还是一个褒贬不一的词，人们对猎头的认识还不全面、不准确。

一 猎头是高级人才寻访

猎头是指物色人才的人或机构，能帮助优秀的企业找到需要的人才。猎头也被称为高级人才寻访。"头"者，智慧、才能集中之所在，"猎头"也可指猎夺人才，即发现、追踪、评价、甄选和提供高级人才的行为。

猎头的英文是 head hunting，来源于拉丁文，原意指美洲食人部落作战的时候把对方的头颅砍下来，作为炫耀挂在腰间的行为。"二战"后，欧美一些国家从德国等战败国寻找自己需要的科学家，他们像在丛林狩猎一样，派专业公司到处帮他们物色比较优秀的人，"猎头"正式定名，后来这个词被借用为猎寻人才。

我国新华字典对"猎头"的解释有两个：一是猎头指受企业等委托为其物色、挖掘高级人才的工作：猎头公司、猎头服务；二是指从事这种工作的人：人才猎头。

2011年1月1日由国家质量监督检验检疫总局、中国国家标准化管理委员会发布实施的《高级人才寻访服务规范》将猎头明确定义为：高级人才寻访是为客户提供咨询、搜寻、甄选、评估、推荐并协助录用高级人才的系列服务活动。

二 猎头追逐的目标是高级人才

猎头与一般的企业招聘、人才推荐和职业介绍服务有着明显的不同。一般的人才招聘是单位招聘职位较低、需求量大的基层职位，如操作工人、保安、服务员等。而猎头追逐的目标是高端人才，它搜寻的是那些受教育程度高、实践经验丰富、业绩表现出色的专业人才和管理人才。所以，猎头可以理解为高级人才中介，扮演的是高级人才和企业的"红娘"角色。

猎头有四个明显特征：一是目标性强。其"猎物"一般是高学历、高职位、高收入的高级人才。二是政策性强。其要遵守国家相关的《保密法》《劳动法》以及有关人事政策法规等。三是专业要求高。其一般应有良好的职业素养，要有熟练的人才评估、评价技巧和方法，猎头过程的每一个环节，包括如何签订合同等，都要目光敏锐、准确，对各行业有一定的了解。四是稳定性强。其在客户与人才之间有良好的跟踪服务及反馈。

三 猎头让企业和人才更优秀

猎头不是简单地把人才由甲方推荐到乙方。猎头遵循的是合适原则，是根据人才自身的能力、爱好、专业特长等，将其放到最适合的岗位，使人才的能力在实际工作中全部发挥出来，为社会创造更大的价值。猎头是把一位在某岗位上干得不开心（或不完全开心）或发展受限制或不能充分施展才能的人才，推荐或引荐到一个能充分发挥其作用、能实现自身价值且喜欢的岗位上，为社会创造出远高于原价值的价值，实现人尽其才、才尽其用。猎头可以让人才更优秀。

只有一流的人才，才能打造一流的企业。高水平的管理人才是企业发展的领路人，高水平的技术人才是企业发展的基础，高水平的经营人才是企业的生力军。人才是企业的第一资源，是企业之本。猎头为企业推荐的是高端管理人才、高端技术人才和高端经营人才，目的是企业的活力和作用得到充分发挥，从而实现长期、健康、稳定的发展。猎头可以让企业更优秀。

猎头促进和优化了高端人才的社会配置，从而让企业和人才更优秀。

猎头与人才战争

猎头公司的雏形,可以追溯到"二战"时的"阿尔索斯突击队"。"二战"将近结束时,时任美国总统罗斯福向国家科技局长讨教:"战争结束以后,我们要做些什么?"当时的科技局长布什给他写了一个报告《科学技术——无止境的边疆》。报告指出,科学技术有着巨大而无穷的潜力,重视科技人才,发展这方面的潜力,需要采取特殊手段。这个特殊手段就是组建一支特殊部队,把战败国的科技精英送到美国。

就这样,"阿尔索斯突击队"带着任务秘密地来到德国,经过种种努力,将德国许多著名的科技专家一一猎取过来,其中包括最著名的原子能专家哈恩和火箭专家冯·希劳恩。

这批专家到了美国后,有相当一部分人,包括冯·希劳恩都入了美国籍。他们对美国空间科学技术的发展发挥了极其重要的作用。正是由于希劳恩这个德国火箭专家,美国才成功地将三名宇航员送到了月球上。可以说,"阿尔索斯突击队"是最早的一家"猎头公司"。

"二战"后,伴随全球化高级人才争夺加剧和高级人力资源服务需求猛增,猎头公司开始迅猛发展,经营规模不断扩大。20世纪60年代,美国猎头公司通过重组、并购和联合,形成了庞大的产业(行业)体系,建立了完整的产业规范,从而在国民经济体系中集聚成独立的产业(行业)形态,进而形成了一个专门为客户搜寻所需要的各类高级人才的新兴服务产业和配套产业——猎头产业（行业）。猎头产业有自己的特征和运行规则（行规）。

世界上第一家猎头公司由迅迪克·迪兰于1926年在美国创立。至今，猎头发展已走过近百年历程，全球70%的高级人才流动是由猎头公司协助完成的；90%以上的跨国公司和世界500强企业均使用猎头招聘高级人才。猎头公司以成熟的人才渠道、专业化的手段，承担了企业招募"将才"中最困难的环节，已成为发达国家不可或缺的专业服务机构。

【链接】　　　　　世界十大顶尖猎头公司

1. 光辉国际咨询顾问公司（Korn/Ferry International）
2. 海德思哲国际有限公司（Heidrick & Struggles）
3. 美国阿托兹顾问有限公司（ATOZ Consultants）
4. 亿康先达国际咨询公司（Egon Zehnder International）
5. 罗兰贝格尔国际有限公司（Roland Berger International）
6. 尼科尔森国际有限公司（A. T. Kearney Executive Search）
7. 优异人力资源顾问公司（Sterling Human Resource Consulting）
8. EMDS顾问有限公司（EMDS consulting）
9. 联合资源顾问有限公司（United Resource Networks）
10. 优利投资咨询有限公司（Uniland Development）

在全球经济环境越来越具竞争性的今天，人力资源作为企业中最活跃的部分，已经成为企业进一步发展的决定性力量。猎头服务的出现，不但促使社会经济体制中人力资源的流动和合理配置，而且已成为企业寻求高级人才和高级人才流动的重要渠道，并逐渐开辟了全新的产业方向。

猎头产业平均以每年10%的速度发展。其中，美国猎头产业是全世界最发达的，其占全世界的60%左右。世界排名前10的跨国猎头公司中，有6家在美国。美国对猎头产业给予大力支持。这一方面是市场经济本身发展的需要，美国的科研机构、研发设计中心、咨询顾问公司大多是独立法人实体，自负盈亏，完全是市场行为。但由于美国联邦政府购买它们的科研成果，并直接服务于国家，这些机构相当于美国的"外脑"和"科技智囊"。与此同时，美国80%的科研人员就职于私营企业，而欧洲国家这一比例为50%。美国科研机构能从全世界吸纳人才，得益于国家向各科研领域提供的巨大支持、私营企业的实力以及灵活的体制。另一方面猎头产业又可以淡化美国的"国家猎头"身份，把一些重点人物和关键人才的"挖猎"委托给专业的猎头公司。这就使"挖猎"行为成为一种商业行为而非国家行为，不会引致外界的非议。在苏联解体期间，美国抓住时机，先后有10万人才流入美国，仅高级核专家就有2000多人。从原子弹、火箭、导弹、氢弹，到电子计算机、人造卫星、登陆月球，美国每一项领先其他国家的创举中，无不有着海外出生却是世界最优秀科学家的身影。至今，这个国家1/3的科学家和工程师都是国外出生；近20年所成立的高科技公司中，1/4是外国移民创建。基于猎头产业的特殊性，美国通过公司治理、产业政策和宏观调控手段，已经将猎头产业从一个单纯的行业，提升到执行和落实国家人才战略的高度，进而成为美国介入全球人才争夺战的"第二只手"。

猎头在中国

伴随中国经济的发展与壮大，中国猎头也不断走向成熟。猎头在中国的发展，笔者认为萌芽于商品经济时期，创立于改革开放初期，中国加入 WTO 促进了中国猎头业的发展。2011 年发布第一个《高级人才寻访服务规范》，标志着中国猎头开始走向成熟。

一 猎头在中国的早期萌芽

春秋战国时期，各诸侯王为了扩充自己的势力，不遗余力地寻访"千里马"。若听闻哪里有贤人能士将帅之才，就会请学识渊博、具有较大影响力的士大夫进行游说。近代山西大商号为找到优秀的大掌柜，请当地知名人士帮助引荐，既要给大掌柜身股，还要给引荐者酬谢。

二十世纪七八十年代，长三角的乡镇企业异军突起，为加快发展，高薪聘请上海企业退休技术人才和管理干部到乡镇企业任职。有些乡镇企业找不到合适人才，就委托上海的亲朋好友或知名人士、政府官员等帮助寻找推荐。

笔者认为以上这些都是中国猎头早期的萌芽。

二 猎头在中国的创立期

随着中国改革开放以及大批外资企业的涌入，中国猎头行业渐渐进入创立和探索阶段，出现了一些本土的猎头公司。据相关资料介绍，1993年3月，纪云注册了中国第一家猎头公司——泰来猎头咨询事务所，它标志着中国第一家猎头公司诞生，纪云被称为"中国猎头第一人"。之后，猎头公司先后在北京、上海、广州、深圳等地区陆续成立。邓小平"南方谈话"进一步推动和加快了改革开放的步伐，促使党委组织部门和政府人事部门进一步解放思想。一些地区党委组织部门和政府人事部门相继成立了高级人才中介机构，如上海厂长经理人才公司、上海企业经营者人才公司、深圳市高级人才评价推荐中心、南京高层人才评价服务中心、北京双高人才中心、合肥企业经营者人才公司、温州厂长经理人才公司等。

同时，国外的一些猎头机构也纷纷在中国设立办事处。这些办事处的设立，也有力地推动了中国猎头机构的发展。这一时期的猎头公司规模不大、人数不多，一般3~5个人，2~3间办公室，几部电话；操作流程也很不规范，只是参考一些书籍和西方猎头公司的资料，完全凭着各自的理解在不断地摸索。

三、猎头在中国的发展期

随着中国市场经济体制的建立与不断完善，尤其是2001年12月中国正式加入WTO后，整个经济环境变得越来越具有竞争性，人力资源作为企业最活跃的部分，成为企业进一步发展的决定性力量。猎头服务的出现，促进了人力资源的流动和合理配置。猎头服务已成为企业猎取高级人才和高级人才流动的重要渠道，并开始向产业化过渡。

这一时期，各地猎头机构大量增加，业务量增多，从业人员队伍扩大；猎头机构开始规范操作流程，制定猎头作业规范，加强猎头顾问的培训与培养。经过10多年的发展和积累，一批优秀的猎头机构渐渐趋向成熟，并由一个城市或地区走向全国。它们采取收购、合作、新设等手段，在一些大城市和发达地区设立分支机构。北京、长三角、珠三角等地区的猎头机构开始组建一些松散的猎头机构联盟、协会、联谊会等，加强横向交流与合作。猎头高管（老板）和猎头顾问们在一起交流猎头服务的经验、体会与做法，探讨合作模式，评选优秀猎头机构和优秀猎头顾问等，不断推动猎头行业的发展。

如中国猎头业知名专家张凯集先生，就是这一时期中国猎头业的积极推动者。他于20世纪90年代涉足猎头，是《猎头信息博览》编写发起人及主编，也是《猎头实战操作指南》的作者。他发起了中国猎头联盟，组织并开展猎头的市场开发、猎头的目标搜寻、猎头的面试技巧、猎头的背景调查、猎头的业务管理及猎头的文书写作等系列培训和猎头机构经营者战略研讨会，还连续多年发起并组织了中国猎头行业发展论坛，对提升中国猎头从业者整体素质，促进猎头机构的相互交流学习发挥了重要作用。在2009年第三届中国猎头行业发展论坛上，他对中国猎头机构和个人进行了评选。

2009年中国十大猎头机构和个人评选

十大知名机构	十大最具专业影响力品牌
北京浩竹猎头中心	上海百乐人才服务有限公司
科锐咨询（北京）公司	深圳尤里克顾问有限公司
北京泰来猎头咨询事务所	广州午马企业管理顾问有限公司
北京波森人才顾问有限责任公司	杭州汇智企业管理服务有限公司
北京柏卓人力资源开发咨询有限公司	宁波南北猎头
上海厂长经理人才有限公司	天津中轩人才管理咨询有限公司
上海申才择业信息中心	沈阳得那利人才服务有限公司
上海泽恩管理咨询有限公司	青岛基业百年投资顾问有限公司
展动力人才资讯（中国）有限公司	合肥企业经营者人才公司
成都大瀚人才资源咨询有限公司	武汉力氏管理顾问有限公司

续表

十位专家级顾问	十位知名顾问
王保光（北京柏卓人力资源顾问有限公司总经理）	于　熔（女，深圳尤里克顾问有限公司总经理）
王常江（北京浩竹猎头中心总经理）	王　伟（宁波南北猎头总经理）
纪　云（北京泰来猎头咨询事务所所长）	朱光辉（武汉光辉人才顾问服务有限公司总经理）
余仲望（上海泽恩管理咨询公司总经理）	李小平（上海百乐人才服务有限公司总经理）
肖建安（上海厂长经理人才公司总经理）	金相宏（女，杭州汇智企业管理服务有限公司总经理）
郑孝领（合肥企业经营者人才公司总经理）	陈　炯（女，武汉力氏管理顾问有限公司总经理）
高　勇（科锐咨询公司总裁）	罗　直（天津中轩人才管理咨询有限公司总经理）
徐　罡（申才网总经理）	贺丰彬（山东中天人和企业管理咨询有限公司总经理）
秦小文（奥理国际人才服务中心总经理）	俞继宗（杭州千汇企业管理咨询有限公司总经理）
郭展序（展动力人才资讯公司CEO）	郎越时（杭州猎人人力资源开发有限公司总经理）

同时，大量的国际猎头机构进入中国，通过合作投资、入股或成立新机构、设立办事处等方式在中国开展猎头服务。

四　猎头在中国开始走向成熟

2011年1月1日实施的《高级人才寻访服务规范》，是猎头服务业首个国家标准。它对高端人才寻访业务的服务资质、服务条件、服务流程和服务要求，以及对服务质量的控制等进行了明确的规定。它的出台，标志着我国人力资源服务业由经验服务开始向标准化服务转变，是人力资源服务标准化建设的新突破，也标志着中国猎头业开始走向成熟。

首先，它的实施，使猎头业名正言顺地成为一个行业。猎头业为中国企事业单位推荐了大批合适人才，解决了部分单位缺少人才的瓶颈问题，缓解了高级人才寻觅、选拔过程中信息不对称的难题。猎头机构也坚持开放的姿态，努力学习国外同行的先进经验，吸引了大批优秀的人才从事猎头业，培养、锻炼和造就了一支适应本土实际情况的专业人才队伍，形成了一套既适合中国实际情况，又吸收了西方猎头业先进经验的管理与运作体系。

其次，它的实施，给了用人单位选择猎头公司的明确标准。一个新兴的行业，难免鱼龙混杂。猎头公司的运作情况和运作流程，一般的企业无从了解，而《高级人才寻访服务规范》为企业寻找、甄别猎头公司提供了一个明确的标准，也对市场的优胜劣汰起到引导作用。

再次，它的实施，为猎头行业的发展奠定了基础。猎头公司要为企业提供合适的人才，但怎样的人才是合适的，每个企业都有不同的要求，这是不可复制的；但猎头公司设立的条件、服务的过程是有标准的；有了规范的标准，猎头公司提高服务质量、扩大规模就有了方向。另外，它明确了猎头公司内部管理的基本标准，这为猎头公司的发展明确了方向。

中国虽然出台了《高级人才寻访服务规范》，但如何指导从业者有效地贯彻落实和进一步完善需要有一个过程，也需要有一个权威的猎头协会来引导和监督，还需要有一个热爱猎头事业、不计名利和得失、从业者普遍尊敬和爱戴的行业领袖去影响与协调。

例如美国的猎头业，1959 年美国成立专门的反馈监督机构——美国猎头协会。1977 年，猎头协会订立了《行为规范》，并于 1984 年制定了《专业实践指南》，重在宣扬猎头协会所认定的、当代猎头业内的行事原则与最佳做法。1996 年，《专业实践指南》被修订，使之更臻完善，成为猎头业的"圣经"。

总之，随着中国经济的持续快速发展，不论是跨国公司、国有企业，还是民营企业，都需要大量的人才，必然出现企业重金挖才。这必定需要猎头公司的积极参与。特别是作为全球第二大经济体的中国，很多企业将走出国门参与更多的国际竞争，而竞争归根到底是人才的竞争，猎头公司将为走向世界的中国企业搜罗更多更合适的优秀人才。

猎头让多方共赢

一说起猎头,人们总会联想到挖人、挖墙脚,由此可见,猎头在市场经济中的作用没有得到客观认可。

一 猎头让企业更优秀

对于高级人才和尖端人才,通过传统的渠道往往很难获取,而这类人才对公司的作用是非常大的。猎头公司恰恰专长于寻访并推荐这类人才。

一是猎头公司能帮助企业招聘到适合企业的高管和高端技术人才。企业招聘的方法很多,但常常会遇到:内部招聘有时没有合适人选;熟人介绍的上岗后不合适又不好辞退;广告招聘很难招到高层次人才。真正的高层次人才一般不会到人才市场去应聘,也不会看新闻媒体上发布的招聘广告。因为高层次人才一般有较好的工作和较高的待遇,且稳定,只有你主动找到他、说服他才行。

二是猎头公司选择人才的渠道多、范围广,搜寻人才的方法也多,同时也让人才信任。企业人力资源一般没有足够的时间、精力和宽广的渠道,而猎头公司有职业化的搜寻人员,有庞大的人才库资源。一家优秀的猎头公司,其人才库存储有数万条、几十万条甚至上百万条人才信息,还备有专业渠道、媒体宣传和网络等信息渠道。优秀的猎头顾问可帮助企业做大量的候选人甄别工作，不仅能够帮助企业节省时间和精力，还能迅速找到最适合企业发展的人选。

三是猎头公司挖的是高级人才，这些人才不需要培训，到岗就能用。猎头公司帮助企业引进的是高层次人才，他们多为"五高"人才，即高学历、高职称、高职位、高待遇、高绩效，他们多数有丰富的实践经验、良好的工作业绩、较强的管理能力，接受过良好的教育或培训，有卓越的解决问题的能力，他们到企业后，不需要培训，就能很快达到职位的要求。

四是猎头公司帮助企业引进的高级人才会为企业创造更大的价值，是企业自身找不到的高素质人才。人才资源是企业发展的第一资源。当今世界的竞争，归根到底是人才特别是高素质、创新型人才的竞争。谁拥有了人才优势，谁就拥有了竞争优势。猎头引进的人才到岗后，会把他们过去的工作经验、企业文化、现代管理理念甚至业务渠道和专业技术、管理方法等一整套的东西带到或嫁接到新的企业，给企业创造出更高的价值。

五是猎头公司猎取人才的过程，也是对企业人力资源管理的咨询和诊断过程。猎头顾问还能凭借自身对行业的分析调查，为企业提供很好的人力资源管理的建议和意见。

六是猎头公司还会做好跟踪服务，及时辅导企业和人才尽快相互适应与磨合，辅导企业如何用好人才，辅导人才如何发挥作用。企业借用猎头公司服务，能实现人才招得进、留得住、能发挥作用的目的。

二 猎头让人才更优秀

对人才来说，优秀的猎头顾问凭借其对人才市场的了解和丰富的经验，能给人才提供专业且有建设性的建议和意见，使人才的才能、兴趣与企业和职位相匹配。一般情况下，猎头顾问要么将人才推荐到一个规模更大的企业，要么将人才推荐到发展前景较好的企业，要么将人才推荐到规模变化不大但职位能得到较大提升的企业。通过猎头推荐，人才会得到合理的薪酬和福利，年薪一般会有30%~50%的增长。如果人才的能力过去被低估,那么他的年薪会有更大的增长空间。猎头顾问会帮助人才分析未来发展方向及目前需要改进和提高的方面,还能帮助人才发掘潜能,使个人价值得到充分发挥。所以,从人才的角度来说,猎头能让人才在职位、待遇上有很大提高,还在职业生涯发展规划中得到专业指导和帮助,能帮助人才成长和发展,促进人才交流,优化高端人力资源的社会配置。

三 猎头让原用人单位更优秀

猎头是悬在企业头上的达摩克利斯剑,从长远利益来看,并非有百害而无一利。如果猎头公司从企业挖走一位一般人才或企业本不想要的人才,企业不但不会有什么过激的反应,还会有一种得意:这样的人才也会有人挖!如果猎头公司从企业挖走多位这样的人才,特别是当企业急需用到这样的人才时,才会感到这些人才的作用被低估了。如果猎头公司从企业挖走了关键性人才,企业会痛骂猎头公司或人才,骂他们见利忘义或不忠诚。但企业总会痛定思痛,高明的企业家在失去人才时会反思自己,反思自己在人力资源管理上存在的问题,这提醒企业要改进人事管理,改善企业的用人机制和用人环境,优化人才组合,提高人才待遇和福利。同时,这能加速淘汰那些不重视人才的企业。猎头就好比生活在金枪鱼中的鲇鱼,使企业人力资源时刻充满危机意识,能够不断地优化自身的人才配置,真正做到以人为本,尊重知识、尊重人才,真正实现用事业留人、用待遇留人、用感情留人。老猎手认为:一个真正重视人才的企业,会十分尊重人才,会为人才提供良好的发展环境;一个真正重视并尊重人才的老板,会时刻关注关心关键人才;他们的人才,是猎头挖不走的。

四 猎头服务让自身更强大

猎头公司通过为企业、为人才、为社会提供优质的服务,让企业得到更大的发展，实力得到快速提高，同时也得到了企业的认可；猎头让人才找到更能发挥作用的平台和发展空间，使人才的能力得到充分发挥、才能得到充分展示，实现了人尽其才、才尽其用，这样猎头也得到了人才的充分认可和肯定。在企业和人才都获得发展的同时，猎头公司也得到了应有的佣金。猎头公司伴随着发展壮大、职位的增多、服务标准的提高，服务的效益也会越来越好，实力也会越来越强。猎头公司在让企业、人才更优秀的同时，自身也得到了发展和壮大。

五　猎头优化高层人才配置

　　许多企业想找到合适的优秀人才十分困难，即使在信息快速发展的今天，企业要想找到合适的高级人才也是难上加难。同时，许多高级人才在目前的岗位上不能很好地发挥自己的作用，自己的才华与抱负不能很好地施展，要想找到一个真正能适合自己的岗位也十分艰难。这就像有人外出打不到出租车，可是路上有很多空车一样。为什么会出现这种情况呢？主要是用人单位和人才没有很好地互动起来，"空车"沿着大道跑，"乘客"则站在偏僻的小路上；或者是，你在那边，我在这边；或时机不对，你走到了这边，他又走到了那边；或时间不对，他走了你才到，就差那几分钟或几秒钟。猎头公司就要像打车软件一样，将这些等出租车的"乘客"（人才）信息收集起来，并加以梳理，看他们何时去向何方。同时也把"空车"信息搜集起来，看他们要在何时去向何方。猎头公司将时间、目标与方向一致的"空车"和"乘客"引到一起，这样就实现了"空车"和"乘客"的合理搭配，优化了资源配置，提高了资源的利用水平，减少了资源的浪费。

　　总之，猎头服务促进了高端人才的合理流动，优化配置了高端人才资源，加快了社会经济发展，实现了高端人才效益的最大化。猎头服务使企业、人才、社会多方实现共赢。

猎头有其严格的规矩

猎头在长期的高端人才寻访实践活动中形成了一套行业共同遵守的规矩和信条。这些规矩和信条，对于规范同业者的行为和猎头从业者的职业化发挥着重要的作用。

一 猎头的规矩

行规是指在一个行业内所有从业人员都应该遵守的规矩。每一个行业都有自己的行规。猎头作为一个独立行业，同样有着自己的行规。

1. 价格下限

现在猎头公司的收费标准一般是所猎职位年薪的1/3。这里的年薪指人才年度现金收入的总和，包括奖金、奖励、津贴、福利等现金收入。在西方，猎头行业从业人员的费用包括年薪、住房津贴和年终奖金等；并且客户（一般指企业，下同）与猎头公司签约时，需预付猎头公司服务费的1/3作为定金。收到定金后，猎头顾问会马上行动，物色目标，然后开始进一步行动。在美国，猎取一个人才的最低费用为6万美元，中国香港最低为6万港元，但中国内地还没有一个统一的下限。上海、北京和其他地区一些优秀的猎头公司有猎头项目收费最低下限的要求，一般4万~7万元。由于猎头公司的服务质量不同，收费标准也就不同。

2. 保守秘密

保守秘密是指猎头顾问在服务过程中，对人才的隐私和企业的商业机密不向第三方泄露的一种承诺。它要求猎头顾问在一定的时限内保守人才和企业的相关秘密，也不能将人才的隐私和企业的商业秘密向外发布或告诉第三方。猎头顾问经常会遇到新闻记者要求披露猎取过程中的情况，或是要求透露一些关于客户的内幕消息，但出于保密原则，这些都应被猎头顾问婉言拒绝。

3. 代号规矩

猎头顾问会见了某一位候选人后，如果要向客户推荐这位候选人，那么在他拟定的报告中就会出现一个代号。这也是猎头公司保密规矩的又一体现。因为猎头公司并不能保证候选人100%被客户看中，客户也不敢保证来自猎头公司的信息完全不会泄露，而候选人也不敢断定自己就能把握住这一机会。所以，猎头公司用代号，是最稳妥的做法。假如候选人的简历被客户看中，那么他就有了一次机会；如果没有被看中，他还要在原单位任职，这样代号就保护了候选人的利益。猎头公司还要将候选人最后的任职单位名称也用代号，这体现了猎头公司对客户、对候选人的尊重。

4. 专卖原则

专卖原则是指猎头公司在向客户提供候选人资料时是一对一的做法。换句话说，猎头公司关于候选人的推荐报告，只能向一个客户推荐，而不能把一个候选人的资料同时向两家或多家客户推荐。这是一种比较负责任的做法。如果该候选人由于种种原因没有被客户看中，猎头公司才会将该候选人推荐给其他客户。如果将一个候选人同时推荐给多个客户，可能会出现多个客户同时看中一个候选人的情况，这是对客户、对人才的不尊重，这样的猎头公司是没有诚信的。

5. 包换服务

包换服务是指猎头公司向客户提供的是一种在保用期内可以包换"产品"

的服务。猎头公司在与客户的合同中会有这样的条款：在试用期内客户方与候选人解除某种契约时，猎头公司必须开始新一轮的搜寻、推荐，直到找到新的候选人为止。猎头公司的保用期一般为3个月，无论客户和候选人谁炒了谁的鱿鱼，猎头公司都要免费为客户提供新的人选。

6. 跟踪服务

跟踪服务是指候选人就职后，猎头顾问还要与用人单位、被录用人保持联系，为其提供必要的辅导、咨询和指导服务。也就是说，人才到岗后，猎头顾问还要经常与客户和人才保持联系，做好跟踪服务，为客户和人才的磨合提供"润滑剂"，辅导、帮助候选人顺利走上岗位，尽快适应新公司的文化，展示其才能并发挥作用。同时，要协助人才处理好与原公司的关系；还要辅导用人单位如何用好人才、如何留住人才、如何让人才更好地发挥作用等。

二 猎头的信条

猎头的信条是指由猎头从业者习惯养成和感悟而形成的普遍相信的原则与主张。目前，猎头行业普遍遵守的信条有以下几条。

（1）猎头要做的是，定义什么是最合适的，哪些是最合适的，说服最合适的人加入最合适的公司。

（2）猎头公司从来不帮那些找不到工作的人找工作，而是帮助那些从来不愁找工作的人找工作。

（3）猎头宁愿做不成，也不愿推荐一个自己认为不合适的人才给用人单位。

（4）猎头让企业、人才更优秀。

三 猎头的收费

猎头服务收取委托单位付给受聘人才全年总现金收入的30%（即人才年

薪的30%）的费用。一般分三次付清，即：第一次是猎头公司与用人单位签订协议后付佣金的1/3，作为猎头服务的工作佣金（也叫定金）；第二次是面试前付佣金的1/3；第三次是人才到岗后7个工作日内付清全部费用。通常，人才到岗后，猎头公司会有3个月的保用期，如果候选人在3个月内离职或公司有足够的理由解雇，猎头公司将免费再替用人单位物色合适人选，并尽力在规定的时间内完成替补人选的工作。

【链接】　　　　猎头公司与一般人才中介的区别

　　猎头公司和一般的人才中介公司的区别有三点。

　　一是收费不同。猎头公司不向个人收费，是向用人单位收取费用且收费很高，而一般中介公司是谁有需求就向谁收费且费用较低。可见，向人才收费的肯定不是猎头公司。

　　二是猎头公司从事的是高端人力资源服务，技术含量高，需要提供人才评价、调查、协助沟通等一系列咨询式顾问服务，是主动寻找人才；而一般中介公司是利用现有资源进行简单的撮合。

　　三是猎头公司更多的是为能力强、职业道德好的高层次人才提供服务，而一般人才中介公司更多的是为找工作的人服务。

猎头有其规范的服务流程

猎头服务流程在过去属于猎头公司的保密范围。例如20世纪90年代,北京某猎头公司打算与中国香港某猎头公司合作时去香港考察,希望了解并学习港方猎头公司的一些业务流程,特别是猎头操作的程序。但港方猎头公司对北京猎头公司的一行人好吃好喝招待后,将他们打发到香港街头观光旅游,而不愿让他们参观公司运作的具体过程。伴随着信息的快速发展,而今猎头已露出其真实面目。猎头的操作程序逐渐为客户、外界所了解。猎头在猎取寻访高级人才的过程中,应严格按照规范的流程操作,见下图。

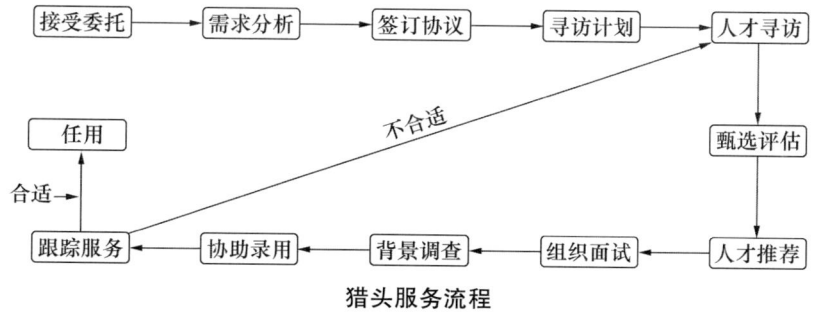

猎头服务流程

1. 接受委托

与客户沟通、交流,了解、洽谈高级人才招聘的相关信息,达成合作意向;查验客户提供的法人营业执照或相关资质证书;请客户提供单位简介及相关资料,提供招聘岗位职位说明书、拟录用人员条件等相关信息资料。

2. 需求分析

猎头顾问分析客户背景、规模、经营状况、组织结构、人员构成、企业文化及发展规划等信息；分析岗位的工作任务、岗位要求，以及职位的上级、下级、前任和团队情况，明确职位的工作任务及需要解决的问题等；分析职位工作条件、工作要求及所需人才的行业经验、专业水平、能力要求、薪酬及福利待遇等。

3. 签订协议

猎头公司与客户签订服务协议。服务协议的内容应包括委托职位、双方的权利与义务、服务内容、服务期限、保用期、服务费用与支付方式、违约责任和其他事项等。

4. 人才寻访

猎头公司制订周全的寻访工作计划，提交给客户，并得到客户的认可。猎头顾问利用人才库、网络、人脉推荐、定向猎取等方式，进行有针对性的人才寻访工作，并从寻访到的人才中筛选出基本符合职位要求的初步人选。

5. 甄选评估

运用面试或专业测评工具，对筛选出的初步人选的性格特征、管理能力、专业知识与技能、专业能力、工作业绩、个人优势与劣势、职业取向、离职原因等相关要素进行综合评估，并形成人才评估报告。

6. 人才推荐

根据评估结果，对照职位条件与要求，确定推荐候选人名单，并向客户出具书面推荐报告。推荐报告内容包括招聘职位及要求、人才寻访情况、推荐的候选人情况、综合评价等。猎头公司要在规定的时间内将推荐报告提交给客户，供其选择。

7. 组织面试

组织安排客户与候选人见面交流，让客户全面了解候选人的基本情况、专业能力和管理能力，让候选人全面了解单位的情况、优势和未来发展等。面试结束后，应及时与客户沟通，确认对候选人是否认可，及时与候选人进行沟通，分析候选人与客户职位需求的匹配度，了解候选人的意向。如果双方彼此认可，则再次组织客户与候选人深度交流，促使双方达成合作共识。

8. 背景调查

根据客户要求，对达成合作意向的候选人进行背景调查，调查核实候选人提供的个人相关资料和个人信用等。背景调查应保护个人隐私。

9. 协助录用

协助客户与候选人洽谈职位、薪酬福利和入职时间等相关事宜，以及办理录用入职手续。

10. 跟踪服务

猎头顾问与被录用人才保持联系，为其提供必要的咨询和指导服务，指导其尽快适应企业、适应职位，尽快发挥作用；猎头顾问与客户保持联系，了解客户对录用人员的评价，辅导客户用好人才并发挥人才作用。

需要说明的是，此猎头服务流程与国家《高级人才寻访服务规范》的服务流程有多处不一致（见附件1）。笔者认为：一是提交寻访计划书不应作为猎头服务的主要流程之一。因为在实际操作过程中，签订服务协议之后猎头顾问就要提出人才寻访工作计划，并开始寻访。也就是说，寻访计划和寻访计划书提交只是人才寻访工作中的一个小小环节。二是甄选评估、人才推荐、组织面试不应放在寻访实施中，而应作为主要流程之一。其理由是：在实际的猎头服务过程中，甄选评估、人才推荐、组织面试都是猎头服务的重要环节，且人才推荐、组织用人单位面试又相对独立，不应放在寻访实施流程之下。三是背景调查。从理论上讲，人才推荐之前应该对人才进行全面的背景调查，但在实际操作过程中，由于背景调查工作量大，且猎头职位层级高、人才在岗的现实，背景调查涉及的人才保密事项较多，如果操作不当，会对人才有一定的影响，所以多数背景调查应放在双方达成合作意向后。

猎头对顾问要求极高

猎头顾问是猎头公司的核心资源，猎头顾问团队素质直接决定了猎头公司的发展和未来。猎头顾问的层级，也决定了猎头服务对象的层级，同时也直接影响着猎头公司的品牌和声誉。因此，优秀的猎头公司对猎头顾问的要求极高。

一　猎头顾问的概念

猎头顾问（也称高级人才寻访顾问，或简称为猎手）是专为客户提供中高级职位及特殊职位人才招聘及相关咨询服务的专业服务人员，是猎头公司必须有的高级成员。简单地说，猎头顾问就是猎头公司的业务人员。

猎头顾问应具备高级人才寻访相关知识和承担高级人才寻访业务应拥有的专业能力。可以说，猎头顾问的门槛很高，需要有敏锐的洞察力，丰富的销售经验、客户管理经验，良好的沟通能力和广阔的人际网络。多数猎头公司的主要经营者都是猎头顾问出身，也有一部分是企业人力资源管理者出身。优秀的猎头顾问应该阅历丰富，在多家企业从事过中高级以上职位，这样才能为人才和客户提供有参考价值的建议和意见；或具有良好的人力资源工作背景，能够提供职业发展指导及面试辅导，同时能够在客户与人才之间架起桥梁，起到更好的协调作用。猎头顾问受客户的委托寻找人才，不仅要接触客户高层管理者，也要接触很多行业中高层人才，这就需要猎头顾客对客户所在行业有所涉猎，同时对人力资源、企业管理有比较成熟的见解和看法。

二 猎头顾问需具备的条件

猎头顾问必须能够深刻理解企业的真正需求，能够根据行业、企业以及职位的特点给出合理的建议和意见；必须能够准确认识人选，正确把握其特长，必要时能给人选提供职业规划的建议或意见；必须能够把人选放到合适的位置。因此，猎头顾问必须具备如下条件。

（1）从事猎头业务5年以上，包括3年以上的猎头专员工作，有丰富的猎头服务工作经验。

（2）阅历丰富，曾在多家企业从事过中高层的职位，对人才和客户能提供有参考价值的意见或建议。

（3）对用人单位和职位有一定的了解，能够准确理解职位的需求。

（4）能够熟练使用各种网络工具，并迅速找到人才线索。

（5）应有良好的成功案例和业绩。

（6）一般应具有良好的企业管理背景或人力资源工作背景，能够提供职业发展指导及辅导。

（7）应具有良好的职业操守，对人才和客户高度负责。

（8）应善于保守企业机密，能保证应聘人员的职业安全，严守猎头行规。

（9）应有良好的服务态度，善于沟通和表达，与他人沟通时总能使人感到心情愉悦，并能够表达出发自肺腑的忠告和建议。

（10）应站在客户的角度考虑问题。

（11）应有强烈的责任感和品牌意识。

三 猎头顾问的工作内容

猎头顾问的工作内容包括以下八点。

（1）负责客户信息分析，研究客户需求。

（2）负责市场拓展，与客户签订委托招聘协议，并维系良好的客户关系。

（3）从客户端收集、分析招聘需求的详细信息，并制订与实施有效的寻访计划。

（4）从客户的招聘需求中确认职位所需的能力及资历，分析市场并确立搜寻的方向及目标。

（5）指导助理利用有效工具，有计划地进行人才搜寻，筛选候选人。

（6）准确地传达客户的招聘需求，做好人才的面试、评估，通过有效的匹配，确定合适的候选人。

（7）进行人选的薪资协调及谈判工作。

（8）跟踪服务所有已成功结束的项目，一方面让已推荐的人选更好地融入企业，另一方面辅导企业如何留住人才、用好人才，充分发挥人才作用。

附件 1

《高级人才寻访服务规范》

（中华人民共和国国家质量监督检验检疫总局于 2010 年 9 月 2 日发布，2011 年 1 月 1 日实施）

1　范围

本标准规定了高级人才寻访服务资质及服务条件、服务流程、服务要求以及服务质量控制。

本标准适用于高级人才寻访服务业务。

2　术语和定义

下列术语和定义适用于本标准。

2.1　高级人才

满足客户要求的具有较高知识水平、专业技能的高层管理人员和高级技术人员或其他稀缺人员。

2.2　高级人才寻访

为客户提供咨询、搜寻、甄选、评估、推荐并协助录用高级人才的系列服务活动。

3　资质及服务条件

3.1　机构资质

依法获得政府主管部门核发的《人力资源服务许可证》的机构。

注：该许可证指根据《关于进一步加强人力资源市场监管有关工作的通知》的规定，由人力资源和社会保障主管部门发放的《人力资源服务许可证》。

3.2　人员条件

3.2.1　取得人力资源服务从业人员资格证书。

3.2.2　具备高级人才寻访相关专业知识。

3.3　服务环境

3.3.1　设有独立的面试和业务洽谈室。

3.3.2　有完善的办公与通信设备。

3.4　数据库

3.4.1　客户数据库应包括以下信息：

a. 单位名称、属性和行业类别；

b. 主要业务、产品和规模；

c. 发展目标和战略规划；

d. 员工工资和福利待遇状况；

e. 办公地点和环境；

f. 组织机构设置；

g. 其他相关信息。

3.4.2　人才数据库应包括以下信息：

a. 个人基本情况；

b. 工作经历及业绩；

c. 性格特征、特长；

d. 教育背景及培训情况；

e. 专业技术资格或执业（职业）资格、职称获得情况；

f. 其他相关信息。

3.4.3　资料归档并输入数据库。

3.4.4　数据库应及时充实和更新。

4 服务流程

4.1 接受客户委托

4.1.1 查验客户法人营业执照或相关资质证书。

4.1.2 由客户提供职位说明书、拟录用人员条件等信息资料。

4.2 需求分析

4.2.1 了解分析客户背景、规模、经营状况、组织结构、人员构成、企业文化及发展规划等信息。

4.2.2 了解分析职位所需人才的行业经验、专业水平、能力要求、工作条件、薪酬及福利待遇等内容。

4.3 签订服务协议

与客户签订服务协议。服务协议的内容应包括双方权利与义务、服务内容、服务期限、服务费用与支付方式、违约责任等。

4.4 提交寻访计划书

向客户提交包含对招聘职位的理解、寻访目标、寻访渠道、工作进度等相关内容的寻访计划书。

4.5 实施寻访

4.5.1 甄选

进行有针对性的寻访工作,初步筛选出基本符合条件的候选人。

4.5.2 测评

运用面试或专业测评工具对筛选出的候选人的性格倾向、管理能力、专业知识与技能、工作业绩、相对优势与劣势、离职原因、职业取向等相关要素进行评估,进一步了解候选人与职位的匹配性。

4.5.3 出具评价报告

根据面试或测评结果,分别对候选人出具书面评价报告。评价报告应包括:

a. 个人基本情况；

b. 教育背景；

c. 工作经历；

d. 现岗位职能分析；

e. 管理能力；

f. 专业能力；

g. 性格特征；

h. 薪酬状况；

i. 职位匹配度；

j. 结论（总体匹配度）。

4.5.4 确定候选人名单

将筛选出的候选人名单及相关资料提交给客户，供客户选择。

4.5.5 协助客户面试

安排客户面试候选人。

4.5.6 与客户沟通

确定客户初步认可的候选人。

4.5.7 与候选人沟通

与确定的候选人进行沟通，分析候选人与客户职位需求的匹配度，了解候选人的意向。

4.5.8 候选人信用调查

根据客户要求，对候选人进行信用调查。信用调查应保护其个人隐私。

4.6 协助客户录用

协助客户与候选人洽谈入职等有关事宜及办理录用手续。

4.7 资料归档

归档资料应包含下列内容：

a. 服务协议书；

b. 客户提交的资料；

c. 候选人的资料报告；

d. 评价报告书；

e. 访谈报告书；

f. 双方交流函件；

g. 项目总结。

4.8　后续服务

4.8.1　与被录用人员保持联系，为其提供必要的咨询和指导服务。

4.8.2　与客户保持联系，了解客户对录用人员的评价。

4.8.3　与客户商定跟踪服务期（或保用期），服务期（或保用期）内由于候选人主动离职或不胜任，负责按寻访流程重新寻访候选人。

5　服务要求

5.1　维护客户和候选人双方权益，遵守保密约定。

5.2　高级人才寻访不应涉及国家法律法规规定不得流动的人员。

6　服务质量控制

6.1　及时了解客户和候选人对服务的意见和建议。

6.2　及时妥善处理客户投诉，提出改进措施并加以实施，提高客户满意度。

附件 2

《职业道德公约》

国际猎头顾问协会（AESC）会员机构必须遵循以下道德准则，这些准则反映了持久适用高管人才寻访职业的基本价值观念。AESC 有责任教导它的会员机构有效地在执业过程中运用以下准则：

职业（专业）性准则　引导会员机构的行为充分体现其职业（专业）特性。

正直性准则　引导会员机构以正直、诚实的精神从事其商业活动，以避免出现欺骗或误导。

胜任性准则　对所承担的人才寻访业务拥有胜任能力，具备适宜的专业知识、彻底性和应变力。

客观性准则　对每项寻访顾问作业都要运用客观的、不带任何偏见的判断，对业务涉及的各个相关方面都要事先给予应有的考虑。

准确性准则　在与客户以及人选的沟通过程中力求准确无误，并引导他们尽可能相互交换相关的、准确的信息。

利害冲突准则　通过公开揭示或放弃的方式来避免或解决利害冲突。

保密性准则　尊重并保证客户及人选的隐私。

忠实性准则　在对客户服务的过程中，保护并忠实于客户的利益。

机会平等准则　在聘用和评估合格人选过程中遵循机会平等的原则。

公众利益准则　引导会员机构的活动充分尊重社会公众的利益。

附件 3

《规范化执业指南》

导　言

作为一个持久适用性高管人才寻访机构世界性的专业协会组织，AESC 力求不断提高其会员机构的职业化水准，因而，AESC 研究制定了《规范化执业指南》来指导其会员机构在世界范围内处理与客户、人才以及社会公众的商务关系。同时，随着职业化水平的提升，为适应人才寻访业务的不断发展、技术和法律的进步，AESC 会对其进行逐次的修改完善。

Ⅰ. AESC 会员及其客户的关系

在从事顾问服务过程中，AESC 会员机构与其客户之间是合作关系，其目标是为客户组织选拔出能够持久推动其发展的领导人。这种合伙关系的成功有赖于彼此之间对寻访任务的恪守承诺和相互信任，以及在人选寻访进程中彼此的坦诚和积极有效的回应。为了避免将来可能产生误解，AESC 建议其会员机构应该与其客户就寻访业务的履行细节及其他重要事项事先达成书面协议。

A. 承接客户委托事项

出色的高管人才寻访服务应该始于对客户企业的组织机构及其业务要求和所需职位的全面理解。作为 AESC 的会员机构，应该：仅接受本会员机构的业务知识水平及能力所能够胜任，并达到客户的实际需求的特定人才寻访任务。以专业的经验和眼光尽可能及时揭示出在业务过程中形成的利害冲突，AESC 会员机构仅接受那些能让利益相关各方确实同意免除任何利益冲突的寻访项目。

与客户之间要不断增进理解并扩大共识，使其了解与之相关的事宜，所委托业务的收费以及相关的保证与承诺；同时要弄清楚与完成任务相关的客户组织机构特征、发展的趋势。

接受并遵守客户所关注的限制性要求或其他对不正当竞争（譬如挖墙脚行为）的监管政策，以便将来以合法的寻访方式和适当时机再从特定的客户组织中选拔人才。

在寻访人才过程中，应该就客户职位信息向相关人选的公开程度、来源渠道以及职位信息的发布时机和发布形式等带有敏感性的细节问题与客户达成充分一致，并尊重客户意愿；当法律有要求或出于策略性的考虑，需要提示及指导客户对社会公开其特定的人员招募信息，AESC 的会员机构应该以接受特别委托项目的方式向客户提出有关的建议。

B. 在寻访业务过程中

AESC 的会员机构在为客户组织服务的过程中应本着诚实、客观的原则，以各种方式尽可能实事求是地给予寻访业务涉及的相关方面全面的考虑。AESC 的会员机构尤其应该做到：会员单位在服务过程中本着诚信和目标明确之原则，竭力对咨询业务中的相关事实了解并公平对待；尤其是集中对于可能胜任的人选，要与客户的总体战略原则保持一致，调动客户积极参与寻访工作，并对每项工作职位描述进行核准，在代表客户对人选进行面试前做好一切相应的准备工作；在将人选推荐给客户之前，对人选进行全面细致的评估，其中包括：深程度的面谈，电话会议沟通，适当的背景调查，对人选的优势及弱点的评估针对该职位对人选的特性的要求进行评判。在特定的情况下要求客户给予一定的指导；在经过客户同意的基础上，对人选进行背景调查；并了解所需调查了解的内容、深入细致程度，具体由谁来进行操作（具体操作流程请参阅 AESC 之背景调查细则）。提供给客户的人选信息应做到准确、真实并尊重事实，并针对人选与该职位做出具体的说明。在没有人选提供或寻访时间需要延长的情况下，及时通知客户，并制订相应的备选方案；在意识到客户所提供的信息存在虚假成分或试图误导人选，且并无意调整修改时，会员单位应立即停止并退出该寻访项目；在未建立正式的客户关系之前，避免继续向客户推荐人选。

C. 对客户信息的保密原则

AESC会员单位应尽一切努力去保护客户的隐私权，尤其是：只有在寻访工作需要的情况下，利用客户提供的保密性信息；仅对内部人员开放客户的保密性信息或只对需要了解相关信息的人员透露信息；严格禁止将客户保密性信息用于个人目的，或因个人目的向其他方提供。

D. 避免产生矛盾

AESC会员单位应具有合乎职业道德的责任和义务去避免同客户之间矛盾的产生。例如，拒绝或退出相关领域无法胜任或尚属研究学习阶段的寻访任务，除非在得到受影响各方对包括已经产生的事实或潜在因素的同意和授权的情况下方可进行；对所有客户保持忠实，公平对待之原则，在最后同人选进行深入沟通和商议过程中扮演好一个协调者和职业咨询师，只有在特殊情况并在所有受影响各方授权的前提下将一名人选同时推荐给不同客户；当人选可能或能够对客户的商业运作或个人关系产生影响时及时或提前通知客户；不接受来自人选的用于雇佣保证的任何付费。

Ⅱ. AESC会员同人选关系

尽管会员单位先前与客户建立了业务关系，但是同人选建立起职业化关系也同等重要。这种关系应该建立在诚实性、目标性、准确性和尊重隐私的基础之上，要想建立起这样的关系，会员单位应做到：对过程中各方之间的关系，其相应的权利与义务做出明确的解释；为人选提供有关应聘单位的准确的信息；鼓励其对于其个人资质提供更准确的介绍。当发现人选就其个人情况误导或提供虚假信息时，应及时拒绝人选，除非客户、人选及招聘方同意寻荐工作继续进行，并开发更多事实。对客户提供关于人选的准确并与职位有关的信息，否则应对人选其他信息进行保密或加以保留；只有在得到人选同意的情况下方可将其个人简历及其他方面相关的保密性信息提供给用人单位，并附加到现有客户关系的文件当中。建议人选或其委托人定期更新个人情况及应聘状况；针对一位人选同时推荐给不同客户的情况予以适当的解释说明，并要保证各方的同意及授权；对人选进行相应的指导，令其了解在其仍旧受雇于本机构的客户企业，那么本机构将无权并不会再将其以人选身份推荐给其他企业，除非得到该客户的同意。

III. AESC 会员及合同方关系

AESC 会员在服务过程中有时依赖于合同方或转包合同方的帮助，但是 AESC 会员单位要承担合同的责任。因此，AESC 会员单位要通知合同方及转包合同方必须严格遵照执行 AESC 颁布制定的职业标准和道德规范；避免合同方和转包合同方在业务开展过程中出现与 AESC 的职业标准产生矛盾的行为及事件的产生。

IV. AESC 会员及大众的关系

AESC 会员单位应意识到来自大众的信任之重要性，并在他们的职业运作过程中保持自信，竭力使其行为与大众倾向保持一致，并服务于同大众倾向相一致的客户。对不同国家的法律制度加以区分。因此，AESC 会员应观察在聘用过程中的人权平等制度，避免产生对候选人的违法行为；积极地、准确地、广泛地宣传职业道德行为规范；同媒体建立良好的关系，以便对客户、AESC 及寻访机构产生正面有利的影响。

附件 4

《AESC 候选人测评及背景调查程序》

人才测评与背景调查在候选人寻访过程中起着非常关键的作用。为了避免将来产生误会和问题，AESC 认为寻访顾问有责任明确到底是由谁来进行此项业务操作，并保证所有参与的各方如咨询顾问、客户方，特别是牵扯到的第三方等明白各自在整个过程中所担当的角色和义务。以下指导细则旨在帮助 AESC 会员单位及其客户方和人选更好地理解关于寻访录用过程中在此阶段各项方法手段的定义和操作要领。尽管如此，由于寻访公司有时需要在不同的国家开展业务操作，因此该指导细则的操作应建立在不与当地的政策法规不相抵触的条件下进行。

定 义

评价调查：评论，口头或字面上的，由现在或从前的雇主或同事对人选所发表的与应聘职位相关联的优势和弱点的意见和看法。

工作经历调查：对人选过去所从事职业的具体日期、工作职能、责任及义务进行了解证实。

教育及专业资质证明文件调查：对人选在校就读期间的出勤率、所获得的学位证明及职业证书进行核实。

犯罪记录调查：对人选在特定国家/地区的犯罪记录进行调查。

（民事）档案记录调查：对人选的姓名等根据其（民事）档案进行核实。

背景调查：指除评价调查之外的所有调查工作。

媒体调查：必要时通常会采用互联网等手段去调查了解候选人是否曾经被报纸或其他媒体报道过。

评价调查

评价调查是通过过去和人选一起工作过的同事的观点及看法来进一步帮助寻访顾问及其客户企业去更好地了解人选的各项技能和经验，其目的在于帮助他们在初步评定基础之上对候选人做出一个更加完整更加具有针对性的结论。寻访公司所开展的评价调查工作通常由最初级的寻访开始，逐步变得复杂直至最后阶段即部分个别人选被选定。在调查后期，客户企业通常会参与到调查中来。那么就此阶段而言，相关的判断力和对隐私性问题将变得格外需要小心。

AESC建议，此项需要多方参与的任务应由寻访顾问谨慎地布置完成。AESC不会对具体应开展评价调查的人员数量和评价调查所应进行的深度做出具体的建议。准确地讲，评价调查如何展开，寻访顾问应根据具体情况与客户企业协商并达成一致意见之后进行。

背景调查

通过背景调查，可以确信人选关于工作经历和教育水平等客观数据的准确性，同时确认人选过去不曾有过任何可能会影响将来在新的岗位上成功地履行职责和义务的违法犯罪记录。所有高级管理职位的候选人的背景情况必须经过许多例行公事的调查，如健康状况和药物测试。有些通过内部直接完成，有些则通过专业的代理机构完成。AESC建议，寻访顾问应该明确地与客户达成一致，是由客户自己还是由寻访顾问来承担背景调查。不管由谁来进行，寻访顾问都必须确保就特定职位人选背景调查的范围和所切入的深度等细节问题同客户达成了一致意见。

媒体链接

高端人才争夺激烈　"猎头"导演人才"暗战"[①]

今天也许他还是合肥某大型超市的老总，明天又有可能出现在某大商场的管理层……对于"猎头"来说，他们要完成的工作，就是把这样的高端人才"掌握"在手掌之中。当然，"挖"一个人，"猎头"往往也能从中收取佣金几万元甚至几十万元。在大多数人眼里，人才"猎头"至今仍是一个充满争议和神秘色彩的职业，但事实上，随着经济的发展，越来越多的企业钟情于把招聘高管或高级专业技术人才的重任，交由专业人才"猎头"来完成。就在合肥，已经有越来越多的猎头公司开始忙碌起来。

"猎头"直指高端人才

合肥企业经营者人才公司是安徽省最早从事"猎头"服务的人才公司之一。负责人郑孝领告诉记者，1999年开始至今这项业务已开展了近8年，其间"猎"走人才逾400人。近两年的业务比较集中在一些高级人才，比如一些综合素质高的综合型人才及企业高管成为企业急需的人才，一般年薪都在15万元以上，高的能达到七八十万元。郑孝领告诉记者，自己做过最大的一笔是为本地的一家企业以税后45万元年薪从外地挖来的财务总监，不久前还为本地的企业"挖"来了三位人力资源经理，年薪均在15万元以上。最近则正在帮一家企业新"挖"来的副总裁做辅导等后续服务，最终确定，年薪加上股权可接近70万元。据其介绍，目前安徽省借助猎头寻找高级人才的企业

[①] 《新安晚报》2006年8月11日B06版，记者：伍静。

多为民营企业和外资企业。

按照国际通行的惯例，猎头公司为企业猎到合适的人才之后，是要从中收取佣金的。据介绍，目前安徽省佣金一般在猎取职位年薪的 30% 左右。比如某职位年薪 10 万，猎头公司的提成可达 3 万元，这样一笔业务就能赚到数万元甚至更高。猎头公司和用人单位签约之后，可先获得佣金的 30%。而找到候选人才后，只要客户企业拍板签约，猎头公司就能获得剩余的 70% 佣金。据了解，随着中国改革开放以及大批外资企业的涌入，中国猎头行业也随之萌芽，中国职业经理人市场的日渐成熟，促成了国内各大城市开始出现数以百计的猎头公司。

"猎头"队伍鱼龙混杂

如今在大型招聘会上，"猎头"招人的字眼频频出现。不少人才网站的猎头服务一栏下，有不少用人单位在以猎头的形式吸引人才。然而业内人士称，不少打着猎头招牌的其实只是一种普通的招聘，根本算不上猎头。身为"长三角猎头机构联盟"副会长的郑孝领表示，作为一种新兴的行业，"猎头"行业拥有很好的发展前景。但不可否认的是，现阶段市场有待进一步规范。

据介绍，现在在合肥，每年都会有十来家猎头公司开业，同时又会有十家以上的公司倒闭。注册一家猎头公司的门槛很低，只要 10 万元注册资金就可以，市场准入机制欠缺，同时对于从业人员也没有特别的要求。但事实上，人才"猎头"要具有识别高层人才的慧眼，还要替企业找到适合该企业发展理念的高层人才，本身的素质及专业化要求是很高的。基本的业务流程为"接受委托——职位分析及公司背景了解——签约委托——寻猎行动——初试及综合测评——推荐与复试——录用——结算余款及后续跟踪服务"。当企业提出要求后，猎头公司就会进行职位分析，并对公司的背景进行了解，如果公司不能提供至少 10 万元年薪的职位，寻猎是没有必要的。签约后，猎头公司开始寻猎，并承诺在一定时间内给予答复。人才的寻找一般通过三个途径，一是网上来源，二是合作伙伴，三是自己的人才库。之后就是安排双方见面沟通，直到最后的录用。这其中还有很多涉及商业机密不方便透露的技巧。

而目前合肥从事猎头业务的企业大大小小十几家。绝大多数仅仅是将"猎头"业务作为一项附属，还有很多实质是咨询公司或人才中介服务，真正专业化规范化的却很少。一些公司为企业介绍一个人才之后，一次性收取几千元甚至几百元的费用，仅仅是起到一个人才中介的作用，根本不会考虑是否适合企业，导致不少企业并不能找到适合自己的人才，也对"猎头"产生不信任感。据介绍，"猎头"对象年薪一般不低于10万元，职位一般是中层领导以上。仅仅从年薪来看，一些以猎头形式寻找一两千元月薪的职位，根本达不到要求，其招聘的职员也称不上"猎头"的目标。

人才市场仍不成熟

随着竞争的加剧，商业零售业、保险业等纷纷进入白热化的人才竞夺期。新的竞争主体的不断进入，年薪10万元招聘店长，一家保险公司包括负责人自己在内，全公司很多员工手机上几乎每天都收到另一同业公司的"挖墙脚"短信；一家新保险公司在某地市的分支机构开业，该地另一老公司所有员工集体跳槽……类似这样的大张旗鼓的人才招聘、高薪挖墙脚等现象已层出不穷。一边是企业感叹一将难求，另一边是猎头公司难觅业务。

"与其说本地高级人才缺乏，不如说是从事猎头的人才缺乏。"郑孝领表示，目前安徽省的猎头业务仍处于发展阶段，一些开展猎头服务的人才公司抱怨本土高级人才缺乏，企业有需求却未必能找到人才。实际上，为企业寻找人才时，并非是要找最好的人才，而是要找到最适合的人才。而这对于人才"猎头"本身的素质要求很高。郑孝领告诉记者，自己的公司从事猎头业务已近8年的时间，但是真正能够做猎头的却只有两三个人。据其介绍，从接手的业务来看，近两年，本地企业对于高层人才已进入极度渴求的阶段。以前"一年能做一两单就不错了"，近两年，业务量明显增多，而且多是一些大的单子。以前是猎头公司求着企业做，收取（人才）年薪的10%费用都收不到；但现在是企业拿30%的佣金排队追着猎头公司做。但猎头服务是个长期的过程，挖个人一般要花半年到1年时间。对于一个人才，首先猎头需要与其进行多方面的交流沟通和调查，才能确定是否适合企业的需要，尤其是一些外地的人才，双方会面等，为了找到合适的人才，猎头公司的开销也不小。有关人士认为，受观念、意识等影响，安徽省用人单位向人才中介机构要求该项业务的并不多，猎头业务目前在安徽省仍处于培育起步阶段。同时，由于人才中介机构收取企业的佣金不菲，以猎头对象年薪20%～30%计算，也有一些企业不通过人才中介机构，而是通过朋友关系来"猎"人才。一些企业肯出10万元年薪聘请某岗位人才却未必肯支出几万元作为佣金支付给中介。

第 2 章

双方合作共赢

在企业发展的过程中,人才短缺是最大的障碍。这种障碍不仅制约着企业的发展战略,更制约着企业生产力的发展。

猎头是企业的战略合作伙伴

在企业发展的过程中,人才短缺是最大的障碍。这种障碍不仅制约着企业的发展战略,更制约着企业生产力的发展。一般说来,优秀人才往往被原来的老板重金笼络或重用,流动的高级人才在招聘会上很少见到。高级人才跳槽,喜欢通过猎头公司推荐,而不愿到人才市场或人才网站去应聘。流动的人才中即使有才华出众者,往往由于人际关系能力较差、自我评价过高、以自我为中心、难以与人合作等原因而频繁跳槽,多数不受用人单位欢迎。正规的猎头公司有广泛的寻访网络,对推荐的人才进行反复甄选评估、履历验证或背景调查,具有效率高、及时准确等特点,同时可避免用人失误。

【案例1】　　　　　　　　猎头寻访财务总监

安徽某机械销售集团公司是安徽省民营企业前10强,2002年曾在《新安晚报》《合肥晚报》等省内各大媒体上做了多期整版广告,招聘1名财务总监,待遇也很高,仅广告费就花了4万多元。广告发出后,报名应聘者众多,人力资源部抽调多人专门负责此项工作,用了近两周的时间筛选简历、电话联系应聘者、核实简历、通知面试交流等;集团高管也用了多天时间与应聘者面试交流,最后竟然没有看中一个合适人选。后来,他们委托了猎头公司，猎头顾问经过多方寻访，为其推荐了 3 名财务人才作为他们的财务总监候选人，经过多轮面试交流，他们聘请了其中的刘某某任集团财务总监（后来聘为副总裁分管财务），仅付了 14000 元猎头服务费就如愿以偿。

【案例 2】 　　　　　　　寻访家电副总经理

2008 年，某著名家电集团公司需要招聘 1 名分管生产的副总经理，人力资源部用了近半年的时间没有招到合适人选。委托猎头公司后，猎头公司仅用了一个多月的时间就为其找到了合适的生产副总经理。

从上述两个实际案例可以看出，猎头服务与企业人力资源部招聘的效果是不同的。每个企业都有自己的人力资源部，也有自己的人事经理或招聘经理，他们也有很丰富的招聘经验，也知道从哪里找人，可为什么还要找收费较高的猎头公司呢？猎头服务之所以存在，是因为其有其他招聘方式不可替代的作用和优势。猎头公司能给企业带来很多便利，主要有以下几点。

1. 猎头招聘更保密

企业高层管理岗位和高级技术岗位的招聘通常要求高度保密。一般情况下，企业招聘高管，老板不希望更多的人知道，特别是岗位上还有人时，更不希望别人知道，怕影响到公司正常工作和管理。有些企业招聘高管，老板刚交代完，或老板刚动意，就已经满城风雨，搞得人心惶惶，既影响了稳定，又影响了工作。通过猎头公司寻访高级岗位人才，不需要担心泄密。对应聘者而言，在保密的形式下应试，不会伤及现有的工作。在猎头公司中，越是专业化、职业化声誉卓著的品牌猎头公司，保密工作做得越好。

2. 猎头选才更广

一个优秀的企业市场有多大，招聘人才的范围就应该有多大。企业委托猎头服务的岗位多数是企业高管职位或关键性技术岗位，需要的都是优秀的高级人才。这样优秀的高级人才，他们都活跃在各自的工作岗位上，不会到人才市场或人才网站去找工作，也不会去看招聘广告，更不会通过网站投简历找工作，他们本身就是一群不需要找工作的人。企业通过自己的人力资源部门寻找高管人才，可选择的范围比较窄，可供选择的人才数量较少。通过猎头公司招聘高级人才，企业的招聘范围可大大扩大，人才的选择更加广泛。猎头公司拥有庞大的人才信息库，库内有全国各地、各行业的高级人才信息或资料。猎头公司在各地都有自己广泛的人脉关系或兼职顾问，拥有广泛的人才搜寻渠道和搜寻系统。猎头公司的从业者经过专业的培训或训练，经过长时间的摸索和探索，他们拥有专业化的人才搜索技术和搜寻方法。更重要的是，他们还有定向搜寻人才的渠道、方法和技巧。这样，他们就能在市场上不做任何声张的情况下，找到所需要的目标人才。

3. 猎头招聘更专业

猎头公司的猎头顾问一般是企业中层以上管理者，他们对企业管理有着深入的研究，有着专业的人力资源知识和现代人力资源管理理念，能帮助客户正确地评估所招职位，确定一个切实可行的入职条件及薪酬待遇。猎头顾问能对候选人进行有效的评估，能及时向候选人提供客观真实的意见反馈，并及时向客户提出建议；能对候选人进行有效的背景调查，并能从相关人士口中得到有关候选人过去的工作表现及背景情况。猎头顾问有着丰富的企业管理经验，对企业职位把握较准确，对企业需要什么人才、什么样的人才能胜任职位，了解得更清楚。猎头顾问会利用职业的经验、科学的技术、专业的方法选人，他们选人更专业、更有针对性。

4. 猎头招聘更节约

猎头服务是一个耗时费力而又敏感的过程。猎头公司想要顺利完成一个猎头服务项目，必须认真、系统、准确地解读企业、解读老板、解读职位、解读人才。猎头公司收取的佣金为招聘职位年薪的30%左右。这看起来很高，实际上要比其他招聘形式更节约。企业去人才市场招聘高级人才，不但招不到，还浪费了大量的人力、较长的时间，这些都是隐形的成本。用媒体广告招聘高级人才，价格更高，且人才资料收集、面试也会占用人力资源部大量的时间和精力，还不一定能招到。用网络招聘高级人才，也是同样效果。如果招到了不合适人选，浪费更大，企业的损失更多。

使用猎头较之其他招聘渠道，常常能省时、省力、省钱。在使用猎头服务的企业中，相当一部分企业是在其他招聘渠道失败之后，才找到猎头公司的。另外，猎头公司了解高级人才薪酬的市场行情，能建议企业向合适人选支付恰当的薪酬，并能帮助企业做好有关聘用条件方面的协商，避免企业与人才之间直面地"讨价还价"。再者，猎头公司能做好对企业与人才的跟踪服务，不仅设法为企业招到合适人才，还要想办法帮助企业留住人才，让人才在岗位上发挥作用，减少了人才流失的成本。

5. 猎头选才更优秀

企业都清楚，要成为行业的佼佼者，就必须拥有行业中的精英人才团队。这个精英团队靠企业内部培养，周期太长、成本太高、速度太慢，跟不上企业的发展需要。猎头公司可以帮助企业选出一支优秀的精英团队。猎头公司通过认真、系统、准确地解读企业、解读老总、解读岗位，了解掌握团队需要什么样的人才。职业猎头顾问按照团队的要求，通过广泛地搜寻人才、深入地解读人才、系统地分析人才、规范地评估人才、严格地考察人才、谨慎地推荐人才、主动地跟踪辅导人才，才能为企业选出一支优秀的精英团队。

6. 猎头是企业长期合作伙伴

猎头是企业长期合作的伙伴，企业的发展、成长需要猎头，企业出现问题或遇到困难需要猎头，企业招人需要猎头，企业留人也需要猎头，猎头伴随企业发展全过程。

企业与猎头合作后,猎头公司会承诺多少年或长期不会从企业挖人,从而使企业的人才得到保护。如果企业长期与一家优秀的猎头公司合作,猎头顾问会随时关注企业需要什么样的人才,为企业留意适合企业的人才,一旦发现合适的人才,会第一时间通知企业。优秀的猎头公司还能帮助企业留住人才,当他发现客户单位人才有走的想法时,会以第三方的身份与其交流,并用企业的优势、发展前景、同行业的情况、竞争对手的情况等说服人才留下来。专业的猎头顾问在企业管理、人力资源管理等方面有着丰富的专业知识和实践经验,他们随时会为企业提供有价值的建议和意见。

【案例3】 猎头可持续提供服务

为某著名的高新技术企业(行业前三名)猎取高管团队。2013年该企业年销售额为3.4亿元,企业拥有新能源汽车的核心技术,也受到了各级党委、政府的高度重视和大力支持,公司急需扩大发展规模,但苦于缺乏人才和资金支持。企业董事长找到了伯骏猎头,经过深入的沟通交流,双方达成了合作协议。老猎手承诺为其引进高管团队,支持企业的发展壮大。

经过半年多的努力,伯骏猎头先后为其引进了某上市公司的财务总监王××任企业财务总监兼董事会秘书,引进了某大型家电制造企业的人力资源部经理陈××任企业人力资源总监,引进了某同行业营销中心经理盛××任企业北方区营销总监,引进了某白色家电制造企业生产总监齐××任企业生产副总经理,引进了某制造企业质量部经理方××任企业质量总监。人才到岗后,各自都从自己的专业入手,建立健全各项管理制度,理顺各种关系,提升管理效益。经过上下齐心努力拼搏,该企业于2015年成功上市,到2017年底年销售收入超过100亿元。

2018年初,该企业董事长又找到伯骏猎头。他说:"你们过去为公司引进的多位高管为企业的发展壮大作出了巨大贡献。公司在近几年内要实现年销售额超过 500 亿元的目标，但目前的高管团队要实现这个目标，将会十分困难，因此，公司需要引进几位能带领企业实现目标的高管人才，请你们帮助寻找。"伯骏猎头经过一年多的努力，已从某日资汽车制造企业引进一位运营副总，从浙江某上市公司引进一位总经理，从某大型家电制造企业总部引进一位 IT 副总裁，从某白色家电制造企业引进一位生产总经理。猎头公司承诺以后还会不断为该公司引进更多更优秀的高端人才。相信在不久的将来，该公司会顺利实现年销售额 500 亿元或更高的目标。

高端岗位需要猎头

随着我国改革开放的深入和经济全球化,中国企业越来越多地使用猎头公司去物色自己所需要的各类高级管理人才和高端技术人才。

一 优秀企业需要猎头服务

究竟有哪些企业需要猎头公司的服务呢?按照企业性质(当然也可以按其他形式分类)分类,大致可以分为以下几种。

1. 外资企业

欧美企业中的高级人才招聘多数采取猎头服务。这些企业来到中国后,开始由国际猎头公司从世界各地为他们猎取人才。但随着企业的发展,他们开始在中国本土寻找人才,实现人才的本土化,降低人力资源成本,中国一些优秀的猎头公司承担起为外资企业提供猎头服务的职能。

一是新进入中国的外资公司。他们急需既了解西方文化,又熟悉中国国情的职业经理人去开拓市场或参与经营管理。这是中国猎头公司擅长的,能帮助这类外资企业解决燃眉之急。

二是进入中国已久的外资企业。一批合同已经到期的外方管理人员需要撤离,用人单位从人力资源成本角度考虑,如果该职位聘用中国本土的高级人才,可以大大降低人力资源成本,所以用人单位开始选用中国猎头服务。

三是已在中国蓬勃发展的外资企业。许多世界知名的跨国公司要想在竞争中占据优势地位，就要扩大市场份额、开拓新的地域、占领相关行业的制高点，这就需要猎头公司帮助他们物色该领域中有名望、有经验、有管理能力的"老手"。只有这样，才能保持公司的品牌和名牌产品的招牌，保持公司的持续发展。

四是一些正在前进中的外资企业。这些公司的品牌、产品的招牌都不够响亮，影响力也不够，自己招聘往往不能如愿，此时，他们希望猎头公司帮助他们找到有事业心、能吃苦、善于经营的创业型人才，期待企业发展壮大。

2. 民营企业

中国民营企业是伴随着改革开放的步伐成长起来的。据统计，到2017年底，我国民营企业数量已达2726.3万家。民营经济对国家财政收入的贡献占比超过50%，GDP、固定资产投资和对外直接投资占比均超过60%，吸纳城镇就业超过80%，对新增就业贡献的占比超过90%，民营经济总量已占据国民经济的半壁江山。随着民营企业的发展壮大，民营经济不仅堂堂正正登上了中国经济的舞台，而且已经成为推动社会生产力发展的重要引擎，巩固和完善社会主义制度的重要力量，富裕人民群众生活的重要源泉，激发社会活力、促进社会和谐的重要支撑。民营企业应是未来需要猎头服务最多的企业。

一是经过长期发展而不断壮大的一批民营企业。这些企业初具规模和实力，需要进一步地扩张和发展，急需一批有现代企业管理理念、懂现代企业管理的高级管理人才，帮助提升企业管理水平，将企业引上持久、健康的发展轨道。

二是一批经过10多年发展的民营企业。这些企业的实力有了一定的提升，规模得到扩大，但企业内部管理混乱，团队没有凝聚力，产品缺少竞争力，市场占有率不高。因此，它们急需二次创业，想再上新台阶、再创新发展，自然需要大批的中高级人才来改变现状。

三是一批高新技术民营企业。这些企业有技术、有产品、有项目，它们需要拓展市场、理顺生产管理、规范内部管理，所以急需生产管理、营销管理、人力资源管理和内部管理等大批中高级管理人才及专业技术人才。

四是一批新成立的民营企业。这些企业有新的产品，有一定的资金实力，但由于是创业初期，存在许多困难需要克服，有许多问题需要解决。它们需要拓展市场、开拓产品，需要走向规范化管理，它们也需要大量的中高层管理人才、营销和技术研发人才等。

3. 国有企业

国有企业在我国经济中发挥主导作用。发展和壮大国有经济，对于发挥社会主义制度的优越性，增强我国的经济实力、国防实力和民族凝聚力，具有关键性作用。国有企业是公有制经济的重要组成部分和实现形式。近年来，各级政府十分重视国有企业的发展，加强对国有企业的调整、转型和改造，大批优秀的国有企业脱颖而出，特别是部分国有企业整体上市或改造上市，转变了机制，实力大大增强。国有企业的发展也急需大批优秀的中高级管理人才和专业技术人才。

4. 党政机关、事业单位

机关事业单位比较稳定，公务员难考难进，社会上出现了"公务员热"的现象。机关和事业单位虽然待遇不高，但相对稳定，并有一定的发展空间，所以对人才有极大的吸引力。近年来，机关和事业单位的用人制度改革也在不断探索和加快推进。

一是党政机关和事业单位扩大了选人渠道，不断推出公开招考、公推竞职、公推公选等方式，以选拔党政机关和事业单位的领导干部。

二是党政机关和事业单位也开始尝试从体制外引进中高层管理人才和高层技术人才。

三是为加快地区发展需要，党政机关开始考虑从境内外引进高级管理人才和高级技术人才。地方政府以付猎头服务费或给予奖励或购买服务等形式，委托猎头公司帮助地区企业引进人才。

四是从中央到地方各级党委政府都在推行人才引进"千人计划""万人计划"，大量从国内外引进高端人才。但党政机关缺少引进人才的渠道，这就需要第三方机构的帮助。未来，党政机关对高级人才的需求量会越来越大，应引起猎头公司的高度重视。

未来的竞争，归根到底是人才的竞争。在这方面，许多国外跨国公司的人才竞争机制和采取的人才聘用制度带给我们很好的启示。无数事实告诉我们：人才旺，事业兴。国有企业、民营企业、外资企业、机关事业单位的发展，需要大批中高级人才的加盟，猎头公司的服务并不针对某一类企业或某个单位，猎头期待着中国众多企业或单位能参与到高级人才的竞争中来。而只把眼光停留在初级人才的选择和招聘任用水平上，在中高级人才的争夺战中拱手相让，将是企业或单位未来发展最大的风险。目前个别地区仅停留在对大学生的争夺上，如对大学生放开户籍限制和给予生活补贴等；城市之间还在玩大学生数量上的竞争游戏，明显存在形式主义的倾向。高端人才是引领地区长期、持久、健康发展的源动力，如果一个城市、一个地区忽视了对高端人才的引进，缺少占绝对优势的高端人才，会长期处在弱势或劣势的地位，不大可能有经济的超越和腾飞发展。企业也是如此。华为能让美国动用国家权力"进入紧急状态"，说明华为在技术、管理、实力上确有过人之处。华为能让美国如此害怕，不是因为销售额，不是因为产品和技术，而是其拥有的一大批高端人才及其强大的研发能力。美国对华为的打压，实际上是对华为研发能力的打压、对华为高端人才队伍的打压。

二 高端职位需要猎头服务

在市场竞争中，谁拥有人才，谁重视人才的培养，谁就能立于不败之地。

中国企业经过40多年的发展，社会和企业家已形成了一个共识：人才是企业最宝贵的资源，人才是企业发展壮大的第一资源。在激烈的市场竞争中，企业间的人才争夺战将愈演愈烈，各用人单位都将用尽全力，招聘和吸引各类人才，特别是中高级人才。需要猎头提供服务的职位有以下几种。

1. 企业高级岗位

通常用人单位需要通过猎头服务招聘的岗位有：企业高级职业经理人，如总裁、副总裁、总经理、副总经理等；企业高层营销职位，如营销总经理、副总经理和营销总监等；企业高级财务职位，如总会计师、财务总监、财务经理、审计总监等；企业高级文秘职位，如办公室主任、总裁办主任、董事长或总经理高级秘书（助理）、行政总监等；企业高层技术岗位，如高级工程师、总工程师、研发总监、技术总监等。

2. 需要保密的高级岗位

有些招聘岗位需要保密，一种是岗位上有人，招聘前不可对外公开；还有一种是岗位有一定的内部机密，公开后会影响到内部的稳定，如上市公司财务总监或财务经理、董事会秘书，招聘公开后会引起股价波动。

企业需要对外保密的职位有：总裁、总经理，财务总监、研发总监、营销总监等。这些职位的招聘，企业一般要委托猎头公司。

3. 对公司未来发展影响重大的高级岗位

当企业出现业务需要转型、内部机构需要进行大改组或大调整、内部遇到重大困难需要突破或重大举措将要实施时，一些对企业未来发展有重大影响的岗位需要委托猎头公司来进行招聘，如核心企业总经理、新设事业部总经理、新成立机构或新拓展业务总经理。

4. 公司开拓新领域需要新的高级人才

拓展与创新是企业发展的重要方法之一。当企业发展需要进一步拓展新行业、新领域时，需要新的高级人才。如果企业内部缺乏这类人才，如新成立的事业部总经理、新拓展领域投资的新公司总经理或技术高管，需要猎头来帮助引进。

5. 需要在行业内"抢"的优秀人才

行业内部某个时期的紧缺人才和关键人才，是行业内各企业都要"抢"的人才。企业要想在行业内保持领先地位或占有竞争优势，就要"抢"到行业内的重要人才。企业一般会提前委托猎头公司帮助"抢"行业内的关键人才。如房产行业：2010年前后综合体项目高管、设计总监等；2011年前后综合体招商总监、旅游地产项目高管；2012年前后综合体商业运营总监、工业地产项目高管等。还有行业内最知名企业的中高层管理人才，如房地产企业中的万科中高层管理人才，城市综合体中的万达集团中高端人才、龙湖集团中高层管理人才，这些企业的中高端人才在某个时期会成为业内"疯抢"的人才。2018年前后，企业急需以机器人、智能制造为代表的高科技人才、IT高端人才等，还有制造企业、房产企业因资金短缺，急需高层次融资人才等，这些人才很难找，企业就需要猎头机构帮助寻找。

6. 公司急需而又找不到的高级人才

通过人才市场的现场招聘会、各种人才招聘网站、媒体招聘广告，或通过内部和外部人脉关系推荐等方式，一般都找不到企业急需的高级人才。这时企业会委托猎头公司帮助寻找。

猎头服务的是优秀企业

猎头顾问要靠一个个猎头服务项目（内部称猎头单子）来体现其自身价值。这既实现其业绩，也保持其在行业内的竞争地位和竞争优势。那么，猎头顾问的项目从哪里来呢？老猎手告诉你，猎头服务的项目主要来自猎头服务过的老客户，来自各种网络、媒体，来自人脉推荐和各种培训、沙龙、论坛，来自各种招聘会、电话号码簿和各种资讯信息。

一 确保老客户不丢失

猎头顾问的老客户是指猎头顾问曾经服务过的企业或单位。他们委托猎头顾问做过一个猎头项目后，如果感觉满意，还会继续委托猎头顾问长期提供服务。有些猎头顾问之所以做一家丢一家，做一单丢一单，是因为他们做的单子质量不高，客户不满意；或者是后期服务没跟上，跟踪辅导没有做到位；或者是与客户沟通交流不够；等等。一般来说，如果猎头顾问为客户成功地招聘到满意的高层人才，这个客户以后只要有招聘需求，就会想到你；另外，猎取成功的高层人才到了新的工作岗位上需要人才时，也会想到你。因此，猎头顾问要与老客户保持联系，并尽力为老客户提供力所能及的服务。这是猎头业务单子的一项重要来源。成功的猎头顾问从来不怕没有业务单子，最怕的是业务单子太多。

为了保证不丢失老客户，猎头顾问需要做到以下几点。一是要认真做好每一个猎头服务项目，一定要保证其服务质量，让客户满意，让人才满意。二是要做好猎头项目的跟踪服务，做好人才上岗后的辅导，帮助企业、人才解决困难和问题，让人才在岗位上发挥作用。三是与客户单位的领导、人力资源总监和招聘工作人员保持密切联系和良好的沟通交流，经常听取他们的意见和建议，帮助他们解决实际问题和困难。四是注意做好对客户单位领导和人力资源总监、人才的人文关怀，让他们感到有后盾支持。这样，猎头顾问的业务单子就会源源不断地到来。

1. 与老客户保持联系时遇到的问题

猎头顾问在联系老客户时遇到的常见问题如下：一是出现人力资源部招聘负责人升迁、调动、离职或换人的情况。二是出现老客户单位搬家或人力资源部门更换电话的情况。三是老客户单位领导变了，找不到关键人了。四是老客户的主要业务有了变化。

2. 保留老客户的对策

保留一个老客户，要比开发一个新客户节约60%以上的人力和物力成本。作为猎头顾问，要把精力、时间花在老客户身上。一是坚持每月或每两个月把所有的老客户联系一遍，时刻清楚老客户单位的情况。二是重大节日、企业重大活动，要电话问候或短信祝贺；企业主要领导和关键人员生日或重要事项，要去看望或短信祝贺。三是要及时把电话变更的、没有了电话号码的，通过原联系人、人脉关系或114电话等方式，将新号码更新到客户管理系统库。四是要找到关键的联系人，如招聘经理、人事经理、人力资源总监、分管人力资源领导、主要领导的姓名及联系方式，充实客户管理库。五是要把每一个老客户的联系电话、QQ号、微信、信箱等录入客户关系库。六是要及时关注老客户的常用招聘方式、渠道和职位。七是要经常登录老客户的企业网站，时刻关注客户的地址、企业简介、业务变化、人员变化等情况。八是定期或不定期召开客户座谈会，听取客户的建议和要求，密切与客户的关系。

二 利用新媒体（自媒体）联系用人单位

微信、微博、QQ、网站、App等被业界称为新媒体（自媒体），它们因传播速度快、操作便捷，深受人们喜爱。新媒体（自媒体）对猎头行业的各项工作都有很大的促进作用；利用新媒体（自媒体），能更好地推进猎头服务工作。一是可以利用微信、微博、QQ等快捷、互动频繁的优势，实时更新单位招聘岗位动态，助力猎头服务工作。二是利用微信、微博、QQ，与用人单位和人才进行即时工作沟通与交流，提高猎头服务的工作效率。三是利用网站、微信（平台），扩大猎头服务宣传力度和广度，吸纳更多的单位。四是利用微信、微博、QQ、网站、App，让客户了解猎头工作，扩大、促进猎头业务。五是利用微信、微博、QQ、网站、App，可以进行高层人才寻访。六是利用微信、微博、QQ、网站、App等，可以进行高层人才背景调查。

利用新媒体（自媒体）寻找、了解猎头服务，其特点是省时、省力、快捷、方便、成本低。老猎手告诉大家，作为职业猎头工作者，要经常登录各大型企业网站，了解企业情况，了解企业招聘人才的信息。如网址大全，有单位地址、法人代表、电话号码、联系人和电子信箱等。各公司网站上一般还会有企业的人才招聘信息。也要经常登录一些专业人才网站，上面会有各类企业招聘的信息——招聘的职位和人数，还留有招聘联系人、联系电话、联系信箱等，可随时了解他们的招聘情况。通过网络：一是可以搜寻到大量有中高级人才招聘需求的单位和职位；二是利用微信、微博、QQ，及时了解询问企业职位是否招满；三是利用微信、微博、QQ，及时了解询问未招满的职位能否采取猎头服务；四是利用微信、微博、QQ，及时了解询问企业是否有新的中高层职位需要招聘；五是利用微信、微博、QQ，宣传推广猎头服务，让更多的企业联系猎头。

1. 利用新媒体（自媒体）寻找客户遇到的问题

一是网上找到的单位多、准确性差；二是小单位多、一般职位多，多数不用猎头服务；三是很多单位招聘信息已过期，电话号码不对、地址有变，有的单位已经不存在；四是原单位已找到人才或本来就不准备招聘人才，只是做个宣传广告。

2. 利用新媒体（自媒体）寻找客户的对策

新媒体（自媒体）是未来猎头服务的重要推广渠道，应引起充分重视。猎头顾问在利用新媒体（自媒体）联系客户时，一是要有重点地找，明确什么样的单位、什么样的岗位是猎头服务的，防止误工；二是把找到的单位普遍联系一次，不合适的删除，合适的保留；三是要及时联系，否则会被其他猎头公司抢先联系；四是要做好沟通交流，告知猎头服务的范围，以免浪费双方的时间。

三 利用报纸、杂志广告寻找猎头服务单位

各地主流媒体每天都会有一定的招聘广告和招聘信息。猎头顾问通过当地各种报纸、杂志上的招聘广告和招聘信息，了解哪些公司在招聘高层人才，然后可与招聘单位进行电话交流，了解他们利用广告招聘形式能不能招到合适的人才；也可以直接询问招聘单位的招聘情况，并帮助他们分析为什么广告招不到合适的中高级人才。同时，向他们介绍猎头服务的项目和优势，如果他们招聘困难，很可能将招聘项目交给你，或约你面谈交流。报纸和杂志上每天都有招聘单位与岗位信息，各人才市场也会在报纸上刊登招聘广告，这些广告中有单位名称和岗位要求，但没有联系方式，可通过114电话、网站、电话号码本等查询号码取得联系，了解他们通过报纸广告招聘和在人才市场招聘的情况。中高级人才（特别是高级人才）很少会通过报纸广告或到人才市场去应聘，所以，在报纸和杂志上发广告是很难招聘到高级人才的，

猎头顾问及时与他们联系，会有很好的效果。

1. 利用报纸、杂志广告寻找猎头服务单位常遇到的问题

猎头顾问联系在报纸和杂志上发招聘广告的单位，常常会遇到：一是单位发招聘广告是为了做宣传，不是为了招人，因为招聘广告价格比硬广告价格低。二是联系到报纸、杂志上的招聘单位时会被告知职位已招到人，不需要了。三是人才市场在报纸和杂志上的招聘广告，其招聘单位多，且没有联系电话。四是在报纸上发招聘广告的单位，一般规模较小，职位说是中高层岗位，其实是中低层岗位。

2. 利用报纸、杂志广告寻找猎头服务单位的方法

猎头顾问发现某单位在报纸和杂志上发招聘广告后，一是要及时与招聘单位联系，了解其招聘的情况和遇到的问题。二是单位在报纸上刊登的招聘广告职位明确、电话详细，要找符合猎头需求的单位联系。三是单位在报纸和杂志上发招聘广告，多数单位是需要人才的，这次招到了，将来还会有招聘需要，可以将这些单位作为长期客户保持联系。四是人才市场在报纸上发招聘广告中的单位多，猎头顾问要从中找到重点的单位联系，没有号码的可以通过114电话和网络查询，也可以直接到招聘会现场与用人单位交流，了解他们招聘的效果，这也是猎头服务客户开发的一种渠道。

四　利用人脉关系推荐猎头服务的单位

利用人脉关系推荐猎头服务单位是指利用猎头顾问在过去建立的人脉关系来帮助推荐猎头服务的单位。其特点是相互信任、成功率高。俗语说：干什么说什么，卖什么吆喝什么。作为猎头顾问，也要在各种场合和各种活动中宣传猎头、推广猎头。在与同学、同乡、战友、同事、朋友等的聚会上，猎头顾问要介绍自己从事的工作和猎头服务的优秀案例等，让他们知道你从事的是一项伟大而又崇高的职业——猎头服务，在你的帮助下，企业、人才更优秀。你们是朋友，他们信任你、认可你，他们中间有了招聘信息会直接找到你；他们有招聘业务需求会主动联系你，也可能为你推荐有业务的朋友。

人脉推荐猎头是各种招聘信息的重要来源之一。最好的人脉关系主要有：一是过去成功服务过的企业高管或人力资源高管帮助推荐，或者他们换了单位后把你推荐给新的雇主；二是过去成功服务的客户将你推荐给他们的同行或其他雇主；三是你熟悉的政府官员、社会知名人士、企业家将你推荐给一些企业雇主；四是作为优秀的猎头顾问，特别是有影响力的猎头顾问，你的朋友以你为骄傲，他们会为你推荐新的猎头单子；等等。

1. 利用人脉关系推荐猎头单位常遇到的问题

一是他们怕你做不好，不愿意推荐；二是一些人脉关系答应推荐，但实际上没有推荐；三是猎头顾问本身缺乏广泛的人脉，或人脉关系少。

2. 利用人脉关系推荐猎头单位的方法

猎头服务是一种为用人单位和中高级人才服务的职业。老猎手认为，作为一名职业猎头工作者，一是要积极地扩大自身的人脉关系，广交朋友、广扩人脉，做一个开放的人，形成自己的人脉圈。二是要学会帮助人、关心人，要多为朋友提供支持或帮助，你支持了别人，别人才会支持你。三是猎头顾问要经常与企业高管、人力资源工作者保持密切联系，联系多了就容易成为朋友，扩大人脉关系。四是猎头顾问要尽可能多地参加一些高层人才的聚会，并与他们保持密切联系。五是猎头顾问要经常参加一些高层次人才培训、沙龙、论坛等活动，要在这些活动中发表自己的观点和见解，扩大自身影响，增强人脉关系。

五 利用各种培训寻找猎头服务的单位

猎头顾问在培训、论坛、沙龙等现场通过与培训者的沟通交流取得猎头服务的单子，这是猎头顾问取得业务单子的一种重要形式。猎头顾问利用培训间隙与参加培训学员沟通和交流，获取相关企业对人才需求的信息。如各种高级研修班、总裁班等，参加培训的多是企业的高管，他们都会在实际工作中遇到缺少人才的问题，猎头顾问到培训会场与他们沟通、交流，了解、掌握他们的真正需要。用这种方式寻找猎头服务单位，准确、针对性强、容易成功。

1. 在各种培训现场寻找猎头服务单位常遇到的问题

在各种培训、沙龙、论坛现场寻找猎头服务的单位，常常会遇到：一是猎头顾问不容易参加这样的培训，因为需要很高的培训费用，一般的猎头公司不会为顾问提供高昂的费用。二是培训课程比较紧张，参加培训者没有时间与猎头顾问交流。三是猎头顾问不知道与他们（参加培训者）交流什么，以及怎样交流。四是不能直接看到企业招聘需求，不知道哪家企业有招聘需要。

2. 在各种培训现场寻找猎头服务单位的策略

猎头顾问在培训现场寻找猎头服务单位，有如下方法和策略。一是来参加培训的一般是企业管理者或高层管理者，猎头顾问可以充当培训的组织者或培训的参与者，为他们做好服务，与他们建立关系，并保持联系。二是多与参加培训学员交换名片，询问他们培训的目的，了解企业的中高层管理人才状况，从中可以得知企业是否有招聘需求。三是每期培训都有课后问卷，或建议培训组织者设置企业招聘需求栏，培训结束后可及时了解哪些企业有招聘需要或猎头服务需求。四是受训学员既是企业的中高层管理者，又可能是人才招聘的决策者。同时，他们也是猎头寻找的中高级人才。五是尽量找到培训班的通讯录，便于长期与学员保持联系。六是猎头顾问要提升自身素质，提前做好功课，在培训中帮助学员解答疑惑和问题，或积极参加互动发言，发表自己的观点和看法，拉近与学员的距离。如果你表现得很出色，学员中如有猎头服务需求，自然会倾向于你。

六 通过拜访用人单位寻找猎头服务单子

猎头顾问拜访用人单位来寻找猎头服务的单子，是指猎头顾问直接去拜访用人单位，确定猎头服务项目。这种方式一般要先与企业人力资源部门负责人或招聘主管或企业高管进行电话沟通交流，约好时间，然后去企业拜访交流。如果不被拒绝，一般来说这样的企业有中高层人才招聘需求，或有猎头服务的意向。这种方式的特点是：准确、直接，但不好联系，不被接受，容易遭到排斥。

1. 猎头顾问拜访用人单位寻找猎头服务单子常遇到的问题

一是猎头顾问想去用人单位拜访，但多数单位和人员因工作忙、时间不好确定等原因拒绝拜访。二是为了拜访，需要工作人员提前电话联系很多单位，比较费时间。三是去用人单位拜访会占用猎头顾问较长时间，需要多人参与。四是去用人单位拜访，对拜访人员要求高，如果素质和层次较低的人员去拜访，或去拜访较低层次人员，效果会较差。

2. 猎头顾问拜访用人单位寻找猎头单子的策略

一是要做好前期准备工作，先通过网络了解企业情况，再通过电话联系拜访单位和人员。二是选择资深猎头顾问去用人单位拜访客户，提高取得猎头单子的成功率。三是可以集中时间、集中人员，去一个地区拜访企业，以节约猎头顾问的时间，提高拜访质量。四是要提前做好基础工作，提前详细地了解企业、了解老板，用专业知识、职业服务拉近与企业的距离，提高拜访效果，取得更多猎头服务的单子。

七 到人才招聘会上寻找猎头服务的单位

各地每月或每周都有一定数量的人才招聘会，且多数是政府机构人才市场或政府资助的人才市场组织的，企业在这些招聘会上大多招聘基层岗位和一般岗位，有时也会招一些中层管理人才和技术人才。当他们在招聘会上招不到需要的中高层人才时，就会成为猎头服务的对象。这就要求猎头顾问要经常到人才市场去走一走、看一看，一方面与参加招聘的人力资源工作者交流沟通，另一方面也可以从中找到一些猎头服务的单子。

1. 到人才招聘会上寻找猎头服务单位常遇到的问题

猎头顾问去人才市场招聘会现场寻找猎头服务单子，常常会遇到：一是人才招聘会现场，招聘单位没有时间与猎头顾问交流。二是招聘单位到人才招聘会现场参加招聘的人员层次低，多为招聘主管，不是招聘关键人。三是现场招聘会上用人单位提供的招聘职位中，中高层岗位较少。

2. 猎头顾问到招聘会上寻找猎头单位的对策

一是一般的人才招聘会，招聘中高级人才的单位相对较少。从招聘会统计可以看出，有1/8左右的单位提供中高层岗位。二是要重点做好与这些单位招聘人员的沟通交流。在招聘会快结束时，或者他们的展位前没有应聘人才时，或招聘会刚开始应聘人员较少时，可给他们留下猎头公司简介和猎头顾问的名片。三是在一些中高级人才招聘会上会有很多中高层岗位，特别是职业经理人交流会和高级人才封闭式洽谈会上，要注意多与招聘单位的招聘人员，特别是招聘单位领导进行沟通交流，并介绍猎头服务，以便他们长期招不到的职位会让猎头帮助寻找。四是查找到有中高级人才招聘需求单位的联系方式，录入猎头客户管理库，作为猎头服务的客户长期保持联系。

双方合作要共赢

与客户洽谈意向是猎头服务的重要一环。当企业有招聘岗位需求时，也希望通过猎头服务的形式来招聘。猎头公司了解信息后，开始与企业洽谈猎头合作意向。参加猎头洽谈的人员，不同的猎头公司有所不同。一般猎头公司业务人员分为三种类型：一是寻访员，负责寻找人才，主要通过电话推荐给猎头顾问；二是猎头顾问，负责制订寻访计划，甄别遴选人才，推荐给客户；三是市场人员，负责寻找客户、商务谈判、催款以及维系客户关系等。实践经验证明，与客户洽谈交流，市场人员与猎头顾问共同参加，有助于洽谈成功。特别是大型企业高端人才招聘（总监以上职位），应组成猎头项目组，内部要有明确的分工，猎头顾问为项目组负责人，负责与客户谈判。

猎头顾问与市场人员通过多种方法与渠道，了解到企业有猎头服务的意向后，积极做好洽谈前期的各项准备工作。

一 尽快了解企业

首先，请用人单位提供法人营业执照或相关资质证书，并查验；请用人单位提供职位说明书、拟录用人员条件等相关信息，认真填写"猎头需求调查表"（见附件1），并提供单位简介。接着，猎头顾问要做好洽谈前的准备，如初步了解企业的基本情况，主要是了解分析客户情况、规模、产品、经营状况、组织结构、人员构成、企业文化及发展规划等，了解分析职位所需人才的行业经验、专业水平、能力要求、工作条件、薪酬及福利待遇等。

二 让企业了解猎头

猎头公司也应该在洽谈前让用人单位了解猎头公司的情况，猎头顾问要及时请市场人员或助手将猎头公司简介、猎头公司营业执照或相关资质证书、猎头服务的流程及资深猎头顾问简介等资料提供给用人单位。并提醒用人单位在使用猎头前要注意的事项，也提醒用人单位向猎头公司提供相关资料，并填写"猎头需求调查表"等。

三 洽谈交流

猎头顾问与用人单位人力资源部门负责人或企业高管进行交流，洽谈企业委托服务有关事项。洽谈中，猎头顾问应向用人单位介绍猎头公司的情况，如公司成立的时间、服务优势、过去成功案例、资深猎头顾问的情况及公司猎头服务流程等，及时准确地解答用人单位的问题与疑问等。猎头顾问也要请用人单位负责人介绍企业情况，如公司发展历程、主要产品、组织结构、招聘职位情况、招聘中高层职位的原因等；还要请企业负责人介绍对招聘职位的条件要求，看企业是不是猎头公司乐意提供服务的，看职位是否是猎头公司所擅长的。猎头顾问也应提出自己的疑虑或问题，请企业负责人给予解答或解释。猎头公司与企业之间的洽谈交流地点可以在企业或猎头公司，也可以在咖啡厅或休闲场所。

四 达成共识

猎头公司是为用人单位服务的，帮助企业寻访高级人才，从中获得佣金。用人单位因企业发展或职位需要，希望寻找到合适的高层次人才，以解决企业遇到的问题或困难。应该说，猎头公司与用人单位的同一个目标就是找到合适人才，两者互相依赖，是利益共同体。由于是同一个目标，就要求双方都应考虑到对方的利益，只有双方都考虑到对方的利益，才能真正共赢。但在寻找到合适人才这一共同目标下，要明确各自的责任和义务，达成共识。用人单位与猎头公司都要根据寻访人才的难易程度及时间紧迫程度、工作量的大小等确定合理的服务费用和交付日期。

五 洽谈意向过程中应注意的问题

第一，是否签订合作协议。合作协议是一个互相承诺，明确相互责任和义务的约定。如果相互不能给予承诺，或不想承担责任和义务，这样的合作还谈得上什么质量和效果呢。

第二，是否付定金。猎头服务是一项人力资源咨询工作，从接受企业委托开始顾问就得投入工作、付出劳动，定金一方面是猎头公司的工作用金，另一方面也明确企业要购买猎头公司的服务，且猎头公司也应该给予合作上的重视，排上工作计划和日程。企业最担心的是，定金给了，可猎头公司能不能做成或做不成怎么办。其实，如果一个猎头公司靠定金生活，那么这家猎头公司能存活多久呢？企业和专业的人力资源工作者也不会选择这样的猎头公司。如果不支付定金，规范的猎头公司不会开始寻访。

第三，是否多家委托。企业人力资源部门总想多家委托，这家猎头找不到，还有其他家，总有一家能找到人才的，因此既不想签协议，也不想付定金。这样的企业只能与三流的猎头公司打交道，找到的也只能是三流的人才。

第四，要承诺保退期。"消费者权益保护法"规定：商品或者服务不符合质量要求的，应当依照国家有关规定或者当事人约定承担退货、更换、修理等质量担保责任。按照这一规定，猎头公司推荐人才到岗后要有一定的保退期，一般为3个月。在这3个月内，企业可以对猎头公司推荐的人才提出辞退或更换。也就是说，不论是企业提出辞退人才，还是人才提出辞职，猎头公司都应为企业另行寻访人才，并保证在多少个工作日内为企业推荐合适的候选人，除非企业提出不再需要为其推荐。

第五，人才必须经过评估，方可推荐。猎头公司对推荐给企业的人才要进行专业的评估，不能只看简历就推荐给企业。同时，企业也应对猎头公司推荐的人才进行及时的反馈，特别是不符合企业要求的人选，要告诉猎头公司原因是什么，什么样的才符合标准等。这样才能校正猎头公司的寻访标准，使猎头公司的寻访更精准，从而提高搜寻工作效率。

第六，单赢还是共赢。有些人与人合作总想自己赢，忘记了合作者，可想而知，这样的合作是让双方都有积极性还是只有单方有积极性？企业就是要追求利润，不赢利商家是不会干的。如果合作协议上你不让我赢，那么我就会在偷工减料上下功夫，降低成本，结果伤的还是买家。不言而喻，只有调动双方积极性的合作才能达到双方共赢，只有双方共赢的合作才能调动双方的积极性，也才能是圆满成功的合作。

猎头要有周密的寻访计划

猎头公司与客户经过长时间或多轮的沟通交流，达成合作意向，并及时签订合作协议。

一 合作协议的内容

猎头服务合作协议的内容应包括双方的权利与义务、服务内容、服务期限、服务费用与支付方式、违约责任等。

在猎头实践过程中，猎头服务合作协议实际上有两种形式，一种是就一个职位作为猎头合作的项目协议，叫"猎头合作协议"（见附件2）；还有一种是企业在一个时期内有多个职位作为猎头合作的项目协议，这种协议一般叫"猎头长期合作协议"（见附件3）。一般来说，猎头公司在为一个单位提供长期服务的过程中，双方都减轻了不少工作量，特别是猎头公司减少了大量的工作，如对企业的了解、对老板的了解、双方沟通的时间上等都减少了工作量。猎头公司一般是根据猎头服务的难度和工作量的大小来确定收费的多少，因此长期合作的猎头服务的佣金也应减少一定的比例，一般减少10%左右。企业也减少了许多工作量，不需要对猎头公司再进行考察，不需要过多与猎头公司沟通交流，也容易保证招聘质量。

二 签订合作协议的注意事项

签订猎头服务合作协议时要注意四点。一是合作协议相对方的资格审查。审查对方是否有从事相关经营的资格、资质、履约能力和信用等级等。可要求对方提供相应的证明文件，并在所提供的文件上签名盖章，确保真实。文件包括：营业执照复印件、资质证明、授权委托书，详细记录被委托人身份证号码、住址（或办公地址）、电话等。二是猎头合作协议应当采用书面形式，一式两份，双方各执一份。三是合作协议应包括：当事人的名称或者姓名和住所、标的、数量；质量；价款或者报酬；履行期限、地点和方式；违约责任；解决争议的方法。四是签订合作协议时应首先检查对方的身份，重点是检查是否有代表企业或他人签订协议的资格。

三 提交寻访计划书

合作协议签订后，猎头公司应向用人单位提供猎头寻访工作计划书。猎头公司在这个时候扮演着咨询顾问的角色，要对客户的需求进行分析并提出自己专业的意见和建议。猎头公司还要抽调资深猎头顾问组成猎头项目组，明确猎头项目组内部人员分工，研究制订猎头服务工作方案和工作计划。此外，猎头顾问要及时向用人单位提供猎头服务寻访计划书。猎头服务寻访计划书应包括对招聘职位的理解、寻访目标、寻访渠道、工作进度安排等相关内容（见附件4）。

四 制订猎头寻访工作计划应注意的事项

包括六点：一是要坚持对客户负责的原则。一定要根据客户的要求编排猎头服务寻访工作计划，让客户满意。二是要可执行。编制的寻访工作计划要能操作，可落实，既不能太松，也不能太紧，是经过努力能实现的计划。三是要有预见性。寻访计划要考虑到寻访过程中可能出现的问题，以便出现问题时客户能理解。四是不能过虚，要实事求是。让客户知道你每一个阶段在做什么，做了多少等。五是防止计划写在纸上，无法操作，不能落实，不能落地。也要防止猎头做了很多工作，企业不了解、不知道，认为猎头太简单了，在人才库里找几份简历就送来了，等等。六是猎头寻访工作计划书是猎头服务工作的实施细则，是猎头寻访每项工作、每个行动的指南，也是每个问题与困难的解决对策，这些内容要让客户了解、知晓。

附件 1

猎头需求调查表

<table>
<tr><td rowspan="13">企业基本情况</td><td>公司名称</td><td colspan="3"></td></tr>
<tr><td>企业性质</td><td></td><td>公司成立日期</td><td></td></tr>
<tr><td>行业属性</td><td></td><td>员工人数</td><td></td></tr>
<tr><td>经营范围</td><td></td><td>年销售额（万元）</td><td></td></tr>
<tr><td>法人代表</td><td></td><td>主要联络人</td><td></td></tr>
<tr><td>联络人所在部门</td><td></td><td>联络人职务</td><td></td></tr>
<tr><td>联络人 E-mail</td><td></td><td>联络人电话</td><td></td></tr>
<tr><td>联络人传真</td><td></td><td>年招聘经费</td><td></td></tr>
<tr><td>手机号码</td><td></td><td>QQ</td><td></td></tr>
<tr><td>公司网址</td><td colspan="3"></td></tr>
<tr><td>通信地址</td><td colspan="3"></td></tr>
<tr><td>职位需求原因</td><td colspan="3">□新增　　　□空缺　　　□更换不合格人选</td></tr>
<tr><td>企业简介</td><td colspan="3"></td></tr>
<tr><td rowspan="5">职位基本信息</td><td>职位名称</td><td></td><td>所属部门</td><td></td></tr>
<tr><td>直接上级</td><td></td><td>直接下属人数</td><td></td></tr>
<tr><td>职位类别</td><td></td><td>职位级别</td><td></td></tr>
<tr><td>工作地点</td><td></td><td>希望到岗时间</td><td></td></tr>
</table>

职位在组织中的位置	
主要工作职责	
任职资格要求	
薪资与福利	薪资结构及标准： 社会保险　□养老保险　□失业保险　□生育保险 　　　　　□医疗保险　□工伤保险　□住房公积金 通信、交通费：

联系电话：　　　　　　E-mail：　　　　　　填写完毕后请发至此邮箱

附件 2

猎头合作协议

甲方：

乙方：×××管理咨询有限公司

甲方因业务发展需要，特委托乙方以猎头服务方式招聘_____职位人选，甲乙双方本着"平等合作，互惠互利"的原则，经友好协商达成如下协议。

一、甲方的权利与义务

1. 甲方应向乙方提供详细、真实的公司背景资料，包括但不限于公司背景、经营状况、发展战略、企业文化等。

2. 甲方须负责提供所需要招聘岗位的详细资料，认真填写《猎头需求调查表》。

3. 收到乙方提交的候选人资料后，甲方应在五个工作日内通知乙方是否要求候选人面试。如果面试，应告知时间和地点。面试结束后，甲方应在五个工作日内告知乙方面试结果，对不合适的候选人，应给出说明。如果不面试，应给出具体不面试的原因。候选人面试所产生的费用由甲方承担。

4. 甲方应在面试后积极与乙方沟通、协调，一周内做出是否复试（聘用）决定。

二、乙方的权利与义务

1. 乙方须在寻访服务期内利用各种渠道为甲方寻访、招聘所需人才。

2. 乙方应了解候选人的情况，分析其背景资料，并在此基础上进行筛选后，向甲方提交合适候选人的个人资料。

3. 如果在寻访期内甲方未能对乙方提供的候选人给出明确答复，乙方有权终止合作。

4. 若出现以下情况，均视为乙方已完成猎头服务全部工作，乙方有权要求甲方在一个月内支付全额猎头服务费；如逾期支付，乙方将保留诉诸法律解决的权利：

（1）甲方将乙方所推荐的候选人转荐给其他雇主，并且候选人被其他雇主聘用的；

（2）甲方面试乙方所推荐的候选人后表示拒绝聘用，却在面试后一年内聘用乙方曾推荐的人选；

（3）甲方面试乙方所推荐的候选人后因某种原因不能聘用该候选人，而聘用该候选人做兼职或其他短期服务；

（4）甲方面试乙方所推荐的候选人后因某种原因不提供所聘用岗位，但录取该候选人为其他岗位职员；

（5）甲方面试乙方所推荐的候选人后并没有聘用，而采用咨询、承包等方式与候选人保持合作关系。

三、服务费标准及支付方式

1. 收费标准如下：

本次猎头服务收取人民币_____元，即人才年薪的_____％。

2. 支付方式：

分三次支付猎头服务费。

（1）双方签订协议后五个工作日内，甲方必须支付猎头服务费总额的30％作为定金，计人民币_____元；

（2）乙方推荐的人才到岗后七个工作日内，甲方应支付猎头服务费总额的40%，计人民币____元；

（3）乙方推荐的人才到岗满三个月后的五个工作日内，甲方应支付猎头服务费总额的30%，计人民币____元；

（4）被推荐人员上岗三个月内因自身原因被辞退或被荐者自行辞职的，乙方在三周内重新推荐合适人选。如推荐不能成功，乙方将已收费用全部退还甲方。

四、保证内容及违约责任

1. 甲乙双方自签订协议之日起，需在双方约定的时间内向甲方提交候选人资料（参照"猎头需求调查表"）。

2. 甲方有权对乙方提供的候选人进行面试或不面试。对于不面试的候选人，甲方应给出明确意见，为乙方物色新候选人提供参考依据。

3. 乙方承诺，为甲方提供三个月的服务保证期。如果所录用候选人在上岗三个月内辞职或因工作表现不好被解雇，甲方应提供解雇理由的书面文件，乙方将会重新搜寻一个候选人以填补该空缺。如果乙方不能再推荐令甲方满意的替代人选，则甲方有权通知乙方解除本次人才的招聘计划。

但如果甲方无正当理由解雇候选人，或该候选人辞职是由于甲方改变了他/她最初的职位、职责范围、所属部门，未实际履行与候选人达成的聘用协议，有任何事实上的欺诈等引起候选人的不满而离开甲方，乙方不承担责任。如果候选人离开甲方后，甲方更改了该空缺的职衔、职责范围、工作性质、所属部门，要求乙方提供人选，双方将理解并视为一个新的岗位，而重新签订新的协议，从而产生新的协议的服务费。

4. 乙方保证在本协议签订后的一年内，不猎取甲方公司的任何在职员工。

5. 乙方应确保被录用候选人与原工作单位按正常的程序办好离职手续，

但甲方不得利用被录用候选人盗取原工作单位之商业秘密，否则引起的不良后果由甲方负责，乙方不承担任何责任。

6. 双方签署本协议后，甲方不得以任何理由拖欠服务费，否则被视为甲方单位违约，乙方保留索要服务费之权利，同时乙方每天将加收猎头服务费总额8%的滞纳金。

五、其他事项

1. 双方在履行本协议过程中发生争议时，应协商解决。协商不成的，任何一方均可向人民法院提起诉讼。

2. 因某种原因，甲方暂停了项目，乙方可接受甲方暂停项目的最长期限为三个月，在此期限内如果甲方要求继续该搜寻项目，乙方将继续人才搜寻工作。如果甲方通知暂停此搜寻项目超过三个月，该委托项目将自行结束。

3. 本协议经双方签字后立即生效，一式两份，甲、乙双方各执一份。

甲方（签章）：　　　　　　乙方（签章）：
地　　址：　　　　　　　　地　　址：
代　　表：　　　　　　　　代　　表：
税　　号：　　　　　　　　税　　号：
开 户 行：　　　　　　　　开 户 行：
账　　号：　　　　　　　　账　　号：
签订时间：　　　　　　　　签订时间：

附件 3

长期猎头服务协议

甲方：×××建设集团股份有限公司

乙方：×××企业管理咨询有限公司

为保证甲方快速发展对高级人才的需要，充分发挥乙方配置高级人才的优势，甲方委托乙方长期负责本公司猎取高级人才的猎头服务。甲乙双方本着"平等合作，互惠互利"的原则，经友好协商达成如下协议。

一、甲方的权利与义务

1. 甲方应向乙方提供详细、真实的公司背景资料，包括但不限于公司背景、经营状况、发展战略、企业文化等。

2. 甲方须负责提供所要招聘岗位的详细资料，认真填写"猎头需求调查表"。

3. 收到乙方提交的候选人资料后，甲方对被荐者情况保密，未经乙方同意，不得对被荐者进行调查。一般在五个工作日内通知乙方是否要求候选人面试。如果面试，应告知时间和地点。面试结束后，甲方一般在五个工作日内告知乙方面试结果，对不合适的候选人，应给出说明。如果不面试，应给出具体不面试的原因。候选人面试所产生的费用由甲方承担。

4. 甲方应在面试后积极与乙方沟通、协调，一周内做出是否复试（聘用）的决定。

二、乙方的权利与义务

1. 乙方须在寻访服务期内利用各种渠道为甲方寻访、招聘所需人才。

2. 乙方应了解候选人的情况，分析其背景资料，并在此基础上进行筛选后，向甲方提交合适候选人的个人资料。

3. 在寻访期内，如果甲方未能对乙方提供的候选人给出明确答复，乙方有权终止合作。

4. 若出现以下情况，均视为乙方已完成猎头服务全部工作，乙方有权要求甲方在三个月内支付全额猎头服务费；如逾期支付，乙方将保留诉诸法律解决的权利：

（1）甲方将乙方所推荐的候选人转荐给其他雇主，并且候选人被其他雇主聘用的；

（2）甲方面试乙方所推荐的候选人后表示拒绝聘用，却在面试后一年内聘用乙方曾推荐的人选；

（3）甲方面试乙方所推荐的候选人后因某种原因不能聘用该候选人，但聘用该候选人做兼职或其他短期服务；

（4）甲方面试乙方所推荐的候选人后因某种原因不提供所聘用岗位，但录取该候选人为其他岗位职员；

（5）甲方面试乙方所推荐的候选人后并没有聘用，而采用咨询、承包等方式与候选人保持合作关系。

三、服务费标准及支付方式

1. 收费标准如下：猎头服务收取人才岗位综合年薪的_____%。

2. 支付方式：一次性全额支付猎头服务费。

被荐人才到岗后三个月内甲方凭发票（全额增值税专用发票）支付乙方全部猎头服务费；被推荐人员上岗三个月内如因自身原因被辞退或被荐者自

行辞职的，乙方在三周内重新推荐合适人选。如推荐不能成功，乙方不收取猎头服务费。

四、保证内容及违约责任

1. 甲乙双方自签订协议之日起，需在双方约定的时间内向甲方提交候选人资料（参照"猎头需求调查表"）。

2. 甲方有权对乙方提供的候选人进行面试或不面试。对于不面试的候选人，甲方应给出明确意见，为乙方物色新候选人提供参考依据。

3. 乙方承诺，为甲方提供三个月的服务保证期。如果所录用候选人在上岗三个月内辞职或因工作表现不佳被解雇，甲方应提供解雇理由的书面文件，乙方将会重新搜寻一个候选人以填补该空缺。如果乙方不能再推荐令甲方满意的替代人选，则甲方有权通知乙方解除本次人才的招聘计划。

但如果甲方无正当理由解雇候选人，或该候选人辞职是由于甲方改变了他/她最初的职位、职责范围、所属部门、未实际履行与候选人达成的聘用协议，有任何事实上的欺诈等引起候选人的不满而离开甲方，乙方不承担责任。如果候选人离开甲方后，甲方更改了该空缺岗位的职衔、职责范围、工作性质、所属部门，要求乙方提供人选，双方将理解并视为一个新的岗位，而重新签订新的协议，从而产生新的服务费。

4. 乙方保证在本协议签订后的一年内，不猎取甲方公司的任何在职员工。

5. 乙方应确保被录用候选人与原工作单位按正常的程序办好离职手续，但甲方不得利用被录用候选人盗取原工作单位之商业秘密，否则引起的不良后果由甲方负责，乙方不承担任何责任。

6. 双方签署本协议后，甲方不得以任何理由拖欠服务费，否则被视为甲方单位违约，乙方保留索要服务费之权利，同时乙方每天将加收猎头服务费总额4%的滞纳金。

五、其他事项

1. 双方在履行本协议过程中发生争议时，应协商解决。协商不成的，任何一方均可向甲方所在地人民法院提起诉讼。

2. 因某种原因，甲方暂停了项目，乙方可接受甲方暂停项目的最长期限为三个月。在此期限内如果甲方要求继续该搜寻项目，乙方将继续人才搜寻工作。如果甲方通知暂停此搜寻项目超过三个月，该委托项目将自行结束。

3. 本协议有效期为三年。自双方签字盖章之日起生效。

4. 本协议一式两份，甲、乙双方各执一份。

甲方（签章）：	乙方（签章）：
地　　　址：	地　　　址：
代　　　表：	代　　　表：
税　　　号：	税　　　号：
开　户　行：	开　户　行：
账　　　号：	账　　　号：
签 订 时 间：	签 订 时 间：

附件 4

××猎头项目寻访计划书

尊敬的××领导：您好！

　　我们非常高兴与贵公司××董事长多次见面交流，并非常感谢您向我们介绍了贵公司的发展情况，以及聘请一位高级雇员的事宜。通过与贵公司高管、中层的交流和到企业的参观考察，我们向您提交一份××猎头项目寻访计划书。

一、我们对贵公司的理解

　　贵公司创立于1992年底，现有员工150多名，注册资金3188万元，年营业规模2亿元以上。属国有控股企业，是以提供计算机信息系统集成整体解决方案服务为核心业务，集计算机软件产品开发、系统集成、网络工程、信息安全、营销、服务和企业投资为一体的，政府重点扶持的高科技企业集团。

二、我们对职位的理解

（一）岗位名称

首席营运官。

（二）候选人工作经验要求

1. 了解国内外的信息产业，有10年以上在国内软件、系统集成、解决方案提供或相关行业从事业务开发和管理的经验；

2. 曾具体参与系统集成、应用开发和解决方案提供的业务工作；

3. 具有全面参与金融服务、银行软件和服务业务经验的优先考虑；

4. 在中国全面负责过一家公司5年以上，并且有充分的事实证明经常超越目标；

5. 在管理复杂和正在成长的科技公司方面有具体的经验，尤其具有资源的分配、项目的计划和总体的管理经验；

6. 管理过年业务收入从几百万美元发展到几千万美元公司的优先考虑；

7. 曾建立过稳定的多功能、多区域团队，并且员工人数超过 300 人的优先考虑。

（三）候选人的管理风格要求

1. 突出的领导才能和团队建设能力；

2. 有很强的专注力和驾驭能力；

3. 聪慧，精力充沛；

4. 对企业文化很敏感并有能力加入新文化；

5. 很强的处理人际关系的能力；

6. 良好的个人信誉，为人正直；

7. 注重细节和过程；

8. 积极评估业务的风险；

9. 在设定目标时积极进取；

10. 有人格魅力，能得到员工的爱戴；

11. 能承受很强的工作压力；

12. 年龄在 40 岁左右，男性，已婚，华人；

13. 英语水平优良。

三、关于职位年薪和福利

本职位实行年薪制，年薪为 40 万~50 万元，年薪的 80% 分摊到每月，剩余部分年终经考核合格一次到位。个人业绩突出奖励按照公司文件规定执行；"五险一金"按照国家规定执行；交通工具自行解决，公司每月补助交通费 5000 元。通信费用据实报销。

四、关于我们

众所周知，我公司是高端人才服务机构，主要从事猎头服务、高层人才培训、中高层人才测评、管理咨询和劳务派遣等。猎头服务是我们的主营业务，已为众多企业成功推荐了大批的优秀人才。如：

1999 年为某市属国有大型企业聘请财务总监 10 名；

2000 年为×××集团聘请了财务总监；

2001 年为×××房产聘请了常务副总经理；

2002 年为×××集团聘请了财务总监；

2003 年为×××集团聘请了财务总监；

2004 年为×××聘请了人力资源总监；

2005 年为×××集团聘请了人力资源总监；

2006 年为×××集团聘请了常务副总裁；

2007 年为×××聘请了副总经理；

2008 年为×××电气聘请了副总经理；

……

在过去的 10 年中，我公司为企业猎取 400 余名中高级人才。上述介绍只是简单举例。

五、项目计划安排

我公司十分重视与贵公司合作的××猎头项目，公司领导专门召开了猎头项目协调会，在公司猎头项目紧、任务重的情况下，从公司猎头中心抽调了首席猎头顾问担任该项目的负责人，另有两位优秀猎头顾问参加项目组。同时，公司领导对项目组成员提出了明确的要求。

（1）××猎头项目组

组长：×××公司首席猎头顾问，长三角十佳猎手；

成员：×××公司资深猎头顾问，2007'优秀猎头顾问；

×××公司资深人才寻访员，2006'最佳寻访员。

（2）时间安排

×月×日～×月×日　项目分析会　　　　　负责人：组长

×月×日～×月×日　搜寻人才　　　　　　负责人：×××　×××

×月×日～×月×日　简历分析与筛选　　　负责人：×××

×月×日～×月×日　重点人员访谈　　　　负责人：×××

×月×日～×月×日　重点人选情况核实　　负责人：×××

×月×日～×月×日　重点人选评估测评　　负责人：×××　×××

×月×日～×月×日　补充人选　　　　　　负责人：×××

×月×日～×月×日　重点人选背景调查　　负责人：×××　×××

×月×日～×月×日　向用人单位推荐人选　负责人：×××

六、要说明的事项

我们将继续与贵公司讨论最具有资格的候选人，并将提供一份详细的书面人才推荐报告，说明该候选人适合担任这个职务的原因，及其专业背景。为方便贵公司选择适合的人选，我们还将提供其他几位候选人报告，并根据他们不同的合格程度，提出应该优先考虑的人选。

为了向客户提供最有效、最快捷的聘请服务，我们会以小组形式开展聘请工作。就目前而言，我公司的×××先生及本公司的市场调研组将会积极投入协助这项工作。

我们认为此项任务极富挑战性，并需要做大量工作，因为我们有过去成功的经验和集体的研究成果与智慧，我们有信心完成这项招聘任务。

此致

×× 猎头公司

年　月　日

媒体链接

因经济发展而活跃 安徽猎头暗流涌动[①]

合肥各主要人才市场目前非常火热，但绝大多数人可能不知道的是，在高层人才中，另一种形式的角逐正在"暗流涌动"，其中的竞争激烈程度不是平常人所能体会得到的。这里是真空地带，对普通人来说，这是非常陌生的领域——猎头业。在当前经济大环境下，合肥的企业特别需要高级人才。沿海大城市一些高管也开始瞄准安徽省。"猎头"正在"暗流涌动"，我们今天就来揭开猎头的"神秘面纱"。

"猎手"几乎没有休息日

郑孝领是合肥企业经营者人才公司总经理，有多个头衔，被业内誉为"长三角最佳猎手""安徽第一猎手""合肥城市猎头"。他告诉记者，"猎头"就是猎取人才、挖掘头脑的意思。郑孝领这几天频繁奔波于国内各大城市，出入各大咖啡厅，为企业物色人才，与人才交流。据了解，现在到合肥的高级人才很多，各主要猎头公司几乎每个星期都要提前预订宾馆房间。现在，"猎手"几乎没有休息日。

因经济发展而活跃

采访中，不少猎头公司告诉记者，"猎手"太难培养了，安徽省的"猎手"很少。北京、上海、广州、深圳等地区，"猎手"很多，其中上海有2000

[①] 《经理日报》2009年2月16日第B01版，记者：张春雨。

多名"猎手"。安徽省的猎头服务属于刚刚入围阶段。

郑孝领说,"猎头"的工作意义是优化高级人才配置,不是刻意挖人。合肥各猎头公司一般都是"城市猎手",大部分为合肥经济发展服务,与合肥经济脉搏一起跳动。比如,合肥目前特别需要制造类高级人才,各家猎头公司正在全国各地搜寻,为企业物色生产车间副总。合肥停车场较少,难停车,一家公司准备在合肥成立智能化立体停车场设备公司,"猎头"们正在为企业从成都、深圳等地挖技术人才。

拒绝"不合格"的企业

猎头是以高级人才为服务核心的。猎头不是搬砖头,不是把这个公司的老总简单地移到另一个公司当老总。一般来说,进入"猎手"视野的企业必须处于行业领头位置。对此,郑孝领介绍,企业必须具备 5 个条件才能进入他们视野:年销售额超过 3 亿元;招聘总监以上的职位;给人才提供的年薪在 20 万元以上;与企业董事长、总经理交流最少 4 个小时;佣金必须是该人才年薪的 35% 以上。以上条件必须全部满足,才能继续合作。

"猎手"在搜捕"猎物"前首先解读企业。他们到企业去,看办公室、生产线、车间、管理细节、人员精神面貌,并了解在社会上的口碑。实力不强的、人才流失严重的企业,猎头公司是不会帮他们物色人才的。

郑孝领说:"有一次,某油脂企业委托我们猎取总经理。我在企业背景调查中了解到这样一件事,该企业在出售用于猪饲料油渣饼时,将变质的地沟杂质掺在其中,导致猪死亡。从这件事可以看出企业的诚信有问题,因此我们拒绝为该企业服务。""猎手"还要对企业老总的知识面、为人处世等方面进行调查,把握老总的个人价值观和企业文化之间的匹配度。郑孝领说:"70% 以上的单子不接,大部分问题就在于老板。"

考察人才细如公安取证

"猎手"们经常碰到"假人才"。"猎手"们对人才的调查比公安取证还要细，比如有无女友、离婚原因等。他们通过人才的家庭成员和最好朋友，以及通过人才的行为举止、衣着语言、兴趣爱好等，"读懂"人才是否是企业需要的。

"不过职业经理人能接到我们的电话都会感到荣幸。"郑孝领说，因为他们是在帮助高级人才寻找更好的平台。

跟踪5年"猎物"才到手

有一次，一家年销售额100亿元的大企业找到郑孝领，让他物色高管。大企业开出了高管的三个条件：必须在美国上市的中国公司里做财务经理职位以上的；必须是美国注册会计师；必须中英文都很流利。年薪80万~120万元。筛选后，发现只有十几个人符合条件，难度很大。已经寻找了两年，还得继续物色。有一个人才，郑孝领跟踪了5年才做成，年薪100万元。

他说，这样的人才不是一见面就愿意去的，交流10次都是正常的。他们经常在咖啡厅里交流，郑孝领自称是到咖啡厅喝茶最多的人。

第3章

诊断企业

猎头只有在读懂企业、读懂老板、读懂职位的情况下,才能真正明确企业需要什么样的人才,老板喜欢什么样的人才,职位需要什么样的人才,也才能招到企业需要的、老板满意的、能胜任职位的合适人才。

猎头顾问读企业

猎头服务是对企业人力资源管理的一项咨询活动，也是对企业用人情况的一种诊断。从某种意义上说，猎头顾问是企业人力资源管理的"医生"。作为医生，要想让病人恢复健康，就必须对病人进行全面的检查与诊断，对症下药，药到病除。企业因为人的问题影响到企业正常运营或发展，换句话说，就是企业生了用人方面的"病"。作为企业人力资源管理"医生"的猎头顾问，就必须对企业进行全面诊断，找出企业的"病因"，为企业准确地开出"药方"，才能达到药到病除的目的，还企业一个健康、有活力的肌体。猎头顾问要为企业寻访到合适的人才，就必须首先充分了解企业、读懂企业，全面了解企业的竞争优势、企业发展状况、企业存在的问题及产生的原因，了解该企业需要什么样的人才，企业有哪些吸引人才的优势，企业能吸引到什么样的人才，人才是不是企业想要的，这样的人才能不能胜任该企业的职位，等等。这一系列问题，都要求猎头顾问必须认真地对企业诊断、解读后才能开出对症的"药方"。猎头顾问读不懂企业就开不对"药方"，读不透企业就开不准"药方"，会延误"治疗"，影响企业发展。读懂企业成了猎头顾问的基本功和首要任务。

一 猎头顾问读企业要全面准确

猎头顾问在了解到企业有招聘需求后，要做好与企业交流前的"功课"，全面、快速、不动声色地摸清被服务对象的基本情况。只有对企业的情况做较为充分的了解，才能胸有成竹，交流中不会出现被动局面。

猎头顾问需要解读企业的主要内容有：一是了解企业的基本情况，主要包括单位人数、地址、法人代表、注册资金、企业规模、成立时间、经营范围、办公环境、产品、设备、所在行业、企业性质等。二是了解行业发展情况，企业在行业内的地位。三是了解企业的商业信誉、品牌质量、社会口碑等。四是了解企业的业务分布、战略部署、发展趋势、发展方向。五是了解企业的组织结构、领导团队基本情况和领导班子成员分工情况。六是了解企业的主要产品及产品的性能与产品质量情况。七是了解企业的销售情况，包括年销售额、销售渠道、产值及市场占有率、近几年销售额变化情况。八是了解企业管理风格、公司文化，企业倡导什么、反对什么。九是了解企业的财务状况，包括财务人员数量、资金回笼和盈利情况、贷款情况等。十是了解企业人员队伍情况，包括企业人员数量、人员结构、招聘渠道、培训情况、工资薪酬福利待遇、人才流失率等。十一是了解掌握企业招聘工作的负责人和分管领导的情况。十二是了解企业的发展经历、发展经验、核心竞争力、成功的关键。十三是了解企业目前存在的主要问题和困难，等等。

猎头顾问在了解企业的情况时要注意：一是要细、要全。要多方面、多渠道地搜集了解企业的情况和信息，尽可能全面地搜集了解企业更多内容。二是解读企业也要有重点。既要了解总体情况，也要了解重点情况，还要注意把了解的重点放在企业能吸引人才的特点及优势上。三是既要了解面上情况，也要了解企业点上情况，特点、特长及与职位相关的内容要重点了解。四是了解内容要分类、整理和梳理，相同或类似的问题放在一起，要提前列好了解内容提纲，防止了解的内容不全或遗漏。五是了解的内容要对人才寻访有帮助，要为人才寻访提供依据和参考，使人才寻访更便利、更快捷、更准确。

二 猎头顾问读企业的方法——搜、听、看、谈

中医为病人看病常采取的方法是望、闻、问、切。猎头顾问作为企业人力资源管理的"医生",在为企业诊断中也有很好的方法。老猎手在猎头实践过程中总结出了解读企业的四种方法——搜、听、看、谈。

搜:通过网络搜寻了解企业的各种信息、资料和情况

猎头顾问在网上搜寻企业名称,会出现很多关于企业的信息,猎头顾问可以从这些信息里去了解和解读企业。一是通过百度搜索,可以了解到企业法人代表、营业范围、办公地址、注册资本、股东情况等。二是通过企业网站,可以全面了解到企业的基本情况、组织结构、企业文化、主要产品、企业内部各种活动、领导讲话、大事记或企业历史演变过程等。三是通过网上搜寻,可以了解新闻媒体对企业的报道或介绍,企业策划的重要活动,有关领导视察、评价,企业参与的公益活动,网友的评论,等等。四是通过搜寻行业网站,可以了解行业情况及发展趋势,该企业在行业中的地位、名次或所在位置等。五是通过搜寻,了解企业过往发生的重大事件及其应对策略、处置或参与情况,社会或网友对事件的评价等。六是通过搜寻,可以了解企业在社会上的形象、品牌知名度、社会口碑。七是通过搜寻,可以了解媒体和网友对企业的评价,客户对产品的评价,经销商、供应商对企业诚信的评价,等等。

"搜"是猎头顾问在解读企业过程中常用的一种工具或手段,要反复使用。一是猎头顾问与用人单位交流前要做好功课——搜集信息,了解用人单位的大体情况,做到胸中有数,与之交流时有共同语言,不说外行话。二是猎头顾问与用人单位交流后,要进一步地搜寻用人单位的信息,了解在与用人单位交流过程中还未交流到的、未交流全面的情况和问题,对交流内容有疑问的或不清楚的进行核实和补充了解,对交流中用人单位不想说、不愿说

或所说不一致的内容或情况，进行了解、查询、核实。三是猎头顾问在寻访过程中可以随时通过网络搜寻信息，了解急需了解的问题和内容。

2007年，老猎手接受某房地产公司老板的委托，与企业高管交流后，想了解企业更多信息，就在网上搜索了老板的姓名，结果看到了许多关于企业和老板的宣传报道，如介绍老板如何艰苦创业、如何关心员工、参与了哪些社会慈善活动等。但也发现了一条打不开的信息，仅仅能看到涉黑打人的报道。后经线下了解，该企业老板曾在赌场帮助另一位朋友借钱，后来借钱的朋友没有还钱，被借钱者再三地向该企业老板催债，且追到老板请客吃饭的现场，结果就发生了个别员工和在场一起聚会的朋友与讨债者打架的事件，被媒体曝光。同时还了解到，一位跟随企业老板十多年的企业高管，因离职补偿被社会人员上门打伤。详细地了解后，猎头公司拒绝为该企业提供猎头服务，因为无法保证被推荐人才的安全。

听：听用人单位领导或有关部门负责人对单位情况的介绍

猎头顾问在接到猎头任务后，需要到用人单位拜访，听取用人单位领导或人力资源部门负责人对单位总体情况的介绍，并与他们进行广泛深入的交流与探讨。

猎头顾问与用人单位交流过程中，要注意倾听以下几点内容。一是单位的整体情况。例如，公司近年来的主要业绩和效益情况；年销售额是多少，比去年增长多少；公司目前的组织结构，相互之间的关系等；公司业务分布情况、发展战略；公司今后的发展目标和发展方向。二是企业文化的介绍。如在企业文化建设方面做了哪些工作，有什么好的经验和做法。三是公司所在行业情况。如公司目前在行业内的地位。四是公司的产品。如哪几个产品给公司带来的利润最大，最近投向市场的是哪几个产品，对新产品开发的投入情况，营销部门对新产品开发的贡献。五是公司的生产情况。如生产能力是多少，生产是几班制，生产计划完成情况，生产与销售部门配合的情况；

设备运行情况，设备的维护与保养；产品质量管理，质量体系认证与执行情况。六是公司的核心竞争力是什么。如公司在行业中的主要竞争对手是谁，公司在本地区的竞争对手是谁，他们与本企业的差距情况，公司与竞争对手相比优势在哪里，差距又在哪里等。七是公司营销情况。如销售渠道情况，市场策划，销售队伍管理，经销商管理，广告宣传。八是公司目前的人员构成和人才队伍的情况。如人力资源的开发与管理，人才流失率等。

猎头顾问在企业考察中，企业展示或介绍的多是企业的亮点或优势，作为猎头顾问，一定要多问、多听，在听的过程中应该注意五点。一是要听出企业特长与竞争优势，从而总结出企业吸引人才的能力。二是要听出企业管理或发展过程中存在的问题或遇到的困难，这可能是人才到岗后要帮助企业解决的问题或困难。三是要听出企业未来要达到的目标或发展方向，这也是吸引人才的一个方面。四是要听出企业介绍中隐含的内容，或企业回避的问题，这是企业招聘人才的真正目的。五是要听出对标企业或未来搜寻人才的目标和方向，这会让未来的寻访更快捷。

磁铁吸引力的大小，决定着吸引物体的大小、重量与多少。同样，企业有优势，才有对人才的吸引力，企业有多大的优势，就有多大的吸引力，企业优势的大小决定着企业吸引人才的能力。猎头顾问通过问和听，可以全面了解企业的情况，帮助企业总结出自身的优势、潜力和未来发展趋势，提炼出企业吸引人才的优势和相关能力。

看：到企业考察或拜访时看企业及其各种文件资料

猎头顾问到企业考察了解时，不能只听企业负责人说，必须去企业现场认真看，在看中了解企业，在看中感悟企业，在看中解读企业，在看中诊断企业。"看"的主要内容如下。

一是看资料。猎头顾问到用人单位后，要请用人单位人力资源或相关部门提供单位的有关文件资料。主要包括：单位简介、单位宣传手册、单位年度工作要点、年度工作总结、各项制度、员工手册、有关报纸和相关刊物的报道等宣传资料。通过看资料内容，进一步了解单位基本情况，单位的发展历程和发展阶段，还可以看出单位的整体是否规范及规范程度，内部管理是否合规、合法。通过资料整理的情况，可以看出企业对管理要求的高低，管理处在什么阶段和什么水准，管理现状处在什么层级、是否规范，员工整体素质在什么层面等。

二是看生产车间或生产现场及产品。猎头顾问要到用人单位的生产车间或生产现场，看产品生产过程，了解产品的性能、特点和用途；看生产的现场管理，了解单位的生产计划管理、生产调度、生产的物流管理、质量管理、设备管理和现场管理等。

三是看办公区。通过办公区的整体布局、内部装饰、环境绿化、物品摆放、卫生状况等，可以看出员工的精神面貌和精神状态、员工对公司和工作的热爱程度、单位团队建设和企业对员工的吸引力，看出内部管理是否规范、执行是否到位，以及工作节奏的快慢、工作效率的高低等。

四是看后勤区。猎头顾问还需要去看卫生间、食堂、会议室、休息室等，了解单位各项管理制度是否落实到位，看出单位细节的处理情况。一般情况下，会议室干净、整齐，那么卫生间、食堂是否与会议室相一致呢？相一致的，说明单位管理到位，执行力强，注重细节，产品质量好，服务能到位。

五是看门卫和前台。看来客进出是否登记、服务态度如何，可以发现单位的制度执行能否到位，对客户服务态度的好坏，单位是否正常运行或运行是否规范等。

猎头顾问在看企业的过程中要注意五点：一是要注意看公司的整体布局、规划与造型等，这可以从侧面反映出企业和老板的胸怀与追求。二是注意看细节，细节决定成败，细节更能显示企业管理的真正能力和水平。三是要注意看员工的精神面貌和精神状态，员工的精、气、神可以反映出公司的凝聚力和向心力。四是要注意看办公室，室内各种物品的摆放可以反映出公司管理是否有序。五是要注意看内部各种张贴标识与布置，这可以从中看出企业在倡导什么、反对什么等。

谈：通过与企业各类人员的交谈，核实企业真实情况

猎头顾问到企业拜访时要与更多的人交谈，从与他们的交谈中了解企业、解读企业。

一是与用人单位各类人员交谈。猎头顾问可以通过座谈会、个别访谈、参加相关会议或进行问卷调查等方法，与单位的高管、中层和一般员工进行充分的沟通交流，全面地听取他们对单位情况的介绍，对工作和领导的看法与评价，以及他们的建议和意见。

二是与用人单位离职人员交谈。离职人员特别是离职高管，对原单位比较了解，一般情况下他们的介绍比较客观、公正，听取他们的介绍、评价，会很有帮助和收获。与单位离职人员交谈，可以通过面谈和电话交流两种形式，听取他们对原单位的情况介绍、评价和看法，以及他们的建议和意见。

三是与用人单位的客户交谈。猎头顾问还要与用人单位的客户（供应商、经销商等）交谈，侧面了解他们对用人单位的评价和看法，了解单位的产品质量、服务和诚信等情况。

四是与业内人士交谈。业内人士比较专业和职业，又比较公正，猎头顾问要注意听取他们对单位的评价、看法和建议。

五是与竞争对手交谈。一般来说，竞争对手对竞争单位的弱势和存在的问题看得比较清晰，但有时也容易片面。猎头顾问在了解他们的看法和评价时，要认真加以分析和鉴别。

猎头顾问在与企业高管或相关人员交谈过程中要注意：一是由于谈话对象不同，一定要注意谈话内容的针对性。与他们谈话前要做好充分的准备，列出谈话提纲，要有的放矢，才能了解到自己想听到的内容。二是对谈话内容，要去伪存真。因为谈话对象不同，看问题的角度不同，每个人的立场、观点、看法也会各不相同，猎头顾问就要在听的过程中注意分析，从而判别出哪些是真的，哪些是假的，或哪些是中立的，等等。三是要对所有谈话内容进行筛选与整理，归纳总结出企业优势、特点和吸引人才的能力。四是要对谈话内容保密，特别是企业商业秘密和人员之间的矛盾等，不得外泄，更不能作为茶余饭后的谈资，这是猎头职业的规矩。五是当听到好的建议和意见时，要及时向企业老板反馈，供他们参考。

三 猎头顾问读企业——找到企业吸引人才的优势

猎头顾问通过搜、听、看、谈等方法，对用人单位的整体情况有了全面深入的了解，搜寻到了大量的信息和资料。猎头顾问要对这些资料和信息进行细致的分类，深入地分析和研究，准确地提炼、总结，形成对企业整体情况的解读和诊断，找出企业吸引人才的优势与能力，实现猎头顾问读企业的目的。

1. 猎头顾问通过读企业，要明确是否为该企业提供服务

猎头顾问要分析、总结用人单位的基本情况，对用人单位要有一个整体认识和准确判断，看能否为其提供猎头服务。也就是说，猎头顾问通过对企业的解读，最终要做一个重要决定：企业是不是符合猎头公司的服务标准，愿不愿意为这样的企业提供猎头服务。如合肥伯骏猎头对所服务企业的要求是：企业年销售额必须在3亿元以上，或企业年纯利润在5000万元以上；猎头职位必须是总监级以上；所猎职位年薪必须在30万元以上；企业老板（高管）与猎头顾问交流必须在4小时以上；猎头佣金必须在30%以上；等等。该公司的猎头顾问要根据这个基本的要求，看能否为企业提供服务。当然，这只是一个方面的指标，还要看其他方面的指标，最终确定能否为用人单位提供猎头服务。

猎头公司乐意服务的企业：一是发展前景良好的公司；二是热心公益事业

的公司；三是为高级人才提供发展空间的公司；四是能够留住人才并让人才充分发挥作用的公司；五是诚心期望通过管理变革或改变目前管理状况的公司。

猎头公司拒绝服务的企业：一是言而无信、不守承诺的公司；二是唯利是图损害员工利益、顾客利益的公司；三是崇洋媚外损害国家利益、民族利益的公司；四是管理混乱、员工流失严重而且不能真诚改进的公司。

例如，某油脂公司是当地农业龙头企业，2007年经一位著名企业家推荐，该企业老板与某猎头顾问相识，意向委托猎头公司招聘企业总经理。猎头顾问与该企业老板交流后，又到企业进行了参观考察，发现该企业管理布局十分有序，现场各种标识齐全，物品摆放也比较整齐，现场管理基本到位。但现场人员三三两两比较松散，精神面貌不振，卫生状况一般，进出人员管理不严。参观结束后，猎头顾问对企业进行调查，利用网上搜索进一步了解该企业的基本情况。从网上资料看，该企业比较重视企业形象，外部宣传较多，各大媒体对企业有许多宣传报道，品牌有一定的影响力。但是搜索中发现，网上有条信息打不开，内容已被删除，但能显示的是该企业油渣饼变质，致农户猪死亡事件。据线下调查，该企业将从车间地沟中清除的长期沉积污垢与油渣饼掺到一起售卖。沉积物虽多数是菜籽饼渣的长期沉淀，但由于时间太久已经变质，车间主任要求工人清理后当垃圾处理，但该企业老板娘硬让员工将其掺到油渣饼中卖给农民喂猪，结果导致农民的猪死亡事件。在线下还了解到，该企业已在前期聘请了一位总经理，该总经理原是某国有大型食品企业副总经理，经某记者推荐到该企业任总经理。但该总经理到岗不到三个月就离职了。经与该总经理电话交流才知道，该总经理在原企业年薪25万元左右，企业老板答应给其年薪50万元，每月3万元，其余部分年底一次结清。总经理到岗后第一个月发了3万元，但第二个月只发了3000元。董事长让秘书转告总经理，其余部分年终一次性发放，结果导致总经理不到三个月就离职了。经过考察了解之后，猎头顾问决定不为该企业提供服务，其理由是：农户猪死亡事件反映出该企业和企业负责人为了牟取暴利，不择手段，不顾客户的利益和社会责任，未来的经营活动还会出现类似情况，猎头公司不能为这样的企业提供服务；与聘请的总经理谈好每月基本工资为 3 万元，承诺了不兑现，诚信缺失。如果猎头公司成功推荐了总经理，该企业还会有类似的情况发生，结果如此，猎头公司不如不提供服务为好。

2. 猎头顾问通过读企业，要明确企业需要什么样的人才

猎头顾问要分析总结用人单位存在的主要问题或困难，能帮助企业解决问题的人，才是企业需要的。也就是说，人才到单位后遇到的问题和困难是什么，什么样的人才能解决和克服这样的问题和困难，这样的人才才是企业需要的人才。

一般来说，不同的企业对人才的需求是不一样的。即使是同一个职位，不同的企业，需求也不一样。即使是同一个企业、同一个职位，在不同时期的要求也是不同的。猎头顾问所做的工作应该是推进人才合理化配置，让合适的人在合适的时间到合适的地方。

例如，国内某大型民营企业是名副其实的行业龙头老大，曾在 10 年内三次委托伯骏猎头搜寻财务总监。这家企业在业务发展之初，由于缺乏专业的人才，公司财务状况非常混乱，猎头顾问就从一家大型国企找来一位资深总会计师何某某来这家企业任财务总监。何某某到任后，帮助企业建立健全各项财务管理制度，理顺内部各种关系，很快把企业内部财务管理得井井有条。但由于何某某长期在国企工作，其现代企业财务制度还停留在老观念上，对税务政策没有很好的研究。三年后，公司成了当地第一纳税大户。这时企业老板又找到了伯骏猎头，要求寻找新的财务总监。根据企业的需要，猎头顾问又从一家大型外资企业找来邓某某任该企业财务总监。邓某某上任后，大力推行财务内部预算，加大对成本的管理，进行成本规划和税务筹划等方面的工作，注意协调外围关系，为企业节省了大量财务成本，使公司整体经济实力大大增强。又过了四年多，企业准备筹划上市，企业老板找到伯骏猎头，再次委托寻找财务总监。猎头顾问又帮助企业挖来一位在某上市公司任职的财务总监刘某某任该公司财务总监。经过刘某某与财务人员的共同努力，这家企业很快在财务上达到了上市公司的要求，2011 年 10 月成功在上交所挂牌上市。

案例中，看似简单的一个财务总监职位，企业在不同发展阶段的需求是不同的，因此对人才的要求也是不同的。猎头顾问只有通过对企业的全面解读，才能了解企业到底需要什么样的人、解决什么样的问题、克服什么样的困难，才能真正帮助企业寻找到合适的人才。

3. 猎头顾问通过读企业，要明确企业吸引人才的优势是什么

猎头顾问在读企业时要注意分析总结用人单位的特点、优势，明确企业对人才有什么样的吸引力。换句话说，企业有什么样的优势可以吸引到优秀的人才。

俗话说，人往高处走，水往低处流。人才的流动与企业本身有很大的关系。一个管理完善、制度齐全、人员精干的企业，不光有利于企业发展，还有利于吸引人才。当然，每一个企业都会有它存在的必然，都会有特点和优势，也会有这样或那样的问题。猎头顾问要帮助企业分析其吸引人才的优势，才能在人才寻访中说服合适的人才加入。一般来说，企业吸引人才的优势包括：企业或行业的未来发展空间和发展前景；企业及企业老板在社会上的知名度、社会声誉和口碑；企业薪酬和福利在社会上的竞争力；企业产品的知名度和竞争力；人才在企业的发展空间和被重视的程度；能否用好现有人才，是否有良好的用人机制；人才流失比例；以人为本的硬环境和软环境；积极向上的企业文化；企业管理是否规范；等等。

下面是老猎手向人才介绍某企业特点时的描述。

（1）该企业是一个高速成长的企业，能给员工提供很多发展的机会和发展空间。如……

（2）该企业是一个行业内良性成长的企业，有着品牌优势和良好的发展前景。如……

（3）该企业有一个良好的管理机制和用人机制，既有原则性也有灵活性。如……

（4）该企业有具有竞争力的薪酬待遇。这包括三个方面：一是基本工资和绩效奖金；二是福利，除了国家规定的最基本的"五险一金"之外，还有企业年金，或培训旅游等福利；三是工作相对出色的会有一些股票期权以及类似的奖励。

猎头顾问读懂企业吸引人才的优势，是为了与人才交流时更好地说服人才加盟。

4. 猎头顾问通过读企业，要基本明确人才在哪里

猎头顾问通过分析总结用人单位和行业的基本情况，要基本明确企业需要的人才在哪里，是在本地还是在外地，是在国内还是在国外，是在行业内还是在行业外，也就是要有一个基本的人才寻访路线图。还要对这类人才的竞争情况有一个基本了解，看这类人才是否稀缺，竞争是否激烈，寻访人才的难度系数，寻访工作量的大小，要有一个充分评估和判断。同时，要分析本公司寻访人才的渠道和办法，企业所在行业是不是本公司和猎头顾问擅长的，能否为企业寻访到合适人才。

例如，2003年2月，安徽某食品公司常务副总经理吴××约猎头顾问会面，委托招聘财务总监，并签订了合作协议。后猎头顾问对该企业进行了解，参观考察了该企业的生产工厂和办公区，与公司董事长和部分中层管理人员进行了交流，也联系了部分离职的中层管理者。了解的情况是：该公司成立于2000年9月，2002年底年销售额已超过亿元大关，分别在合肥、内蒙古等地建成了生产加工厂，但产品还是供不应求。该公司绩效工资实行的是高奖高罚，执行中高奖没问题，但员工对高罚反应比较强烈。总监级及以下员工实行敞开式集体办公，总监和部门经理等管理人员对此反应十分强烈。早会上，全体员工要列队背诵企业文化、唱司歌，多数员工不习惯，企业一线员工年流失率在60%以上，业界口碑不好。面对这些情况，猎头项目组内部产生了比较激烈的争论,一种认为可以做,主要理由是:年薪 10 万元(当时算高年薪),佣金按照年薪 25%,一个单子约 2.5 万元(当时佣金也算是高的);企业发展速度快、势头好,老板是干事业的,人品好,没有不良嗜好。另一种认为不能做,主要理由是:员工流失率太高,业界口碑不好,企业文化员工难以适应,高奖高罚难接受,人才到岗后不一定能"成活"。经过大家认真分析讨论,得出企业的优势:一是发展势头好,产品供不应求;二是老板人品好,离职的中高层管理者对老板是认可的;三是待遇高,年薪在同行业是高的,有竞争力;四是企业重视内部管理,管理咨询公司已进驻企业,说明他们愿意通过引进人才改变现状。不足是员工流失率高,主要原因是企业内部管理严节奏快,多数员工不适应企业文化。猎头项目组成员最终达成共识:在寻访高管时要寻找工作节奏快的,在类似企业工作的,或能认可企业文化的,就可以避免人才流失。猎头项目组经过多方努力寻访,找到了一位合适的财务总监方某某。方某某曾在一家国企担任财务经理多年,又在一家保险公司担任过财务总监,目前在一家上市公司任财务经理。他参加某市十大财务总监公开招考,综合成绩排第 13 位。猎头项目组向企业推荐了方某某,经过多轮面试交流和考察,方某某于当年 5 月 7 日到岗,三年后任集团副总裁,直至 2012 年 3 月离职(离职时年薪 80 多万元)。接着,猎头项目组又先后为该企业猎取了营销总监、人力资源总监、研发总监、副总裁等高管职位,且每位都在该企业工作超过三年。目前还在岗的有两位副总裁、一位营销总监。该企业目前已发展成为年销售额超过 10 亿元、行业排名第二的企业。

此案例告诉我们:一是猎头顾问在寻访人才前,要先读懂企业,找出企业吸引人才的优势,才能为搜寻人才打下良好的基础;二是每一个企业都存在着这样或那样的问题和困难,猎头顾问的任务是要帮助企业找到一位能解决这些问题和困难的职业经理人;三是猎头顾问要寻找的是适合企业的职业经理人,而不是最优秀的职业经理人,适合了就能"成活",不适合的就会离开。

猎头顾问读老板

猎头为企业招聘的是高级人才，猎头顾问实际上是在为企业搭领导班子，为老板找助手。猎头顾问为企业搭班子，为老板找助手，就应该先读懂老板，否则很难为老板、为企业招到合适的人才，更谈不上招到企业老板满意的合适人才。

一 猎头顾问要读懂企业老板

当职业猎头顾问接到猎头任务后，在考虑解读企业的同时，也要考虑与老板深入沟通交流，全面解读企业老板。为了解读企业老板，猎头顾问要与老板交流较长的时间，有的甚至要与老板一起参加会议、陪同接待客人、陪同出差、陪同处理问题等，从多方面、多角度去了解老板、观察老板、解读老板。

在解读企业老板时，猎头顾问应提前做好充分的准备，一般要从十个方面入手。一是了解企业老板的基本情况，包括年龄、文化、背景、家庭情况等；二是了解企业老板的创业经历和创业经验；三是了解企业老板的知识面、专业水平、管理能力和管理风格；四是了解企业老板在行业内的信誉、口碑；五是了解企业老板的工作方法、工作思路、工作习惯和工作节奏；六是了解企业老板希望下属怎样做、做什么；七是了解企业老板的处事风格和特点，以及老板的性格特征等；八是了解企业老板喜欢什么样的下属及其特点、最不喜欢什么样的下属及其特点；九是了解老板赞许的企业、赞许的其他老板、赞许的职业经理人；十是了解老板的朋友圈、生活圈、社交圈等。

二 读老板的方法：一问、二看、三听、四谈、五搜

企业老板是企业的领袖，企业员工是他的追随者，要为企业老板找到忠实的追随者，就必须深入解读企业老板。在拜访中，猎头顾问要花大量的时间和精力与企业老板进行沟通交流。如果猎头顾问能把老板真正读懂了，可以说人才肯定能招到，也肯定能招准，老板肯定能满意。老猎手在猎头服务过程中总结出读企业老板的方法是一问、二看、三听、四谈、五搜。具体如下。

一问

猎头顾问与用人单位老板交流时，要多问老板，要让老板说出自己真实的想法与看法。具体为：要请企业老板介绍企业的情况，老板的创业经历，企业老板的成长和所受的挫折，遇到的困难和问题是怎样克服与解决的；企业的发展战略，企业的组织结构，企业未来的发展方向；对竞争对手的认识，老板眼里的优秀企业、优秀企业家及优秀职业经理人；老板家庭情况及家人和亲属在企业的情况；老板个人的学习培训情况和喜欢听哪些课程，最喜欢读什么书或文章；老板对企业存在问题的认识，目前企业哪些方面存在问题和困难，有什么改进办法和策略；老板对部属的评价，对企业最优秀人员的认识，对问题员工的评价及处理意见；老板对企业管理队伍的看法，对企业职业经理人的评价及对他们特点的描述，对优秀企业职业经理人的认识，希望优秀职业经理人具备的素质及特点，希望职业经理人帮助企业做什么，希望什么管理风格的职业经理人，最喜欢的职业经理人是谁、有什么特点等。

二看

要看企业老板的办公室。企业老板的办公室代表了企业，概括了企业。老板的办公室是企业管理整体形象的浓缩，是指挥企业生产运营、营销决策、财务运作、日常管理、重大决策的指挥部；老板的办公室，全面反映着老板、概括着老板，它是老板工作作风、管理风格、管理方法、管理思路、兴趣爱好的总概括。

猎头顾问到用人单位，要看老板的办公室。一是看办公室的整体布局，主要看物件摆放情况，有什么象征意义，这里能反映出老板的追求与价值观。二是看办公桌的摆放，是否有规律，是否有秩序，这里能反映出老板的工作思路和工作风格。三是看书柜的摆放，看书柜是不是老板的知识库，还是为老板做样子、做摆设，这里能反映出老板的知识面、管理能力、管理理念、管理水平。四是看文件资料的摆放，是否有序，是否有规律，包括文件、资料的放置，办公桌上资料的放置，接待客人沙发的放置等，都能反映出老板的工作是否有条理性、有计划性等。五是看办公室是否有花草、盆景、装饰品、字画等，这里能反映出老板的兴趣爱好，能否关心他人、尊重他人等。六是要看公司资料和宣传报道对老板的介绍。七是要看老板的着装和言谈举止，工作作风、工作风格等，这里能反映出老板的观点、看法、思路和风格、处世原则等。

三听

就是听老板说。听老板说，可以了解老板的能力、风格、思路和为人处世原则。一是听老板讲话的内容，听其讲的是否真实，内容是否有条理，是否有见解和思想；层次是否清晰，是否有逻辑性，是否连贯。二是听老板的语言表达，看老板口齿是否清晰、流畅，是否富有逻辑性，能否让他人理解并具有一定的说服力；用词是否准确、恰当、有分寸。三是听老板讲话，看老板认识问题的高度和角度，看老板认识问题是否全面，是否过急，是否独特，是否有见解。四是听老板对社会问题的认识和分析是否全面等。五是听老板的语气，是否充满活力、有激情，是否有感染力和号召力。

四谈

猎头顾问解读企业老板，要注意做好交谈。一是与企业员工和企业管理人员交谈，听取员工对老板的看法、评价，可全面了解老板的工作风格、工作作风、为人处世。二是与离职中高层管理者交谈，听取他们对老板的评价和看法，可以真实全面了解老板的情况，特别是能了解到老板用人的特点和存在的问题。三是与企业服务的客户（消费者、经销商、供应商）交谈，听取他们对企业老板的评价和看法，可以更多地了解到老板与企业的诚信和口碑。四是与业内人士交谈，听取他们的意见和建议，他们对老板的评价更专业、更职业，可以全面准确了解老板。五是与竞争对手的老板交谈，更广泛地了解老板的情况。

五搜

猎头顾问可以在网上搜索老板的相关介绍和信息。可以从新闻媒体对老板的报道和宣传，了解老板的基本情况、创业与发展经历、社会活动的参与、社会地位、社会知名度等。可以通过网友的评价，了解网友对企业老板的评价、群众口碑、诚信情况。通过网络，了解和核实老板的有关成果、相关言论、对重大事件的态度、社会贡献、主要业绩，以及企业、产品、老板等存在的问题。

三 读老板明确想要什么人

老板通过猎头寻找职业经理人，是希望借助职业经理人的知识、经验和能力，带领企业赢得竞争，走向辉煌，追求的是长远的利益。猎头顾问通过与用人单位老板的交流和交谈，通过问、看、听、谈、搜等方法，更加全面了解到单位的整体情况和未来发展方向及竞争优势；更加了解和掌握企业招聘的真实目的和真实用意，更加了解老板心目中所招人才的总体特征、大致印象和轮廓，更加明确老板喜欢什么样的人、不喜欢什么样的人，想要什么样的人、不想要什么样的人；更加明确企业老板的用人标准、用人原则、用人思路、用人要求；更加明确企业对招聘人才的能力要求，胜任职位关键要素；更加明确什么样的人才是老板需要的，什么样的人才能适合企业、适合老板。猎头顾问只有读懂企业老板，才能为寻访人才奠定良好的基础。

1. 猎头顾问通过解读企业老板，首先明确愿不愿意为这样的老板提供猎头服务

每个猎头公司都有自己的服务标准和服务原则，不是所有愿意给佣金的老板猎头公司都提供服务，猎头公司对提供服务的企业老板有着明确的要求和标准。

猎头公司愿意提供服务的老板：一是企业老板诚信、诚实；二是企业老板能真正以人为本，充分信任人；三是企业老板有现代管理理念，能充分地授权；四是企业老板愿意与猎头顾问深入交流，并如实地介绍情况；五是企业老板能遵纪守法等。

猎头公司不愿服务的老板：一是企业老板不诚信、不诚实，不兑现承诺；二是企业老板管理粗暴、随意性大；三是企业老板不尊重人、不信任人；四是企业老板不懂法、不守法。

2. 猎头顾问通过读企业老板，了解企业老板需要什么样的人才

如果你问企业老板最喜欢什么样的职业经理人，多数老板都会告诉你喜欢德才兼备的人。但是，德才兼备的就能经营好企业吗？德才兼备的愿意到你的企业来吗？德才兼备的到企业你能用好吗？在20多年的猎头服务过程中，老猎头发现，企业老板有时对自己真正需要什么样的职业经理人是说不清楚的，但多数内心里是明确的。他们认为，首先，职业经理人要能为企业创造大量的财富，能快速提升企业的核心竞争力，使企业实力不断增强，可持续、健康发展的能力得到提高。其次，职业经理人要品行端正，不能"吃里扒外"，更不能心怀鬼胎。再次，职业经理人自我定位要准确，不能欲求无度，索要过分的回报，更不能"拥兵自重"或者带着资源与客户自立门户，从合作伙伴变成直接的竞争对手等。

实际上，职业经理人有两大类：一类职业经理人是独立或者协助负责研发、生产制造、物料采购、市场营销、人力资源管理、行政管理、财务管理、投资、审计等业务的人员。这些职业经理人在本领域内非常专业，解决问题的能力或创造业绩的能力较强，职能单一而不是多元，是专业型的职业经理人，即"将才"或者"专才"。另一类职业经理人则是掌管企业全盘的总经理、常务副总经理、负责全面的营运总监或市场总监、城市区域公司总经理、独立子公司总经理等，他们是综合型的职业经理人，是"帅才"。

这两类人才到底哪类好？多数企业老板总是想，要职业经理人既是将才又是帅才，既有才又有德，即德才兼备。这是企业老板与猎头顾问交流的基本内容与要求。"鞋子合不合脚，自己穿着才知道。"看别人的鞋子好，穿到自己脚上不一定合适，也不一定好看，只有穿到自己脚上好看、舒服，才是合适的鞋子。企业招聘职业经理人也是如此。此职业经理人在另一个企业表现好、业绩突出，到了本企业就不一定好；在本企业表现不好的职业经理人，可能到了另一个企业就表现得特别突出。这都是正常的。所以，为用人单位老板找到适合本企业的、老板满意的、管用的、能解决问题的人才，才是优秀的职业经理人。

3. 猎头顾问通过读老板，要基本明确如何寻访这样的人才

猎头顾问通过问、听、看、搜、谈等方法，读懂企业老板需要什么样的人才，什么样的人才能适合企业老板，什么样的人才愿意为这样的企业老板服务。猎头顾问要根据企业老板对人才的要求，特别是核心条件和重点要求，对喜欢的人才和不喜欢的人才的描述，对企业优秀员工和问题员工的分析，形成一个完整的人才素描图或画像。这样,猎头顾问在以后的人才寻访中,可按图搜寻,加快搜寻速度,提高寻访质量,使寻访的准确性更高。还要分析这样的人才在哪里,是在行业内还是在行业外、是在本地区还是在外地区、是在其他企业还是在竞争对手企业内等一系列问题。分析寻找这样的人才是不是猎头公司或猎头顾问擅长的,可以通过什么渠道或方法能寻找到等。

4. 猎头顾问通过读企业老板,还要明确这样的人才愿不愿意来

需要什么样的人才和这样的人才怎么寻找后,还要明确这样的人才愿不愿意为这样的老板提供服务,企业老板吸引人才的能力是什么,是专业能力还是管理能力,是人格魄力还是业界口碑,是老板胸怀还是老板诚信,是老板的影响力还是个人号召力等。记得为说服南京某外资企业人力资源总监来合肥一家大型快消品企业任人力资源总监时,老猎手就是通过对老板的描述来吸引人才的。老猎手从老板的工作经历、创业经历、受教育程度、管理风格、个人习惯、人品、能力、知识面等多方面加以介绍,重点介绍了老板对老员工的处理,以及员工和离职员工对老板的评价等,让人才感觉这样的老板值得信赖,可以在一起合作共事。

5. 老猎手提醒,读老板应注意的问题

一是要全面地了解老板、解读老板,不能只从某一方面、某一问题来看老板,防止片面解读老板。二是猎头顾问解读老板要注意对时间的把握,企业老板一般情况下事情多、工作忙,要找到老板有合适的时间,不能过多地影响或打乱老板的正常工作。三是猎头顾问解读老板要注意发挥咨询和顾问的作用,能给老板提出很好的管理、用人建议和意见,要能对老板有帮助。四是猎头顾问解读老板要注意保密。猎头顾问通过对老板的解读,会了解到企业和老板很多商业机密与秘密,以及个人隐私等,作为职业、专业的猎头顾问,应坚持职业操守,确保机密和秘密不被泄露。

例如,安徽某企业集团希望招聘一位印务公司的总经理。该印务企业是当地印刷企业的龙头老大，由于行业竞争十分激烈，集团决定引进职业经理人。该企业与某猎头公司多次接触洽谈，并达成了初步合作意向。猎头顾问要求约见企业董事长，了解高管对职位的要求，董事长也答应了见面交流。第一次相约是猎头顾问从省城到企业所在城市拜访董事长，当猎头顾问到企业后被告知董事长出差了。第二次相约某日上午 9 点到企业见董事长，猎头顾问在企业等到 11 点半才见到董事长，简短交流后董事长还有应酬又离开了。第三次约在某日下午 3 点在猎头公司与董事长见面交流，结果下午 5 点多董事长才到。董事长三次相约都因种种原因不能按时赴约或正常交流。后经了解得知：该企业此前已从省城一大型知名印刷企业引进一名高管，约定年薪 24 万元。人才也向原单位提出了辞职，当人才到岗后与该企业签劳动合同时，合同上写的是年薪 12 万元。人才提出疑义，董事长告诉他，员工工资普遍偏低，让员工知道你是高工资，你今后的工作不好开展，合同先这样签，其余部分我每月补给你。合同是签了，但每月发工资时也见不到老板补的那一部分。半年后，人才不辞而别了。实际上，这个企业 6 年后因资金链断裂而倒闭。

该案例告诉我们：企业老板不诚信，所承诺的不兑现，这样的企业老板承诺得很爽快，但结果是他什么时候都可以毁约，而且每次毁约都会有"充分"的理由，这样的企业老板不合作也罢。

猎头顾问读职位

猎头顾问读职位是为了全面解读用人单位对招聘职位的要求,明确职位需要干什么事;了解职位的任职条件,明确职位需要什么样的人;了解职位福利待遇,明确职业经理人干了这些事能得到什么样的待遇和福利。这些对猎头顾问搜寻人才、与人才交流、推荐人才等都有很重要的作用。

一 读职位,明确干什么

当猎头顾问了解招聘职位要求时,用人单位一般会提供职位说明书(见附件)。职位说明书是表明企业期望职位是什么、应该做什么、应该怎么做和在什么样的情况下履行职责的总汇。职位说明书是在深入细致的职位分析基础上编制出来的。但实际上,许多企业的职位说明书多数是咨询公司帮助编制的,或是人力资源工作者从网上下载略作修改而成的,或是从工具书上抄来略作修改的,这些职位说明书都与本企业实际有某种程度的脱节。即使是企业认真编写的职位说明书,由于时间的推移、企业组织结构的调整、职位的增减、人员的变化、分工的调整等原因,也失去了它最初的意义和作用。所以,猎头顾问在读企业、读老板之后,要花大量的时间和精力来解读企业对招聘职位的要求,明确企业招聘职位是干什么的。

1. 明确职位的主要职责

猎头顾问在参考用人单位提供的职位说明书的基础上，还要进一步与单位沟通交流，明确该职位是干什么的，职位的主要职责是什么。职位的职责会有多个，但每个职责会有不同的权重，重要的职责权重占比大，是必须做好的，否则为不胜任。猎头顾问要了解职位的主要职责，了解职位最主要的工作任务是什么，这些最主要的任务是职位必须干好的，也是人才在这方面的专长，或者说必须是擅长的、是长项，否则是干不好的或是不能胜任的。此外，猎头顾问还要注意了解职位的工作权限、工作流程、工作环境等。如财务总监，在企业的发展阶段是以企业财务内部控制和风险防范为主；当某一阶段企业资金紧张或困难时，财务总监应以企业融资为主要工作；当企业准备上市时，财务总监的工作又以准备上市和与券商打交道为主要工作内容。这些强项不可能集中在某一位财务工作者身上。企业在不同的阶段遇到的困难或遇到的主要问题是不一样的，因此对职位的要求也是不一样的，猎头顾问必须根据企业的要求和企业遇到的主要困难或问题，去寻找合适人才。

2. 明确职位对候选人的核心要求

猎头顾问读招聘职位时，一定要了解招聘职位是干什么的，也就是说任职后要做什么工作，他的工作职责是什么，不能仅凭职位名称来选人。因为不同的单位所从事的工作内容不同，但内部机构的名称可能会相同。有时职位名称相同，但所从事的工作内容不一定相同。这都要求猎头顾问一定要认真解读企业职位。记得一个大型国有企业集团要招聘网络处处长，猎头顾问为他们推荐了多位从事 IT 管理工作的优秀人才，搞得企业哭笑不得。实际上，这是一家省级专卖单位，因为是专卖，就需要在各地市县建立营销网络，并负责营销网络管理，内部机构名称叫网络建设处，简称网络处。该猎头顾问没有很好地了解企业，更没有很好地解读职位，结果闹了大笑话。

猎头顾问还要重点了解企业对招聘岗位的核心要求是什么。例如，销售总监是侧重客户渠道开发，还是侧重客户资源管理，或侧重营销队伍建设、队伍管理等；财务总监是要求候选人偏重于财务内部控制，还是税务筹划，或企业融资；生产总监是要求候选人侧重现场管理，还是生产计划管理、质量管理、设备管理，或是物流管理；技术总监是强调候选人的核心技术、研发能力，还是研发管理、技术管理或技术资料搜集等；办公室主任，有的强调公关能力，有的强调外在形象，有的要求文字写作能力；等等。猎头顾问只有掌握了职位的核心要求，对人才的搜寻才会更加准确、方便、快捷。

3. 明确判断职位候选人胜任的标准

猎头顾问要与用人单位沟通交流，进一步明确候选人胜任职位的指标或文字内容如何表述。胜任标准最好具体、量化、可操作，能以文字的形式表现出来；最好有胜任力模型，明确胜任能力及权重，了解核心能力和权重。猎头顾问还要了解该职位由谁来决定或评判人才能否胜任，评判者的情况如何；也要了解职位的前任是否称职或胜任，其表现如何、各项指标完成的情况如何等。

4. 明确职位的发展和晋升机会

猎头顾问要与用人单位沟通交流，明确职位今后的发展方向和晋升路径、晋升空间，也就是如果候选人胜任或优秀，未来可以提升到哪个岗位。

5. 明确职位工作的上下级情况

多数候选人被淘汰的主要原因是处理不好上下级关系。猎头顾问要了解职位的上级情况——工作风格、工作能力、为人处世等，也要了解职位的下级情况——团队状况、整体素质、工作能力、业务能力等，明确什么样的人才能与这样的上级和下级和谐相处，共同进步。

6. 重点了解职位前任情况

如果该职位有前任，猎头顾问一定要了解前任的情况，是提升、辞退或是调离，并了解清楚晋升的原因、被辞退或被调离的主要原因。这样可以进一步明确该职位的要求——要解决的问题是什么，会遇到什么样的困难。如果可能，猎头顾问应与前任进行深入的沟通交流，听取他对搜寻职位候选人的建议和意见。

二 读职位，明确需要什么样的人

在猎头服务的实际工作中我们发现，许多用人单位不论是通过人才市场招聘一般员工，还是用猎头服务招聘高层人才，他们总是将招聘条件提得很高很全，结果总是招不到人。在一次企业家座谈会上，一位企业董事长在发言中认为某某地区没有高层次人才、高层次人才难招等。他说，我们在报纸上登了那么多招聘广告，参加了很多类型的招聘会，也委托了多家猎头公司，所给待遇也很有竞争力，但就是招不到财务总监。我当时与他进行了对话，问他要招一位什么样的财务总监。他说，我们的要求是本科以上学历、35 岁以下、高级职称、有 5 年以上大型企业财务经理工作经历等。我问他条件是谁提出来的，他说，我们的财务经理很专业，是他写的条件。我告诉他，你们公司的财务经理根本不想让公司招到财务总监，或他自己想干财务总监。我接着说：刘总，你知道我长期从事企事业单位干部工作，对企业干部队伍情况比较了解。现在的大型企业多数是大型国有企业，这些企业中层干部有多少是 35 岁以下的？其中任职中层 5 年以上的 35 岁以下的财务干部有多少？35 岁以下、有高级职称、大型企业任职中层 5 年以上的财务干部还有多少？35 岁以下的财务人员有高级职称的有多少？35 岁以下、有高级职称、有 5 年以上中层财务管理经验的干部，他们现在会在什么单位工作（注：后来我找到财政厅会计处询问，全省 35 岁以下有高级职称的仅有 10 多位，在大型企业任中层 5 年以上的根本没有）？能到你单位来吗？老板立刻明白了，我想各位猎头顾问也应该明白了，寻访高级人才要先明确职位需要什么样的人才，并且条件要合适。

一是对学历的要求。企业的中高层职位应该有学历要求，有些职位对学历、对院校、对专业都有要求。职位越高，学历要求会越高。但学历要求要宽严适度，一定要与他所从事的工作结合，职位低、学历要求高，留不住人才。二是专业要求。猎头顾问要了解用人单位是否要求专业对口，需要某一专业还是某几个专业，专业对口对工作有什么帮助等。三是工作经历的要求。猎头顾问要了解企业对职位人选的工作经历、管理经验有什么要求。工作经历一般是指从事工作的时间过程，管理经验是从事管理工作的时间和经历。对经验的要求，一般部门经理应有5年以上工作经历，大中型企业高管一般应有8年以上工作经历，至少有3~5年下一层级管理岗位的管理经验等。四是对人际交往能力、工作能力的要求。一般企业对工作能力和人际沟通能力的要求比较高。职位越高，要求越高。要注意了解企业是否对候选人领导的团队有要求，如团队规模大小、成员文化层次和整体素质及团队人员交往范围等。还要注意了解用人单位对候选人过去工作单位的行业、时间长短、从事工作内容是否有要求，对候选人过去工作过的单位规模、单位性质、所在地区是否有要求等。五是对社会资源的要求。有些用人单位会对候选人的社会资源提出要求。如营销类会对客户渠道、财务会计对融资和税务、房产公司对分管前期的和分管招商的高管职位，有社会资源方面的要求。要了解企业对候选人的主要资源范围、主要机构、交往人员等是否有特殊要求。六是其他条件的要求。有些职位会提出地区、年龄、性别、户籍等要求。

三 读职位，明确给什么待遇

职位待遇是猎头顾问应关心的一个重要问题。大家都知道事业留人、感情留人、待遇留人的道理，从猎头的角度来说，企业还要用待遇招人，也就是说企业应该用待遇吸引人才。同一个职位，不同的单位待遇是不同的，即使同一个企业同一个职位，不同阶段的待遇也是不同的。职业经理人在某种意义上说也是一种商品，他靠自己的能力和管理输出，为企业创造价值，他自身也有一定的价值。同样是财务总监，不同的企业、不同的人，待遇不同，差距可能是几倍、几十倍，甚至更多。所以猎头顾问应注意解读职位的福利待遇。

一是了解职位薪酬。要了解用人单位的薪资结构，工资的组成部分和发放形式。如每月发多少，绩效是多少，每月怎么发放等；如实行年薪制，固定部分和绩效是按照什么比例发放，是二八还是三七。二八即年薪的80%除以12个月为每月基本工资，剩余部分是年底发的绩效工资。一般情况下，管理岗位多是二八或三七；营销岗位应提倡以绩效为主，多是五五或倒四六，或倒三七，或倒二八等。猎头顾问在实际工作中不应提倡人才或单位谈税后工资制，按照法律规定，纳税是每一位公民应尽的义务。职业经理人不应让企业帮个人纳税，特别是"金税三期"的推行，个税的改革，个人每年要进行汇算清缴。二是了解单位的福利保障情况。如怎样缴纳"五险一金"，按照什么比例缴纳；是否有住房公积金（不是法律强制执行的），按照什么比例缴纳；有没有企业年金等。三是了解绩效考核办法。绩效工资或绩效奖励等制度是否有文件规定，又是如何考核、如何发放等。四是了解交通工具或交通补贴、通信费用报销等相关规定。五是了解外地高管人才住房安排或费用报销等规定。六是注意了解企业的上班时间、节假日安排等情况。

猎头顾问与企业交流待遇问题时，企业老板总是说只要有好的人才，待遇不是问题。但在多年猎头服务过程中，凡是说待遇不是问题的企业，出现的问题多数是因为待遇谈不拢。2012年底某上市企业想招一位质量总监，要求猎头顾问到某某企业直接挖质量总监，猎头顾问当时就告诉企业老板，该企业规模大，是全国性集团公司，该企业的高管待遇肯定会很高。老板当着多位高管的面说，请放心，待遇肯定不是问题，他们能给得起，我们肯定没问题。按照企业的要求，猎头顾问与该质量总监联系上了，这位质量总监确实够专业，机械设计制造及自动化博士，45岁，黑带大师，曾在三家大型外资企业工作过，长期负责公司质量管理和六西格玛的领导工作，年薪为150万元左右。猎头顾问先将人才简历发给企业人力资源总监。第二天上午，人力资源总监就通知猎头顾问联系人才，约与人才见面的时间。猎头顾问再次告诉他们人才年薪目前为150万元左右，请他与总经理确认后再确定交流的时间，此后再也听不到该企业人力资源总监的声音了。所以，与企业交流职位待遇时，一定要注意了解企业同等职位的目前待遇情况或上下幅度，一般不要超过上级领导的薪酬，除非特殊人才或关键岗位人才，如财务、营销、研发等，不然人才到岗后日子也不好过。

四 猎头顾问读职位的重点是交流交谈

猎头顾问读职位，首先要求企业人力资源或相关部门提供招聘职位的职位说明书或招聘启事，初步了解职位的条件、职责和薪酬福利等。要真正读懂职位，重点是通过交流交谈来完成的，通过访谈了解企业为什么要招聘该职位，该职位的主要职责和主要任务是什么，招聘该职位是帮助企业解决什么问题，要达到什么目的；该职位候选人必须具备的核心条件和核心能力是什么；符合条件和要求的候选人，企业能给什么样的待遇与福利等。具体访谈内容如下。

1. 重点是与企业老板谈

猎头顾问要重点与企业老板探讨交流招聘职位的相关问题，通过与企业老板深入交流交谈，了解企业老板为什么要招聘本职位，招聘本职位的真实意图和目的是什么；了解老板希望候选人到岗后做什么，帮助企业解决什么问题，达到什么标准；了解老板希望候选人具备什么样的能力；了解老板喜欢什么样的候选人，候选人需要具备哪些特质和特点；了解企业老板喜欢什么企业或什么单位的职业经理人，及老板心目中的职业经理人的标准等；了解企业和老板准备用什么来吸引这样的人才，企业给人才福利待遇的幅度范围等。明确老板真正需要什么人，什么样的人能让老板满意。

2. 与职位的上司谈

猎头顾问要与职位的直接上司交流交谈，了解职位应具备的核心能力和核心要求，及人才到岗后要解决的问题或会遇到的困难，进一步确认职位的主要任务与职责。同时，通过职位的上司了解企业老板喜欢的职业经理人和不喜欢的职业经理人的情况，也要了解职位的下属的基本情况。

3. 与职位的下属谈

猎头顾问要与职位的下属交流交谈，了解候选人到岗后的主要工作任务，到岗后会遇到的问题及要解决的困难。在他们眼里上司应是一位什么风格和具备什么能力的人，才能胜任职位。

4. 与人力资源负责人谈

猎头顾问也要与人力资源负责人深入交流交谈，全面了解核实该职位的情况，如核实该职位的工作职责和工作任务、工作环境及职位的上司和下属情况，核实职位应具备的条件及要求，核实企业的薪资待遇和福利情况。

五 猎头读职位要明确人才寻访路线图

猎头顾问通过对职位的分析与解读，明确了职位是干什么的，职位需要什么样的人才，能给予什么待遇和福利。此外，还需要考虑和明确如下问题。

1. 要明确愿不愿为该职位提供服务

通过对企业职位的解读与了解，猎头顾问首先要明确该职位是不是猎头公司愿意提供服务的。如果企业职位层次偏低，职位的待遇偏低，猎头服务的佣金就低，猎头公司一般不愿意为低层职位提供服务。

2. 要明确能不能为该职位提供服务

通过对职位的分析，明确了企业对职位的要求后，猎头公司要根据自己的擅长和渠道，看是否有能力为该职位提供服务，如这类职位过去有没有做过，有没有这方面的人才和渠道积累，人才是不是容易寻找。如果是冷门职位，一般人才少，比较难寻找。如果是高端职位，看是不是猎头顾问擅长的，能不能寻找到职位需要的人才，能否为企业职位提供有效的服务。

3. 要明确什么样的人适合本职位，即要有一个清晰的人才标准

猎头顾问要根据对企业职位的解读，结合对企业的解读和对企业老板的解读，为职位需要的人才画一个完整的人才画像。这就是该企业需要的、能吸引来的、企业老板满意的、能胜任职位的、适合企业、适合职位的人才。

4. 要明确职位人才从哪里来，即要有一个寻访人才的路线图

猎头顾问通过对企业的解读、对老板的解读和对职位的解读，初步掌握了人才在何处——是在哪一个行业、区域或城市，还是在竞争对手单位，或某一个、某几个企业中；是在猎头人才库中，还是要通过某一个或几个环节才能寻找到。也就是说，你应该知道到哪里能找到人才。

5. 解读职位要注意的事项

一是要明确职位是干什么的，对职位有什么要求，能给什么样的待遇和福利。也就是说，企业需要什么样的人，需要做什么事，结果给什么样的待遇。二是当企业不愿说出待遇情况时，可以通过对上级的待遇情况、同级职位的待遇情况来了解。了解了下级的待遇情况，基本上能明确该职位的待遇情况。因为寻找的人才待遇如果高于他们的待遇太多，内部很难平衡，不一定能谈成。三是解读职位时要与解读企业、解读老板的情况结合起来进行分析，明确企业真正需要什么样的人才，老板喜欢什么样的人才，职位需要什么样的人才。换句话说，什么样的人才是企业需要的，什么样的人才能让老板满意，什么样的人才能胜任职位。四是解读职位时要给人才画一幅完整的像，搜寻人才时按照画像去寻找、去搜索；画像要有一个核心条件，找到了就是企业需要的。

六 老猎手与用人单位交流的内容

1. 请您全面向我介绍一下贵单位的情况。
2. 请向我们介绍公司过去的主要工作业绩和效益情况。
3. 请向我们介绍一下公司目前的组织结构。
4. 请向我们介绍公司目前的人员构成和人才情况。
5. 请向我们介绍公司的今后发展目标和发展方向。
6. 请向我们介绍公司文化的特征。
7. 请向我们介绍公司目前在行业中的情况和所处位置。
8. 请向我们介绍公司的核心竞争力是什么。
9. 为什么贵公司要招聘本职位？
10. 请向我们介绍本职位原来的人才情况。
11. 原职位人才离岗的原因是什么？
12. 贵公司招聘本职位的基本要求有哪些？
13. 职位对人才人际关系有什么要求？
14. 人才适应本职位应具备哪些能力？
15. 您对人才工作经验和工作经历有什么要求？
16. 本职位对人才的社会关系有没有要求？
17. 本职位对人才最核心的要求是什么？
18. 他的工作职责是什么？
19. 衡量人才能否胜任的基本条件是什么？
20. 人才到岗后的第一项工作任务是什么？
21. 本职位的直接上级是谁？工作风格如何？
22. 本职位的工作待遇是多少？办公条件怎样？
23. 他的直接下级是谁？基本情况怎样？

24. 公司内的社会保障情况怎样？

25. 董事长的管理风格与特点是什么？

26. 请向我们介绍本企业是如何创业的。

27. 董事长希望下属是什么样的人才？

28. 董事长最喜欢公司的哪一位高层人员？情况怎样？

29. 请向我们介绍一下连续多年被评选为公司先进人员的情况，有什么特点？

30. 老板不喜欢的职业经理人是什么样的？

31. 老板对问题员工是怎么处理的？

32. 企业对优秀员工是怎样奖励的？

33. 企业高管队伍的构成及其有什么特点？

34. 公司对中层以上人员是怎样考核的？

35. 公司有哪些会议制度？

36. 公司目前存在的主要问题是什么？有何解决对策？

37. 老板希望人才的强项是什么？

38. 老板希望人才帮助企业解决什么问题？做什么工作？

39. 您认为同行业哪家公司做得最好？有什么特点？

40. 您喜欢下属汇报的工作和事项有哪些？

41. 您不喜欢什么样的下属？

42. 企业高管中您最喜欢谁？他有什么特点？

43. 您在公司提倡什么？反对什么？

44. 您认为公司目前急需改进的地方是什么？

45. 您认为人才到岗后会遇到什么困难？

附件

总经理职位说明书

岗位名称	总经理	岗位编号	
所在部门		岗位定员	
直接上级	董事会	工资等级	一级
直接下级	营销总监、技术品管部经理、人力资源部经理、财务部经理、投资管理部经理、办公室主任	薪酬类型	
所辖人员		岗位分析日期	2017年2月
本职：领导制定和实施公司总体战略，完成董事会下达的年度经营目标；领导公司各部门建立健全良好的沟通渠道；负责建设高效的组织团队；管理直接所属部门的工作			
职责与工作任务：			
职责一	职责表述：制定和实施公司总体战略		
	工作任务	1. 领导制定公司的发展战略，并根据内外部环境变化进行调整 2. 组织实施公司总体战略，发掘市场机会，领导创新与变革	
职责二	职责表述：制订和实施公司年度经营计划		
	工作任务	1. 根据董事会下达的年度经营目标，组织制订、修改、实施公司年度经营计划 2. 监督、控制经营计划的实施过程，并对结果负全面责任 3. 组织实施财务预算方案及利润分配、使用方案	
职责三	职责表述：建立良好的沟通渠道		
	工作任务	1. 负责与董事会保持良好沟通，定期向董事会汇报经营战略和计划执行情况、资金运用情况和盈亏情况、机构和人员调配情况及其他重大事宜 2. 领导建立公司与客户、供应商、合作伙伴、上级主管部门、政府机构、金融机构、媒体等部门间顺畅的沟通渠道 3. 领导开展公司的社会公共关系活动，树立良好的企业形象 4. 领导建立公司内部良好的沟通渠道，协调各部门关系	
职责四	职责表述：建立健全公司统一、高效的组织体系和工作体系		
	工作任务	1. 主持、推动建立关键管理流程和规章制度，及时进行组织和流程的优化调整 2. 领导营造企业文化氛围，塑造和强化公司价值观	

续表

职责五	职责表述：主持公司日常经营工作	
	工作任务	1. 负责公司员工队伍建设，选拔中高层管理人员 2. 主持召开总经理办公会，对重大事项进行决策 3. 代表公司参加重大业务、外事或其他重要活动 4. 负责处理公司重大突发事件，并及时向董事会汇报
职责六	职责表述：领导人力资源部、财务部、投资管理部、办公室等部门开展工作	
	工作任务	1. 领导建立健全公司人力资源管理制度，组织制定人力资源政策，审批重大人事决策 2. 领导建立健全公司财务、投资管理制度，组织制定财务政策，审批重大财务支出 3. 领导建立健全行政与后勤管理制度

权力：

1. 公司重大问题的决策权

2. 向董事会提出公司经营目标的建议权

3. 对副总经理、总监的人事任免建议权

4. 除公司副总经理、总监外的人事任免权

5. 对公司各项工作的监控权

6. 对公司员工奖惩的决定权

7. 对下级之间工作争议的裁决权

8. 对所属下级的管理水平、业务水平和业绩的考核评价权

9. 董事会预算内的财务审批权

工作协调关系：

内部协调关系	董事会，高层管理人员，公司内各部门
外部协调关系	上级主管部门、政府机构、客户、供应商、合作伙伴、金融机构、媒体等

任职资格：

教育水平	大学本科以上
专业	机电相关专业或管理相关专业
培训经历	接受过 MBA 职业培训，财务、人事、法律知识培训
经验	8 年以上工作经验，5 年以上本行业或相近行业管理经验，2 年以上高层管理经验
知识	1. 通晓企业管理知识 2. 具备技术管理、财务管理、质量管理、法律等方面的知识 3. 了解公司经营产品技术知识

续表

技能技巧	掌握 Word、Excel 等办公软件使用方法，具备基本的网络知识，具备熟练的英语应用能力
个人素质	具有很强的领导能力、判断与决策能力、人际能力、沟通能力、影响力、计划与执行能力、客户服务能力
其他：	
使用工具/设备	计算机、一般办公设备（电话、传真机、打印机、Internet/Intranet）及通信设备
工作环境	独立办公室，经常出差
工作时间特征	经常需要加班
所需记录文档	战略规划、年度经营计划、阶段性工作报告
考核指标：	
1. 销售收入、利润额、市场占有率、应收账款、重要任务完成情况	
2. 预算控制、关键人员流失率、全员劳动生产率	
3. 领导能力、判断与决策能力、人际能力、沟通能力、影响力、计划与执行能力、客户服务能力	

媒体链接

猎手是一份"耗费心力"的工作[①]

年前,一位记者朋友问我:"郑总,您做猎头这么久,能不能告诉我究竟怎样才能算得上是真正的猎头?"的确,随着这一行业的逐渐发展壮大,越来越多的人开始接触到猎头这一角色。然而同时,我们也看到一些同行,打着猎头服务的旗号做着人才推介,甚至有单就接、收钱就走的情况也屡有发生,一定程度上给这一新兴的行业蒙上了阴影。我想,做猎头说简单也简单,就是帮企业寻猎到合适的人才。但真正做起来又不是那么简单,如何区别于一般的人才中介,如何最大限度地为企业服务、为人才服务正是我们要思考的。

一、为企业把脉

读懂企业,为企业把好脉、看好病,才能开好"处方"。

有人说,猎头就是给企业物色人才的。此话不假,但不全面,我一直认为,猎头严格意义上做的是人力资源咨询诊断,而不是推介;真正的"猎手"并不是搬砖头、挖墙脚,而是要有望、闻、问、切的本领,要能够看出企业人力资源管理的病症,并开出适合企业的"处方"。简单地推介一个人才,那是一般中介机构做的事。

一般在接受委托之后,我首先会对这家公司进行深度的了解,包括对企业在行业中的地位、企业的商业信誉、行业发展情况、企业主要产品、业务分布、组织结构和管理风格、企业文化、核心竞争力、成功的关键、用人标

---

① 《组织人事报》2008年3月18日第5版。

准、人事变动、招聘工作的负责人、出色员工的基本情况等，并在此基础上分析该企业对人才的吸引力是什么。

我为企业服务，每个职位猎取前都会到企业办公区、生产区和后勤管理区看看，主要是看员工的精神面貌和精神状态，各项管理的落实到位情况，细节的处理情况。如办公室的布局、卫生间的管理、食堂的管理、车间现场的管理、门卫监督检查、宣传栏资料更新、网站资料更新、职工厂服着装情况、班车的运行等。通过观察企业办公现场、生产现场，判断企业的管理现状。

随着猎头服务经验的积累和公司的成长，完全扭转了能接到单子就不错的境地。通常情况下，企业必须满足以下五点，才能成为我的服务对象：一是企业销售额在3亿元以上；二是猎聘职位必须是总监以上的岗位；三是所猎职位年薪在30万元以上；四是必须与企业老总深度交流4个小时以上；五是猎头佣金必须在30%以上。

二、慧眼识英才

1. 读懂人才，才能为企业找到合适的人选

人才其实比比皆是，每个人都有某一方面的长处，同时又不可避免地存在这样或那样的缺点。这个人是否适合这个企业，是否适合所猎的岗位，这是猎头判别人才的出发点，也是最为关键的地方。一个成功的猎头，就是要将合适的人才推荐到最适合他发挥个人工作潜能的平台上，最大限度地为这个企业发展而服务。因此，真正读懂人才就是猎头要做的功课。

读人才有很多方法，如通过电话、简历、交流，通过人才工作环境和家庭环境，通过人才的家庭成员和最好朋友，通过人才的头发、脸部、眼睛、耳朵，通过人才的行动、走路，通过人才的衣着、装饰，通过人才的语言、语音、语速，通过人才的表情和肢体语言，通过人才的兴趣爱好，通过人才

生活和工作的习惯，通过与人才的面谈交流，通过人才的笔迹等，读出人才的业绩，读出人才的特长，读出人才的心态，读出人才的基本技能，读出人才的团队合作、创新、适应环境等能力，读出人才是否是企业（老总、岗位）需要的人。

人们常说不拘小节，一些小的瑕疵无伤大雅，但是这也要具体问题具体研究。我曾经与无锡某外资企业人力资源部的经理多次交流，一直非常看好这个人才，准备推荐他到某大型企业任人力资源总监。但在一次吃饭时，我们发现此人着装不整洁，吃饭时筷子在菜里拨来拨去。在猎头顾问看来，企业高级管理人员吃饭也是一种工作，如果其素养不够，将直接影响企业形象，最后决定不做推荐。当然，我们并不否认这个人才的业务能力，如果是为一个企业招聘人力资源经理，无疑他是胜任的，但是考虑到这家大型企业的整体形象和公司文化以及总监职位的胜任力，他将来是需要直接面对政府机关等很多重要客户的，也就是代表这家大公司的形象，所以这个人才并不适合。因此，我们在读懂人才的同时，很重要的一点还是要结合对企业及招聘岗位的了解，这是一个综合考量的过程。

2. 做企业和人才的"娘家人"

通常，为一个企业物色到一个合适的人才，上岗了，双方都很满意，皆大欢喜，收取佣金后猎头这一单业务也就圆满完成了。但我不是这样，我认为，做好后续服务也是猎头服务真功夫的体现。

为保证猎取的人才到企业能"成活"，能在企业发挥作用，我认为猎手要花大力气做好人才和企业的后续服务。一般要在人才到岗的第一天、第一周、第一个月等关键环节上做好辅导。上班前要辅导企业如何用好猎取的人才，要辅导人才如何尽快地熟悉企业；上班一周时辅导企业如何发挥人才的特长，辅导人才如何发挥作用等。辅导要有针对性，要帮助企业和人才解决问题与困难，要注重细节和小处，要让企业和人才都看出猎头的作用与好处。

我曾经为一家企业猎取了一名财务总监，但人才到岗的第一天，被换了四次办公室。得知这一情况后，我先给企业老总打了一个电话，了解对人才第一天工作的感觉并询问了办公室安排的情况，和企业交换了对人才的看法；晚上我又请人才到茶社聊一天的感受，让人才把心里不舒服的感受或不受重视的想法说出来，并一起分析企业老总换办公室的真正想法。这使人才感觉到企业老总为其频换办公室是对自己的重视，是希望自己尽快了解企业、适应企业。通过沟通、交流、分析，这名财务总监心里的误解被消除，也使人才感觉到自己的责任和使命。

按猎头常规，收费是按照签协议、见人才前和到岗后三次收取佣金，即使不成功，也只退部分费用。在我们公司，我们对每一单猎头服务都有承诺，凡是我做的项目，人才到岗三个月内，不论是人才的原因，还是企业的原因，如果不成功，我都将佣金全部退还企业，以此来增强猎手的责任意识和对企业、对人才负责的态度，保证猎头服务的质量和效果。

猎手应该是企业老总和人才的"娘家"。无论是企业还是人才，他们有困难、有问题能想到猎头顾问，有高兴事、烦心事也能想到猎头顾问。为在合肥工作而不能回家的外地人才准备年夜饭，做好外地人才家人来合肥的接待，这些事对我们来说习以为常。我们服务的每一位人才和企业老总都与我们保持着密切的联系，成为日后的朋友，他们在工作上遇到烦心事都会找我倾诉。南京的一位人才在合肥工作期间，她的爱人、孩子、公公、婆婆、姐姐来合肥我都接待过，即便她换了新单位遇到了困难和问题，也都会想到我，她生病住院我们同样派人去看望，她经常向人介绍我们是她的"娘家大哥"。

第 4 章

搜寻人才

搜寻人才是猎头顾问在猎头服务过程中耗时最多、费力最大的一项工作，猎头顾问能不能搜寻到用人单位需要的合适人选，是决定猎头能否成功的关键。

人才库中搜寻人才

一 优秀的猎头公司会有庞大的人才库

每一家猎头公司都有自己庞大的人才信息库，一般会有几万条、几十万条，甚至上百万条的人才信息。这些人才信息的来源有：一是本公司网站。网站发布招聘职位信息，人才会在网上应聘，注册登记留下人才个人简历。二是猎头顾问每天与人才和单位打交道，会收到许多人才投来的简历，公司也会要求顾问每周上传多少份人才简历。三是猎头公司会定期举办一些中高级人才招聘会，或猎头人才对接会，或高层人才封闭式洽谈会，吸引一批优秀人才入库。四是猎头公司之间定期的简历交换或互相推荐。五是与各大专业招聘网站交流、互换、共享等。

例如，合肥伯骏猎头成立于1999年，至今已有20多年的历史，库内现有人才资料160多万份。人才库信息来源于合肥猎头网人才的注册登记、合肥中高级人才市场人才应聘简历、伯骏猎头顾问每人每周上传的15份新简历。伯骏猎头也是多家大型专业人才网站的会员单位，能在各网站上接收到大量的人才信息。伯骏猎头还是多家猎头协会、联盟的会员，猎头顾问之间每年会有大量的人才相互推荐。伯骏猎头还有中高级人才培训中心，每年有120多天的公开课、企业总裁班或企业内训、标杆企业参访、红色考察等，每年会有7000人左右的人才花名册等。此外，伯骏猎头还有高层人才测评中心，接受党政机关、事业单位、国有企业和大型民营企业的委托，承接党政机关干部的遴选，事业单位的公开招考、后备干部选拔，国有企业和民营企业的内部选拔、社会招聘、校园招聘等，每年有 200 多个测评项目，报名人数达数万人次，他们中有许多优秀人才。20 多年的慢慢积累，为伯骏猎头建立了庞大的人才资源信息库，这是伯骏猎头最宝贵的财富和资产。

二　人才库搜寻人才的步骤

猎头人才库是猎头搜寻人才使用概率较高的地方。猎头顾问和人才寻访专员在接到猎头任务后，首先会到公司猎头人才库中搜寻所需要的人才。在人才库中搜寻人才时，可按下列步骤操作。

第一步，按照职位、专业、年龄、学历、工作年限、工作地点、年薪范围等条件搜寻，一般能搜寻到很多条职位所需要的相关人才信息，猎头顾问可对照猎头职位的条件，查看并详细阅读这些信息，选择并转移到猎头项目文件夹中。

第二步，如果人才数量不够或没有所需人才，应及时放宽搜寻条件（学历、年龄、工作年限等），扩大搜寻范围，增加人才信息的数量，从中选到有用的人才信息。

第三步，也可以只用"关键词+必要条件"进行人才搜寻（如财务总监、生产总监、营销总监、人力资源总监或营销等+学历或年龄），会出现许多与关键词相关的信息。

第四步，按照行业或竞争对手公司名称搜寻，也可以搜寻到在这些公司工作过的人才，或与这些公司相关的人才简历或资料。

三　猎头人才库中搜寻人才应注意的事项

一是人才简历的填写多数是不规范的，所以一定要用多种条件或关键词搜寻，尽量显示出更多人才简历或人才信息，以供挑选。二是对搜寻到的人才简历或人才信息资料，要认真分析对照，看是否与猎头职位需要的人才相一致。三是对合适的人才简历或人才信息资料，下载后应及时联系，了解人才目前是否有意向流动。对基本合适的人才信息，要下载备存，看对搜寻是否有帮助。四是也要在过去做的类似职位或猎头项目文件夹中查找，可能上次没有推荐成功的某位人选就是本次推荐的合适人选。

人才网站搜寻人才

在猎头服务过程中，到大型知名人才招聘网站搜寻人才是猎头顾问最常用的一种搜寻手段。大型知名人才招聘网站，如前程无忧、智联招聘、猎聘网和专业人才网站（食品人才网、电力英才网、医药英才网等）或地区人才招聘网站，都有庞大的人才库，库内有各类人才简历和人才信息储备。一般情况下，在这些网站的人才库能搜寻到所猎职位需要的人才。

一 操作方法与步骤

当猎头顾问在公司猎头人才库中搜寻不到合适人才时，要考虑到知名人才网站或专业人才网站搜寻人才。其操作步骤如下。

第一步，猎头顾问应根据寻访职位的要求，考虑是在全国范围内搜寻人才，还是在地区范围内搜寻人才，或国际范围内搜寻人才。要选择好人才招聘网站。

第二步，猎头顾问或寻访专员要先到人才招聘网站购买并注册成网站会员，一方面可以在人才网站上发布职位信息，吸纳人才应聘；另一方面又可以到人才网站的人才库中搜寻所需人才。

第三步，按职位条件或关键词在人才网站人才库中搜寻人才。其操作方法和步骤与在猎头人才库中搜寻人才相同。

二 人才网站搜寻人才应注意的事项

一是人才招聘网站的人才信息数量多，搜寻时尽量按条件和关键词搜寻。对搜寻到的人才简历或人才信息，要认真查看、阅读和对比，防止漏失。

二是如果选择的人才招聘网站与企业经常招聘的网站是同一个，多数人才信息可能已被企业人力资源部门收到或看到，如果将这类人才推荐给他们，会遭到企业的拒绝。建议猎头公司要与多个大型人才招聘网站合作。

三是人才招聘网站的人才信息多、数量大，用户也多，被购买或利用得快，当猎头顾问搜到人才后，一定要及时联系，否则可能被别家单位联系。

四是人才招聘网站的人才信息量大，同时人才素质层次不齐，搜寻人员一定要耐下心来，对搜寻到的人才信息要认真细致地阅读或研判，不能一目十行，防止把合适的人才漏掉。

五是在人才网站下载简历要收费，还有一定的数量限制，因此下载时要注意人才的质量。

利用人脉推荐人才

利用社会人脉关系推荐人才，也是猎头顾问搜寻人才时经常使用的方法之一。用该方法搜寻人才，比较快捷，成功率高。利用人脉关系推荐人才的途径一般包括：人才推荐人才、客户推荐人才、亲朋好友推荐人才、知名人士推荐人才，等等。

一 利用人脉推荐人才的途径

一是人才推荐人才。同职位的人才、同行业的人才、猎头顾问交流过的人才、猎头顾问推荐成功的人才等，他们符合职位条件和要求，但不愿流动，可将需要招聘职位的条件、要求和企业情况告诉他们，请他们帮助推荐人才。

二是客户推荐人才。请行业内的客户职业经理人、人力资源总监（经理）、招聘经理（主管）等帮助推荐人才，他们有这方面的人才储备。特别是行业内优秀的职业经理人和人力资源总监，会有很多同事、朋友、同学等，他们互相了解，推荐的人才比较符合职位要求。

三是请猎头顾问曾推荐成功的职业经理人推荐人才。猎头顾问推荐成功的业内人士对猎头顾问很信任，也很感谢猎头顾问，请他们帮助推荐，他们会很用心，也会很准确。

四是亲朋好友推荐人才。也就是让周围的同乡、同学、同事、亲戚、朋友等帮助推荐人才，这是一种撒大网式的人才搜寻方法。虽然热情的人士会帮助推荐，但效果不会太好。

五是业内知名人士推荐人才。搜寻高端职位人才时，如果能请到该行业内知名人士帮助推荐人才，是一种最好的方法。因为他们了解行业，了解业内多数高端人才。一般情况下他们不会答应帮助推荐，但只要答应了就会帮你推荐到优秀人才。记得老猎手在寻访报社总编时，就是中国青年报社原常务副总编帮助推荐的人选，他们推荐的人才比较准确、合适。

二　利用人脉推荐人才应注意的事项

一是人脉关系要靠长期积累，一般的猎头顾问没有那么多社会人脉关系，这就需要我们在平时的猎头服务工作中注意积累，多参加各类社会活动和公益活动，多去接触人才和积累人脉资源。

二是利用社会人脉关系推荐人才，也要求猎头顾问自己应是一位热心人，公道正派、品德端正、乐善好施、乐于助人，这样别人才会愿意帮助你。

三是利用社会人脉推荐人才一定要找准推荐人，有些人答应推荐后又不推荐，或推荐的人才不合适，既浪费了时间，也影响了工作的进度。

四是利用社会人脉关系推荐人才时还要注意，做出推荐成功给予感谢的承诺，就一定要及时兑现，否则下次就没人再帮你推荐人才了。

招聘会上寻找人才

目前政府相关部门的人才服务机构每月甚至每周都举办各种人才招聘会，其他民办机构也会举办各种招聘会。这对促进人才就业有很大帮助。一些大型人才市场举办的现场招聘会上虽有不少人才参加，但多数是一般人才。一些地区也经常举办中高级人才招聘会，或职业经理人交流会，或高层人才封闭式洽谈会，或在五星级宾馆举办的高级人才见面会，或猎头见面会等，参加的多数是中层以上人才，也会有一些高级人才。猎头顾问能在这些场合见到一些需要的中高级人才。

在招聘会上寻找人才应注意的事项如下。

一是高端人才交流会上会有一些中高级人才，猎头顾问不要以为人才市场过时了，就不去任何人才市场。只要有高级人才的地方，都应该有猎头顾问的身影。

二是去人才招聘会现场，一定要有所选择。目前一般的人才招聘会多数流于形式，人才寥寥无几。只有政府部门组织的高端人才对接会、大型人才洽谈会，会有不少中高端人才现身，猎头顾问应该去这些招聘会寻找人才。

三是在人才招聘会现场寻找人才，不要坐在展位上等人才，一定要主动到人群中发现人才。要利用猎头顾问的识人能力，去发现人群中的优秀者，向他们索要简历或名片。

培训会场寻找人才

各地特别是省会以上城市，周六、周日会有一些企业管理培训班、行业论坛、沙龙、总裁班等，参加者多数是企业中高层管理者和行业内知名人士，他们都是猎头顾问今天或明天的服务对象。到培训会现场寻找人才是猎头顾问寻访高级人才的一条重要途径。

猎头顾问在培训会场寻找人才时要注意把握时机和机会，具体的方法与步骤如下。

一是上午或下午培训班开课前，有些学员会提前到会场，猎头顾问就可以利用课前时间与其交流或交换名片或加微信等。

二是课程进行中会有一些学员互动发言，从中可发现优秀者。

三是课间或课后休息中，猎头顾问可以主动与学员进行沟通和交流。特别是清华、北大、浙大、复旦等名校举办的总裁班、高峰论坛、高级研修班、职业经理人沙龙等，学员多是企业的高管，他们中很多是猎头服务的对象，猎头顾问到培训会场、行业论坛、沙龙与他们交流，能寻找、积累自己所需要的"猎物"。

四是中午就餐时又是猎头顾问与学员交流的最好机会，且时间相对较长，猎头顾问可以通过给同桌学员倒水等方式相互熟悉，还可交换名片、加微信，互相交流。

五是培训结束时也是猎头顾问与学员交流的好机会，可以相互谈学习、谈收获、谈体会、谈感受。有时也会有一些学员提出小聚，这也是猎头顾问参加交流的好机会。

培训会场寻找人才应注意的事项：

一是猎头顾问要能进得去培训、论坛、沙龙会场，特别是一些培训，不但收费，而且费用挺高，作为猎头顾问，应该争取参加这样的培训。

二是猎头顾问在会场应该是个积极的参与者或活跃者，可帮助或协助会务组织者做些义务服务工作。培训中会有互动交流，猎头顾问有机会时应积极争取发言，并有所表现。

三是猎头顾问要想办法拿到培训、论坛、沙龙的参会者名单，既可直接联系某位学员，也可以作为未来猎头候选人备用。

利用新媒体寻找人才

新媒体的出现与发展，使传统媒体的招聘信息大量减少，主要原因是阅读人数大幅度减少，影响力明显下降。但猎头顾问可通过一些有影响力的媒体（报纸、电视、电台、杂志）发布职位信息，也会引来一些人才的关注，这些人才中有时可能会有一些高级人才。有些专业性很强的杂志、期刊是给业内专业人士看的，可以在这些刊物上发招聘专业人士的启事，能吸引到一些中高级专业人才。

有些网站，特别是一些知名的网站，可以见到一些中高端人才；行业网站和行业人才网站上也会遇到一些中高端人才。有一次，本人在某某医院人才网上发布了信息，就遇见一位全国著名三甲医院的副院长、教授、博导、知名专家，他因单位人事关系复杂想换单位。我们进行了深入的交流交谈，后成功推荐。

目前，新媒体、自媒体特别活跃，微信、QQ好友、QQ群、微信平台、微信公众号、微信群、抖音，等等，都是发布人才招聘信息的平台。知名的猎头顾问有很多"粉丝"、群友，一旦发布了岗位信息，他们会直接应聘，或帮助转载，或推荐人才。实践证明，新媒体已成为推动猎头搜寻人才的重要载体，也是猎头顾问寻找人才离不开的重要手段。猎头顾问应充分利用新媒体为猎头搜寻人才。

利用新媒体寻找人才应注意的事项：

一是猎头顾问首先应是新媒体的熟练使用者，了解了新媒体的应用和作用，就能积极地探索、推进和利用新媒体为猎头寻找人才提供帮助。

二是猎头顾问应该有足够数量的微信好友。在信息社会里，没有一定数量的微信好友和微信群，会直接影响猎头服务的有效开展。

三是猎头顾问应是自媒体的积极参与者。猎头顾问应利用各种培训、会议、聚会等活动加更多的微信好友，使自己的好友有量的增加；并积极参与各种群，在群里应该是活跃者，能引起好友的关注，且能发表有一定分量的、被大量转发的原创文章。

四是积极参与互动，及时回复，多发表管理类文章和猎头职位，让好友感觉到你的专业，发表的言论要积极向上、明快有趣，得到好友尊重。

定向猎取人才

定向猎取人才是猎头顾问搜寻人才最重要的方法之一，也是猎头常用的非常有效的一种方法。该方法目标准确、精度高，但难度大、要求高。定向猎取人才时，要非常谨慎。猎头顾问在寻访人才的时候，思路要清晰，明确职位要求，详细分析目标，直接锁定目标人选（一定要对人选非常了解）。也可以发展"内线"，借助"内线"随时了解目标人员动态及详细资料，主动出击，进而猎取成功！

在定向猎取人才方面，各猎头公司都有自己独特的方法和本领。如冒充客户或熟人（经销商、供应商、同学、领导、友人）、安排线人、单刀直入、熟人引见、等候守候等。猎头顾问要根据自己的擅长和资源，使用适合自己的方法。如果使用方法不恰当或不合适，可能会引起单位的防范与警惕，增加寻访难度。

高层人才寻访的方法很多，不同的猎头顾问会使用不同的方法和渠道进行搜寻，但整体来说，高端人才寻访比较艰难，单一的方法和渠道很难完成寻访任务。猎头顾问应将各种方法和渠道进行综合运用，效果会很好。

【案例1】 寻访某三甲医院院长

猎头顾问根据医院院长职位的任职条件和要求，一是及时与北京某著名猎头公司、精英前程、前程无忧和上海厂长经理人才公司、上海经营者人才公司、南京市高级人才中心联系和交流，还与广州、深圳、宁波、杭州、南昌、武汉、石家庄、郑州等市31家猎头机构和52名著名猎头顾问进行了沟通交流，请他们帮助推荐人选。二是寻求北京大学医学部和有关医院的知名专家、学者的帮助，请他们帮助推荐、引荐人才。三是猎头顾问利用人才专业网站直接搜寻人才，配合利用定向医院、定向人才猎取。四是在公司人才库中直接搜寻合适人选或间接人选。猎头顾问通过各种方法、渠道在全国范围内广泛搜寻人才，经过一个多月的努力，共接到人选简历、简介等235份。后经过对简历的筛选，确定了92位初步人选。猎头顾问分别与92位人才进行了电话交流与情况核实，从中筛选出23位为见面交流人选。人选来自北京、上海、南京、重庆、广州、南昌、武汉、深圳、吉林、哈尔滨等十多个城市。他们的特点是：学历较高，多数是硕士，还有博士；年龄较轻，多数是20世纪60年代末70年代初出生的；工作经验丰富，多数是行业资深的专家或高层管理者，有着丰富的医务工作经验和行业管理经验。经过见面深入交流后，猎头顾问又从中筛选出4位作为推荐人选，供用人单位选用。

此案例说明，猎头顾问在搜寻高端人才过程中，方法不能单一，搜寻方法一定要多样化，渠道要广，要综合利用各种方法和渠道，才能寻访到合适的人才。

【案例2】　　　　　　寻访某科技公司总经理

2016年4月，受某科技公司委托，高薪寻访总经理。该公司是刚刚注册成立的高科技公司，但其母公司是伯骏猎头长期服务的客户。该公司利用水性聚氨酯超薄材料研发出品质比肩国际厚度仅为0.01毫米的水性聚氨酯安全套。0.01毫米超薄安全套技术一直被国外少数国家垄断，且许多国际品牌都看好中国市场。水性聚氨酯超薄安全套的研发成功,将大大降低产品成本、提高产品质量,有力地推动国内市场的发展。投资者为让新产品尽快上市,并迅速占领市场,决定直接从该产品在国内前三名的公司猎取高层营销管理者。具体寻访过程如下。

首先寻访 A 公司的高管人才。A 公司是世界著名的橡胶乳胶制品生产商,2002 年在中国设立服务机构,由一家中资公司负责代理经销,销售 0.03 系列、0.02 系列、0.01 系列安全套,年销售额排名第一。伯骏猎头通过各种渠道和方法,搜寻到在该公司曾任营销总监或分管营销的副总经理 4 位。华总,1977 年生,大学专科,2009 年 7 月至 2010 年 1 月任 A 公司全国营销总监。容总,1971 年生,大学本科,2010 年 1 月至 2012 年 8 月任 A 公司全国营销总监。宇总,1970 年生,MBA,2012 年 3 月至 2016 年 4 月任 A 公司执行总经理兼营销总监。杰总,1975 年生,大学本科,2016 年任 A 公司副总经理兼营销总监。猎头顾问分析了 4 位候选人的情况后,重点与杰总、宇总进行深入交流,多次与他们进行电话沟通。沟通中杰总多次拒绝了见面交流的提议。宇总没有拒绝见面交流的提议,老猎手在成都与他进行了深入的交流。当晚,老猎手向科技公司董事长通报了与宇总沟通的情况。董事长当即表示邀请宇总来企业考察交流,宇总也接受了邀请。宇总先后两次到企业与董事长见面交流,双方互相认可,但由于宇总第二次交流中临时提出公司间合作建议,企业不接受,从而导致此次寻访未成功。

接着寻访 B 公司的高管人才。B 公司也是全球知名品牌,1998 年在中国创立合资公司,生产和销售安全套,在中国及其他多个国家销售,年销售额全国排名第二。伯骏猎头通过各种渠道和方法,搜寻到在该公司曾任营销总监或分管营销的副总经理。通过"内线"了解到,该公司分管线上和线下销售的两位副总经理,一位是总经理从上家公司带过来的,一位是总经理同宿舍同班同学，可以说两位副总经理对总经理忠心耿耿，猎头很难挖动。猎头顾问又寻找到 B 公司线上销售主要负责人和线下销售主要负责人，并分别与他们在上海见面，经过深入的沟通交流及评估，我们认为两位人才到科技公司任营销总监或营销副总比较合适，总经理职位有点难以胜任。老猎手把对 B 公司的寻访情况及时向科技公司董事长作了通报，然后将目标转移到 C 公司。

重点寻访 C 公司的高管人才。C 公司是隔绝卫生防护用品的全球领导企业，拥有 100 余年的乳胶制品生产历史，产品线覆盖工业用防护手套、医用乳胶防护手套、安全套及其他民用健康防护用品，拥有遍布全国的营销网络，市场份额高达 25% 以上，是中国安全套市场的领导企业。伯骏猎头通过各种渠道和方法，搜寻到在该公司曾任营销总监或高管的人才。共搜寻到 C 公司 4 位高管。耀总，1970 年生，MBA，2000 年 1 月至 2003 年 12 月任 C 公司总经理，2014 年后又回 C 公司任总经理。经过多次交流，耀总拒绝了我们的邀请。谦总，1980 年生，EMBA，2012 年 11 月至 2014 年 3 月任 C 公司营销副总经理，2014 年到了一家小公司任总经理。翔总，1973 年生，大学专科，2008 年 3 月至 2011 年 4 月任 C 公司销售总监，2011 年 4 月至 2014 年 5 月任 C 公司市场总监，后去了一家食品企业任副总经理。伟总，1974 年生，大学本科，2014 年 3 月至今（寻访时）任 C 公司中国区销售副总经理，之前，曾在百事可乐公司任销售主任、经理、区域总监等职务。经过与他们单独沟通交流，并向企业董事长通报，猎头顾问把目标锁定了伟总，并与伟总进行交流，还对其进行了深入的背景调查。猎头顾问及时将伟总推荐给企业董事长。在深入交流的基础上，伟总又去了现场考察企业。最后双方都十分满意，伟总任科技公司总经理。如今，该企业年销售额已过亿元。

媒体链接

合肥猎头圈老 A 擅长 "人肉搜索"[①]

"猎头"不是"搬砖头"

谈起"猎头",人们的第一印象就是"挖人",对此郑孝领认为,"猎头"工作不是简单地"搬砖头",把人才从这家企业搬到那家企业;真正的"猎头"是一个好的"医生",要能够看出企业人力资源管理的病症,并开出合适的"处方"。通俗地说,就是要"读懂企业、读懂职位、读懂老板"。

在郑孝领看来,"猎头"所做的工作应该是人才的合理配置,就是让合适的人在合适的时间到合适的地方。郑孝领举了一个形象的例子,他曾经在5年内为合肥一家民营企业找了3位财务总监。这家企业在业务发展之初,由于缺乏专业的人才,公司财务状况非常混乱,郑孝领从一家大型国有企业找来一位资深总会计师到这家企业任职,两年后企业财务状况井井有条;但由于这位会计师多年在国有企业工作,对现代企业财务制度的理解还停留在老观念上。郑孝领又从一家合资企业找来一位财务总监,上任后为企业在合理避税等方面节省了大量财务成本。又过了两年,企业又面临上市,郑孝领又"挖"来一位在上市公司任职的财务总监,令这家企业在财务上达到了上市的要求。看似简单的一个财务总监职位,郑孝领根据企业不同阶段的发展找来了不同的人才,令企业非常满意。

郑孝领曾经找到一位高端人才,是合肥人,在北京一家国际知名公司做副总,刚开始接触时他不愿回合肥工作。郑孝领和他交流时说,你现在40多

[①] 《合肥晚报》2009 年 12 月 11 日,记者:俞霆。

岁,正是事业的高峰期,此时回合肥正可以大展拳脚;5年之后在北京的工作前景很难预料,那时候再想回到合肥,也未必有好的机会。由于对人才本身的分析非常到位,对方最终愿意回到合肥,现在在一家销售额过5亿元的企业做常务副总,和郑孝领也成了好朋友。

"五大步骤"锁定"猎捕"目标

接受用人单位委托后,"猎头"便通过朋友或客户资料等各种渠道搜索适合职位的人选,往往一个职位要先搜索出100多位候选者。如何从这么多的候选人中筛选出最终的入职人选,郑孝领表示要通过五大步骤来详细解读:通过简历读人才、通过电话读人才、通过面谈读人才、通过背景读人才、通过测评读人才。

经过前三步之后,人才的范围已经缩得很小,第四步就是背景调查,找人才原来单位的领导、同事、客户进行调查。这一步是必不可少的,有时一份背景调查有50多页。最后一步就是职业素质测评,通过专业的测评工具对人才进行全方位测评。经过五大步骤最终入选的人才,个人资料往往长达一两百页,成为厚厚的一本书。

"我能够取得现在的成绩,与合肥的城市发展是分不开的。"郑孝领说。10年前,郑孝领的第一份猎头收入只有500元,那时在合肥当"猎头"几乎无所作为;就是在5年前,他跟外地高级人才接触时,多数人都不愿意来合肥工作。如今合肥的城市形象有了很大的改观,投资环境、薪酬待遇也有了很大的提高,世界500强企业"扎堆"合肥,郑孝领"猎取"人才有了足够的底气。

年薪低于20万元的不做

"年薪低于20万元的我不做",郑孝领对于"猎物"有着很高的要求:一是企业销售额至少在 3 亿元；二是猎聘职位必须是总监以上的岗位；三是所猎职位年薪至少在 20 万元；四是猎头佣金必须在所猎职位年薪 30% 以上。现在郑孝领一年只接十几单业务，但绝对都是高薪职位。如合肥某大型房地产企业财务总监，年薪 100 多万元；合肥某电器企业的副总裁，年薪 80 万元，另加 300 万元期权。

猎头公司也存在风险。"不是百分之百的成功，能有八九成的成功率就算很好了，有时一个高端人才盯了三个月也攻不下来。"郑孝领透露，更重要的是"猎头"寻觅的都是高管级人才，一旦找的人不能胜任，给企业带来的风险特别大，同时"猎头"在业界的口碑也会大打折扣。

第 5 章

读 人 才

猎头顾问必须会读人。既要能读懂企业，也要能读懂企业老板，还要能读懂人才。他不仅要看清人才的外表、行为，更要读懂人才内在的思想和动机。

猎头顾问要会读人

我作为一名职业猎头顾问,已从业20年。1987~2016年在某省会城市组织部从事组织与干部工作,准确地说从事的是人力资源工作。1999年至今主要从事的是高层人才引进工作,即猎头服务。20多年来,因工作需要长期与许多县处级以上领导干部、高级人才和用人单位主要领导打交道,亲自交流交谈了成百上千的高级人才、领导干部、高层管理者,成功寻访数百个高端猎头职位,与众多的高级人才进行了广泛深入的交流。作为人才测评专家,为各地领导干部公选、企事业单位高层次人才选拔等数百个职位命题或主考,还学习了大量的猎头、人才测评、管理学、心理学、行为学等方面的书籍和资料。最值得一提的是,作为合肥高层人才培训机构的负责人,20多年来能听到上百位国家级专家、学者、教授的讲座、报告,还有机会与他们面对面交流或请教,从而形成了大量的笔记和心得,同时也总结了一些自己读人的心得体会。

笔者真正思考猎头读人这门学问,缘于2002年安徽某高科技公司委托做猎头服务。记得当时该公司总经理约我交谈委托猎头服务业务,我们交谈了近3个小时。这家公司成立于1994年,当时在区域市场中占85%的份额;到2012年有了3个公司和4个部门,老总同时兼任3个公司的总经理,4个部门仅有两位负责人,当时市场占有率已降到了48%。为了进一步提高市场占有率,想委托猎头公司为其寻访一位新的总经理。约谈后第二天,该公司的总经理就派办公室主任兼人事部经理、销售部经理(创业者之一)来与我交流,要求我对老板这个人作出评价。我告诉他:贵公司老板对人对事追求完美,对工作要求标准高,大小工作亲力亲为,对谁干事都不放心、不放手,生怕别人做不好,自己一天忙到晚,员工还不高兴、不满意。这位总经理十分赞成我的看法。该公司总经理的意图很明确:"猎头顾问看不懂我,怎么能知道什么人才能配合我,怎么能为我招到优秀的总经理。"第三天,公司就将职位委托给我们。由此,老猎手就开始注意研究读企业、读老总、读职位、读人才。

一 什么是读人

在社会生活中,每一个人都必须与人相处,没有一个人能隐于世外。无论你走到哪里,都会碰到人,你必须了解人,今天的社会里你永远无法独自成功。

读人,老猎手认为它不是科学,也不能说成是算命,读人的侧重在于:在与人交流过程中知道该去看什么,该去问些什么,该去听些什么,该去观察些什么,该耐心地去收集什么重要资讯,并且从一个人的外貌、肢体语言、声音和行为上归纳出对人才的整体评估,这就是读人。读人的目的是为了更好地热爱人、了解人、吸引人、使用人、培养人,把最合适的人用到最合适的岗位上。

读人是每个人一生的必备技能。在社会生活中,每一个人都在重复着古老而又新鲜的游戏:"与人打交道"。古老在于:人类就是不离不弃地在一起走过了数千年,彼此热爱、彼此斗争、相互支撑、相互抗衡,充满善意、险诈、体谅对方、误解对方……新鲜在于:每个人都有不同的特质和个性,你不能将人简单地分类，甚至不能用同样的方法与两个人相处。我们每天都好像被一双无形的手推动着，不断地结识人、了解人、琢磨人。回想起来，我们也未必真正地读懂了某个人，哪怕是自己最亲近的人。但在实际生活和工作中，我们又不得不去读人。

【链接】　　　　　　　　哪些人需要读人

1. 企业老总必须读人。要读懂他的客户，可以轻易地从合作者的言谈举止中判断其诚意；要读懂他的竞争对手，可以通过一次交流，知道他下一步要干什么；要读懂他的下属，可以从一些细微的地方识别其工作态度。

2. 职业经理人必须读人。要读懂他的上司，要读懂他的下属，要读懂他的竞争者（包括同事），要读懂他的外部客户。他可以准确无误地判别上司的意图和同事的真实想法，并击败竞争对手。

3. 市场营销人员必须读人。要读懂经销商，要读懂客户。他可以一进客户的办公室就能掌握谈判的主动权，也可以让最难缠的顾客买下他的商品：产品或服务。

4. 急需找工作的人才必须读人。要读懂企业，要读懂老总，要读懂人力资源经理，可以冷静地判断企业和老板是否适合自己，也会很快地适应新环境。

5. 人力资源经理必须读人。人事经理每天直接或间接面对的、接触的都是人，招聘人、面试人、考核人、提升人、培训人、解聘人等；读人是人力资源经理的一项核心技能。

6. 猎头顾问必须会读人。既要能读懂企业，也要能读懂企业老板，还要能读懂人才。他不仅要看清人才的外表、行为，更要读懂人才内在的思想和动机。

二 要做好读人的准备

读人时要把全部精力集中在与人才的交流上，仔细地听他们说，有针对性地提问，认真地观察他们的神态、举止，再谨慎地思考，才能有效地读人。这就要求在读人前做好充分的准备。

在日常生活中要眼观六路、耳听八方。要多花时间和人才一起聊、谈、说等，要多角度、多维度搜寻信息。这是了解人才的最好办法。

要注意听、细心看、认真想。专心注意人才的呼吸、眼神、手脚摆放、坐姿和各种肢体语言等。

自己首先开放，才能让别人对你开放。人与人交流过程中经常出现互相"捉迷藏"的现象。沟通交流是双向的、对等的，要建立在互相信任的基础上。我们在读人时一定要使人才对你放心、信任，对你不设防。也就是说，要想让人才对你开放，你首先要开放自己。

要靠意志和坚持，锻炼自己的"感官"，训练自己更客观地看人、读人的技巧。读人不能靠背条文，要靠平时的积累、锻炼、摸索、总结、感悟。

要耐心、耐心、再耐心。要招到一位合适的高级人才，要读懂一位高级人才，必须要有耐心，可以说越高级的人才越难读，这就要求读人时要耐心、耐心、再耐心。要耐心地收集人才的各种信息，要耐心地研究人才的资料，要耐心地等待人才的时间安排，要耐心地与人才进行长时间、多场次的沟通交流。

要清楚自己要找的是什么人才。你要画一个要找人才的肖像或人才地图，然后对照每位候选人一个一个地打分，作出取舍。换句话说，只有知道自己要找的是一个什么样的人，你才知道怎么去找、到哪里去找，也就是我们猎头说的按图搜寻。

要客观。客观是读人的最基础的条件。作为职业猎头顾问，要客观地评估人，但有时事与愿违。有四种心态容易使我们不能客观读人：第一种是像我。与我学的是同一个专业，或我们是校友或是同乡，或生活爱好某些方面相同等，容易影响我们客观读人。第二种是晕轮效应。评价者因对人才某些特征形成好的或坏的印象后，会据此推论出该人其他方面的特征。也就是说，如果一个人最初被认定是好的或坏的，则他身上的其他都是好的或坏的。这是一种认识偏误，常常影响我们对人才的客观评估。第三种是相比错误。经常遇到同一职位有多个候选人，以人比人，不是A有这个错误，就是B有那个缺点，比来比去没有一个是最优秀的。读人应以职位为参照。如某单位需要一位研发经理，就要以研发经理的标准去读、去研判。第四种是急需。一个人饥饿时吃什么都觉得好吃，吃什么都是香的。一个猎头顾问或一个企业急需某一岗位的人才时，就不能理智地读人了。

　　清除自己读人的偏见。如果你想读准人，每读一个人你都必须从头开始，不能带一丁点偏见或结论。猎头顾问每读一位人才，必须将前面读人才的各种信息清空归零。

简历读人

简历读人是猎头顾问在读企业、读老板、读职位的基础上，按照职位要求，通过对人才年龄、学历、教育经历、培训经历、工作经验、工作业绩和相关工作背景等进行细致分析、解读，来判断其简历与用人单位岗位匹配度的一种人才评估方法。其特点是真实、普遍、准确、简单、成本低等。近年来，简历读人越来越受到猎头顾问和人力资源工作者的重视和喜爱，被广泛地用于人才寻访、人才选拔等工作中。使用简历读人，能迅速排除明显不合适的，筛选出哪些人才简历是用人单位需要的。看简历与简历读人不同，看简历是看简历上写的是什么，是表面的；猎头顾问简历读人，是通过简历的内容看出简历背后的东西，要读出简历揭示的特点、问题及隐藏的内容等。

一、简历读人的步骤与方法

猎头顾问与寻访专员通过各种渠道和方法，搜寻到大量的人才信息和人才简历，猎头顾问要对这些人才简历和信息进行认真的整理，并对每一份简历进行认真的分析、解读和初步评估、判断，将那些完全不适合用人单位要求的人才简历剔出去，留下基本符合用人单位要求的人才简历。简历读人的主要步骤如下。

1. 读人才基本情况，看与岗位要求是否匹配

通过对候选人简历上性别、年龄、学历、职称、专业、特长等方面的分析，看是否符合用人单位岗位的基本要求。如果核心指标有一项不符合职位基本要求的，则快速筛选掉；在筛选对硬性指标要求不是很严格的职位时，结合招聘职位要求，可适当放宽硬性条件。要注意看简历是否注明大学教育的起止时间和专业类别等。在看培训经历时，要重点关注专业培训、各种考证培训情况，主要查看专业（工作从事的专业）与培训的内容是否对口等。

2. 读工作业绩，看与职位要求解决的主要问题是否匹配

读人才简历时，要注意人才过去工作经历中的主要业绩，看与新岗位的重点工作职责，或要解决的突出问题，或主要困难是不是一致或相似，还要看职业发展是否处在上升趋势。一般说来，业绩好的人才在任何单位都会受到重用，能力强且业绩好的会不断提升；也要看获奖情况，单位对业绩好的或突出的会给予奖励或表彰。

3. 读教育培训经历，看与职位职责是否匹配

读人才简历要注意人才受教育培训情况，看参加工作后是否接受新知识、新业务的后续培训，参加了什么样的培训、论坛、沙龙，学习了什么内容等，看是否能跟上时代发展和职位的要求。还要看担任领导后的工作经历，如所在团队规模大小、人员整体素质、担任领导时间的长短等。如果一个人长期没有接受新的业务知识和管理知识的学习培训，他很有可能已被淘汰或落伍。

4. 读工作经历，看与职位是否匹配

看人才简历的工作时间，主要看人才的总工作时间，跳槽或转岗频率，每项工作的具体时间长短、时间衔接等。要看工作的稳定性怎样，看是否频繁跳槽或者转岗，跳槽原因是否合理；要看工作的连贯性怎样，在工作时间衔接上是否有较长空当时间，应做好记录，并在面试时多关注人才空当时间的情况；要看工作的职位，是否是连续升职，是否有降职；要看工作的内容及相关工作时间，专业能力与受教育专业是否相关；要看工作单位，看工作单位的性质、规模大小和所在行业，看能否与新单位相匹配；要看工作业绩，主要查看人才所述个人成绩是否适度，是否与职位要求相符。通过对工作经历的分析、解读，可以看出人才所在行业、单位、岗位、工作内容是否与用人单位职位职责要求相匹配，专业能力、工作业绩、行为规范、职业化是否与用人单位要求相匹配。

5. 读工作单位，看与企业文化是否匹配

读人才简历时要注意人才过往企业规模大小、实力强弱、与现企业的匹配度，如企业性质是否相同或相似，企业的管理文化是否相似等，从而把握文化的匹配度。一般说来，党政机关、事业单位、外企、国企、民企的企业文化是不同的，长期受一种企业文化的影响，到另一种企业文化中会很难适应。解读单位是为了发现企业文化的匹配性。

6. 读职务与福利待遇，看与单位和职位是否匹配

要查看人才工作过的公司规模大小、所在行业等大致背景，要与用人单位情况进行比较；还要查看人才原职位及分管的工作内容，看能否与职位相匹配，看职位是不是人才喜欢的，看工作内容是不是人才喜欢的，看人才在职位上能否发挥作用；看人才原福利待遇和对福利待遇的要求是否与现岗位相匹配，是否在用人单位规定或承受的范围内等。重点要看人才在原单位承担的工作职责及工作业绩与取得的薪酬是否一致，人才希望的薪酬与福利要求能否得到满足。

7. 读人才的自我评价，看是否有自知之明

通过对简历上自我评价的解读，可以对人才有一个整体的了解和把握，可以看出人才的自我评价或描述是否适度，是否属实；还可以通过自我评价，看出人才的自我认识度；也可以看出人才特长、优势、经验和能力，看出人才的自我描述与工作经历描述是否相互矛盾或有不符、不相称的地方等。

8. 读简历，看是否对猎头搜寻人才有帮助

在读简历过程中猎头顾问常常会遇到，有些简历明显不符合职位要求，就放弃了；有些简历看着相关但又不完全符合职位要求，因此不舍得放弃。这时可换一种角度去思考，如果一时找不到合适的初步人选，可以先找到一些间接人选，通过这些间接人选了解的情况，看是否有合适人选。通过这些简历或人才，更多地了解行业背景资料、竞争情况，听取他们对搜寻工作的建议和告诫，更好地帮助人才寻访。

二 读简历可参考的其他内容

1. 读简历笔迹，看人才的性格特征

所谓性格，即人的秉性脾气，反映人的喜怒哀乐和善恶等言行。人的性格，会随着后天的家庭伦理、社会环境、教育程度、民族信仰等潜移默化的影响发生变化。笔迹能反映出一个人的大体心理活动、思维方式和言行倾向，虽然不是绝对准确，也可提供一定的参考价值。笔迹是一个人的性格、智力水平和思维逻辑的具体反映。不同性格的人写出的字是不一样的，热情的人写的字粗大，专注的人写的字细小，正直的人写的字简洁，高傲的人写的字花怪，性急的人写的字潦草，多情的人写的字软弱，孤僻的人写的字紧凑，等等。通过对一个人写的字的篇幅章法、形状、笔画特点和字句的气势作综合分析，可以判断出他的性格特征。

2. 读血型，看人才的性格特征

人才简历上有的注明了血型。血型对人的性格形成有较大影响。O型血的人热情、坦诚、善良、讲义气，办事雷厉风行、踏实苦干、效率高。B型血的人聪明，思路广、拓展能力强，最怕受约束。A型血的人有牺牲奉献的精神，具有协调性，积极服务别人，重视周围气氛；喜爱孤独，易掩饰自己的真心，无法信任别人。AB型血的人是天生的和平主义者，热心做一些对自己没有利益的事，或为了公众的事而奔波；行动敏捷，忽冷忽热，常被视为异端；经常走自我的道路，不会主动投入团体。

电话读人

电话读人是在简历读人的基础上,对筛选出的相对合适的人选,按照职位要求,通过电话沟通交流,对人才年龄、学历、教育和培训经历、工作经历、工作业绩、自我评价及相关工作背景等进行详细询问核实,并进行分析、解读,以判断人才与用人单位岗位的匹配度的一种人才评估方法。

一 电话读人的注意事项

猎头顾问与人才电话交流过程中,一是要根据每一份简历的具体情况,结合岗位要求,列出电话交流提纲,做好电话交流前的准备工作。二是与人才电话交流的时间要选择在人才方便时,或相对不忙的时间段,如中午、晚上、周六、周日,或每天上下班前后等。三是要事先做好电话交流的短信预约,防止人才不方便接听电话,或不方便长时间电话交流。四是电话交流时要注意电话交流礼仪,要给人才留下好的印象,使其愿意继续沟通交流。五是如果人才拒绝或不愿意电话交流,也绝不能勉强通电话或电话打扰等。

二 电话读人的方法步骤

第一步,预约

通过短信、QQ、微信或电话,预约电话交流的时间。短信(QQ、微信)

预约是一种便捷的方法，同时也是接近人才的一种常用手段。预约的目的是为了让人才愿意与猎头顾问电话交谈。猎头顾问猎取的是高端人才，他们多数都在职，且工作十分繁忙，时间十分宝贵，与他们长时间电话交流应提前预约好。用短信（QQ、微信）与人才预约电话交流时间，一方面体现了对人才的尊重，另一方面是为了能找到长时间电话交流的时间和空间，便于深入了解人才的情况。短信（QQ、微信）中要先介绍自己，说明事由，约请与其通电话的时间等。如果采取电话预约的方式，一定要注意称呼、语音、语气和礼节等沟通方法与技巧，防止影响人才工作或暴露其与猎头公司联系的秘密。

【范例】

张总：您好！

我是伯骏猎头首席顾问郑××，受南京某集团公司委托，正在高薪寻访集团执行总裁，您方便时我们可否电话交流或见面交流？

祝您工作愉快！

郑××　即日

第二步，电话交流要守时守信

猎头顾问要按照约定好的时间准时与人才电话交流，千万不可推迟或忘记。通电话时，要注意先向对方问好，并向人才简要介绍自己及所在公司名称、职务、服务的行业及猎头遵循的原则等，打消人才的顾虑，取得人才的信任，让人才放心、安心，愿意与你电话交流。

第三步，向人才介绍企业的特点

猎头顾问要向人才简要介绍用人单位的基本情况，介绍企业吸引人才的主要优势；也要简要介绍职位的情况和职位吸引人才的地方；还要说明想与人才交流的理由，即从简历看或是听别人介绍人才某些方面比较优秀，值得学习，因此打这个电话。一方面，用单位优势和职位吸引人才；另一方面，也让人才感觉被尊重、被重视，愿意与你继续交流。

第四步，电话交流的重点是了解人才情况

猎头顾问应让人才简要介绍个人基本情况。如，工作经历及起止时间、离职原因；工作职务、工作职责、工作内容、主要分管项目；工作业绩，做了什么工作，取得了什么成绩，是主持还是参与；人才特长或专长，兴趣爱好；学历、职称、执业资格；等等。要特别注意对职位核心要求的了解与询问，看人才是不是职位需要的人选。

第五步，鼓励人才进一步交流或见面交流

猎头顾问要对电话交流给予积极评价和回应，给予赞许和赞扬。对态度不积极的人才，要给予鼓励或引导，要诱之以利、诱之以好，让人才知道猎头顾问是让企业、人才更优秀，鼓励人才与猎头顾问交流交谈。特别是需要进一步交流的人才或职位需要的人才，要给予充分的肯定和良好的评价，要积极鼓励基本符合职位要求的人才见面交流。让人才感觉自己很优秀，被猎头重视，才会愿意与猎头顾问见面交流。

第六步，直挖人选的电话交流

直挖人选指用人单位或猎头顾问明确了某单位某人是寻访的主要对象，但猎头顾问没此人的简历和联系方式。这时，可从电话号码本、网上查到此单位办公电话或总机，有的可通过114查询。如果正是此人号码，可直接联系；如果是工作人员、秘书接电话，不能直接介绍是猎头公司的，可介绍是客户、同学、好友、原单位同事、领导、亲友等。2011年5月老猎手帮南京某上市公司寻访运营总裁时，用人单位要求候选人必须是某外资变压器企业总经理。猎头顾问在公司人才库中搜索到该企业的一名中层管理者的资料，是2004年提供的。猎头顾问按照简历上的手机号发了多条短信，但没有收到回复，后打电话，被告知已停机；固定电话是空号；发了多封邮件，也没收到回复。老猎手又在网上搜该人才的姓名，结果显示此人已是某外资变压器企业的总经理。老猎手通过114问到其联系方式。打电话过去，接电话的是秘书，老猎手告诉她要找×××总经理。秘书问："你是哪里？有什么事？"老猎手告诉她，本人是×××总经理原××单位的同事，今天需要向×××总经理请教一个技术问题，请让×××总经理接电话。老猎手与×××总经理通了电话，相互留了手机号，并约在当晚电话深入交流。经过多次交流，人选于2011年8月成功到岗。

三 通过电话声音了解人的性格特征

锣鼓听音，说话听声。一个人说话的声音可以反映出一个人的性格。一般情况下，说话声调平稳的人，心态稳健，性格持重，如果声音洪亮、中气较足，一般都是单位领导。这样的人在职场容易升迁，容易给人留下成熟、稳健、自信的印象。

说话语调较轻的人，为人小心谨慎，比较内敛。有气无力，同时语调不平稳、话尾不清，反映出此人内向或胆小，或心神游移。这样的人，一般境遇不太好，比较悲观。

说话语气抑扬顿挫、节奏分明、像唱歌一样的人，一般具有演员气质，表现欲较强，喜欢自我欣赏，为人比较圆滑。

说话语气很急很冲、声音很大的人，性格急躁而任性，自控能力较差，信心不足。

语气低沉，说话时由牙缝深处发出声音的人，怀疑心强，性格执拗，有自大倾向。

语势及音色均不规则，经常发生变化的人，思维活跃，爱幻想，做事三分钟热度，性格轻率，易产生挫折感。

话语沉稳有力，语速适中，讲起话很少犹豫的人，精力旺盛，有领导欲和控制欲，有勇气和自信心。

讲话声音比较尖利刺耳的人，一般性格比较复杂古怪，悟性较差，很难合理把握自己的言谈举止，难以给人留下好印象，尤其是男人。

声音沙哑的人，性格豪放不羁，享乐欲强，有野性成分，尤其是女人。

女性的声音如果像男性，则有男性的性格，直率、粗心，不喜欢做家务，有同性恋倾向。

男性的声音如果像女人，则有女性的性格，敏感、细心、多疑，易有洁癖，有同性恋倾向。

无论男女，声音无力、语尾不清的人，不论做什么事情，都难以获得成功。

跟人说话时显得唐突的人，不论男女，不是很粗野，便是很害羞，或者就是非常纯朴。

讲话木讷之人，他们看起来虽然马马虎虎，但十分有人情味，渴望感情，外冷内热。尤其是男人，属家庭主男类，能操持家务。但也属于不容易想开事情的人。

说话时高声尖叫的人，爱计较和辩论；容易激动，易歇斯底里；虚荣心很强，缺乏诚实感。

讲话吞吞吐吐，欲说还休，总显得自己比较深刻又要保持涵养的人，比较虚伪，很难从正面去观察、评判人和事。

讲话时口沫横飞的人，属我行我素、不顾他人感受的人，喜欢社交但信誉较差，喜欢夸大其词，认为自己比别人聪明。

说话时嘴角歪的人，心中想的与说的通常不一致，比较做作，爱虚荣，追求世俗享乐。

说话时目光不看对方的人，心中不坦然，或总担心自己的形象或举止失当，或是自卑心较强，对人的防范心理较重，自尊心较强。这种人讲话一般力度较小，基本不会是嗓音洪亮的。

四 通过电话读人，明确人才是不是用人单位需要的

通过电话交流、核实，看候选人的基本情况，如性别、年龄、学历、专业、职称、职业资格等，是否符合用人单位的基本要求；看候选人的工作经历、工作岗位、工作内容，是否与用人单位职位相一致或相近；看候选人的工作业绩、工作成果、工作能力，是否符合用人单位的岗位要求，是否能胜任用人单位的职位；看候选人的自我评价，了解其综合素质、综合能力、性格特征等，并对其进行综合评估，看是不是用人单位职位需要的。

面谈读人

面谈读人是在猎头顾问与人才电话沟通交流筛选出来相对合适的人选基础上，按照职位要求，通过与人才面对面的交流交谈，对人才的年龄、学历、培训经历、工作经历、工作业绩、自我评价和相关能力等进行细致核对、分析、解读，来判断人才与用人单位岗位的匹配度的一种人才评估方法。通过与人才见面交流的方式来评估人才，是猎头顾问必备的一项专业技能。为用人单位选择合适的人才，从来不是件容易的事情。面谈技巧对猎头顾问来说十分重要，猎头顾问要运用深厚的人生阅历、丰富的人才交流经验、广博的知识积淀、熟练的阅人技巧，通过与候选人广泛交流和观察候选人的举止仪表等，发现候选人的各种能力和不足，并对候选人进行准确评估与判断。

一 猎头顾问在面谈交流中应注意的问题

一是安排与高级人才见面交流时，一般情况下应安排在咖啡厅、高档茶座等比较高档的休闲场所，要让候选人感到被重视、被尊重，有轻松、安全感，不要放在办公室、会议室等正式场所。

二是交流交谈一般不要问简历上能够说明的问题，而要让候选人多解释简历，说明简历之外的事情。

三是创造交流交谈的良好气氛，要让候选人感到平等、受尊重。不能让候选人感觉到是在打听他、盘问他，这样会引起他的不快。

四是问问题应该采取外松内紧的态度，让对方在无意中透露出自己对事物的真实看法及个人的价值观等。如问他"你太太在哪里工作，准备在哪里买房子，吃的东西合不合口味"等，然后突然感叹一句"现在社会上做事有时候不得不给一些好处，有时朋友、熟人也讲利益"等，看对方有何反应。有时候就能从这些交流中判断他对社会的总体看法或最看重的价值是什么。

五是需要特别提醒的：猎头服务的是高级人才，是不需要找工作的高级人才，是不愁找工作的高级人才。因此，猎头顾问与人才是见面交流，而不应该称之为"面试"。有些高级职业经理人说，我听到猎头顾问通知我面试，气就不打一处来，还不知道是他选我还是我选他呢。

六是面谈读人要把重点放在能力上。在企业管理中，真正的企业高层管理者，技术背景其实是很淡化的，主要看的就是他的战略思维能力、价值观、品质和职业操守，看其是如何做出以往业绩的。

七是要注重对候选人品德的考察，要用大量的时间和精力重点了解候选人的价值观和职业操守。职位越高对人品的要求越严，企业引进一位高管如果人品有问题，对企业的损害会很严重。

二 通过与候选人交流，对候选人作出判断与评估

猎头顾问与候选人进行见面交流的目的是为了全面了解人才。通过与人才的交流，对人才进行全面准确的评估，对人才的七个方面作出判断。

1. 判断身份、年龄

主要是注意姓名、出生年月日，要与身份证等对照，用人单位有要求的可以了解血型和属相等。判断人才身份和年龄是比较容易的，但有时会忽视。老猎手也曾犯过一个低级错误。记得是2011年3月我为香港一家大型房地产企业推荐一位营销总监，其简历姓名是李名胜，我与他电话交流、见面交流

时都感觉是推荐人选之一,企业方见了感觉也还可以。但直到做背景调查时人选才将真实姓名相告,结果企业老板就因此坚决不同意录用他,理由是将来在工作中若被他骗了都不知道自己是怎么被骗的。此案例告诉猎头顾问,对人才的了解要全面、要细致,哪怕是一些小的细节也不能放过。

2. 判断学历、培训经历

人才的简历中假学历是常见的,有直接购买的假学历,还有将各种研究生进修班写成是研究生的,也有境外办学机构滥发的不具备资格的学历（或中国不承认的学历）等。学历的判断可以在学信网上查到,也可以通过问来判断。如问是哪年高考的？成绩是多少？作文题目是什么？哪门考得好？是多少分？你的毕业论文写的是什么？论文提纲还记得吗？论文答辩最让你难忘的问题还记得吗？研究生主修方向是什么？从中可以判断出学历的真假。注意了解培训经历,培训经历主要是问时间长短、学习内容、有什么收获与启发等。在知识爆炸时代,知识更新越来越快,一个毕业后不接受新的知识和业务能力培训的人,说明他的知识已经老化。老猎手特别提示：猎头顾问即使看出来人才的某项内容是假的,但千万不要说出来,一定要给人才留一个面子。

3. 判断工作经历

人才简历中工作经历的水分最多,主要表现在时间和单位名称上,有的候选人跳槽多、工作时间短；有的会将几个单位经历合并为一家单位；有的跳槽后一时没有工作,任意延长最后一份工作时间；有的为提高应聘的有效性,直接编造在有实力的单位工作过的经历；也有的将在子公司的工作经历写成集团公司或总部工作经历等。核实工作经历主要是核实年限与单位,如某年某月通过什么方式应聘到某单位某岗位,以及主要领导、领导的人数、人员分工、主要上下级、工作职责、电话等信息；还可以问工作单位情况、组织结构等；也可以问单位年销售额、总利润、利润率；等等。通过上述问题来了解核实其工作经历。如 2018 年 4 月某日，老猎头约一位高管人才在绍兴见面交流。该人才简历上写明 2008 年 11 月至 2016 年 3 月任韩国现代汽车有限公司总经理，在交流过程中明显感到人才对汽车制造、生产物流、精益管理等供应链管理十分精通，且有自己独特的见解。但在谈到年产量、销售额、财务管理、生产率、人均成本等时前后不一致，差距太大，且不符合常规。经过多方了解，该人才是企业生产制造部部长，不是总经理。

4. 判断职务及职责范围

职务假是在假简历中出现最多的项目，主要是职务填高，主管写成经理、经理写成总监、总监写成分管副总，或是在一个单位工作的多个职务填一个最高职务，或是将在子公司任职写成是集团职务等。猎头顾问主要通过问工作机构名称、组织结构、岗位职责，以及各机构的领导人员（同级）、分管领导、下属人数、做什么事、上下关系、负责什么工作等问题，来了解与核实其职务与工作情况。如 2009 年 9 月本人正在为一家大型特级建工集团寻访财务总监，刚好在参加猎头见面会上看到一人才简历是"河北省某建筑集团财务总监"，且各项硬件条件也符合企业要求，让本人眼睛一亮，当天就约了人才下午见面交流。交流中本人问了该企业年销售额、员工数、财务人员数、年融资额、财务总监职责、工作重点、内部人员分工、向上级领导汇报的内容、经常参加公司什么样的会议等，结果发现其实际上是河北省某建工集团安徽公司财务经理。

5. 判断工作业绩

人才越是能力不足或虚弱，越是要显示自己能力强。业绩造假就是这些工作成绩不突出、业绩不明显的人才常常干的事。业绩假是将工作职责内容写成工作业绩的内容，将参与的工作写成主要负责的工作，将协助他人的工作写成是自己负责的工作，将别人做的工作说成是自己做的工作，将很小的工作说成是大的工作，将失败的工作说成是成功的工作，将一般的工作说成是优秀的工作。核实工作业绩主要了解候选人在某岗位因什么原因被提升，成绩的数量、具体情况描述，企业的整体利润、行业利润率、本人贡献度，参与人员、工作遇到什么困难和问题、上级领导的作用、下属的作用等。通过这些有关业绩询问，人才业绩的水分自然会被挤出来。

6. 判断离职的原因

在简历中离职原因多数写成为寻找更大发展空间、更大发展平台，企业内部出现问题、内部矛盾复杂，或家庭原因等，来掩饰真正的离职原因。猎头顾问主要是通过询问候选人离职时领导是如何挽留的，提出离职后多长时间离开单位，部门或单位是否开欢送会，是年终还是年初，与单位的劳动合同何时到期，与原单位领导还联系吗，还经常聚会吗，有没有再次要求你回去，能与你的领导通电话吗，离职时补偿是多少（"劳动法""和"劳动合同法"有明确规定，本人主动提出辞职一般无经济补偿，除非单位违规在前；单位提出辞退，一般会有经济补偿，凡拿补偿的多数是单位辞退的），从这些问题的回答中猎头顾问可以判断出人才离职的主要原因。

7. 判断当前薪酬

有些候选人会将目前年薪说得很高，希望新职位年薪更高。可以通过了解候选人每月到账多少，年终多少，奖金怎么发的，每月交个税多少，公司的工资政策，竞争对手相应职位年薪是多少，下级一般是多少，上级一般是多少，平级一般是多少，有什么福利，每月实际领到工资、奖金等税后总收入是多少等，千万不要直接问年薪是多少，这样才能判断出人才的实际年薪收入。

三 与重点候选人深入交流，全面评估候选人

专业的猎头顾问都具备一个基本信条：宁可找不到，也不愿推荐一个自己认为不合适的人选。深入交流评估是对被推荐人选全面系统地深入了解和解读。猎头顾问与候选人进行深入交流，是在与候选人进行初步交流感觉基

本符合岗位要求的基础上,也就是说候选人与用人单位的要求基本一致,或完全一致,或作为推荐人选之一的。猎头顾问对准备推荐的人选一定要做到五个深入评估,具体如下。

1. 要深入了解评估候选人的知识、技能、兴趣

主要是了解候选人积累知识的途径、方法及成果;了解候选人培养技能的途径、方法及成果;了解候选人的职业兴趣和爱好,为何愿意从事此项职业;了解候选人的职业发展规划,在这一职业或岗位上的打算,未来如何发展,有何规划等。人的差别不是在八小时之内,而是在八小时之外。要看职业经理人是怎样用业余时间的,上班时间八小时大家都是差不多的或基本一样的,差别就是看谁能用好业余时间。业余时间是吃喝玩乐,还是看书、学习、交流来提升自己。业余时间吃喝玩乐可以结交朋友,但也浪费了时间;在业余时间用功研究工作、学习充电,可以提高自己的综合能力和素质。老猎手经常会问职业经理人晚上8:30后干什么,并有一系列的追问,这可以很好地了解人才的兴趣爱好和追求。

2. 要深入分析评估候选人的性格、智商、情商

智商就是智力商数。智力通常叫智慧,也叫智能,是人们认识客观事物并运用知识解决实际问题的能力。智力包括多个方面,如观察力、记忆力、想象力、分析判断能力、思维能力、应变能力等。情商(EQ)又称情绪智力,是近年来心理学家们提出的与智力和智商相对应的概念。它主要是指人在情绪、情感、意志、耐受挫折等方面的品质。情商乃是一个人感受、理解、控制、运用和表达自己及他人情绪的能力,通常表现为工作热情、组织管理能力、人际交往能力、解决问题的能力以及面对困难承受挫折的能力等。要让候选人在同意情况下,根据不同职业对性格的要求,通过性格测验的工具评估候选人的性格、智商、情商。但多数高层人才还得靠资深人才测评专家访谈来评估候选人的性格、智商、情商。情商的高低直接关系到单位高层团队建设和管理，多数中高层管理者的智商一般不会有大的问题，少数会在情商上出问题。少数管理者不能很好地处理人与人之间的关系，或是处理人际关系欠妥，给团队带来各种矛盾或问题，破坏了团队氛围，影响了工作。要解决这个问题，老猎手经常会问人才，你离职时的聚会还记得吗，谁请你的，当时的场面给我们介绍一下，谁挽留了你，你现在回去还有可能吗，直接领导的电话还有吗，能否提供给我们等，从而可以评估人才的情商。

3. 要深入了解评估候选人的管理能力、管理风格和管理理念

猎头顾问要与候选人共同分析过去工作中取得成功的特征和失败的原因；了解候选人是如何处理上下级关系的，有什么好的经验、方法和体会；请候选人评价与他一起工作的同事群体及了解同事对他的评价；了解候选人的工作动因，如保持工作激情、工作主动性、工作责任心的动因；了解候选人处理危机问题的案例和处理方法；了解候选人的工作业绩及取得良好业绩的办法、途径；了解候选人如何带领团队一道工作，激励下属的办法和措施，下属有多少得以晋升或提升；了解候选人如何处理人际矛盾和纠纷，如何处理经常犯错误的下属，对能力强又调皮捣蛋的员工怎么管理等。通过以上广泛交流，可以对高层人才的管理能力、管理风格、管理理念等进行评估与判断。

4. 要深入了解评估候选人的适应能力

评估候选人的适应能力主要是了解候选人对新条件、新环境、新工作所带来的主要挑战的判断，是否明确未来会遇到什么问题和困难，会提出什么样的克服和解决困难问题的办法；要了解候选人过去对新环境的适应时间，对不适应的情况是怎样调整的，本职位需要多长时间才能适应；要了解候选人的管理风格、管理方法需要作哪些调整；要了解候选人对成功适应的信心，过去的工作中有没有因不适应退出的经历等。这些都是对适应能力的很好判断和评估。一般来说，作为企业中高层管理者，到一家新公司就职，如果工作不能超过2年，说明其不能适应原单位或岗位。在与职业经理人交流过程中，老猎手经常会与人才探讨对企业文化的认识和看法，以及管理者的管理风格等，从中可看出人才能否适应新单位或新职位，从而评估候选人的适应能力。

5. 要了解评估候选人的诚信、品德情况

猎头顾问要了解候选人对自我如何评价；了解过往雇主对候选人如何评价；了解候选人提出辞职时其上级领导或雇主有什么样的表现；了解候选人对雇主或上级如何评价；了解候选人的同事对候选人的评价；了解候选人提出辞职有没有上级或同事挽留，雇主或上级是否为其开欢送会或宴请；了解候选人对退下来的老同事怎么接待，离职后的同事会不会找候选人办事；了解候选人的朋友圈人员情况，在朋友圈内是什么角色（从属、牵头、组织者）；了解候选人历年获奖情况；了解候选人对用人单位需要背景调查的看法，如果需要对其进行背景调查能提供证明人吗，如果要求看其档案能调档查看吗，等等。这些都是对人才的品质和职业操守的考察与评估。

四 与候选人交流需要重点评估的能力

猎头顾问与候选人交流，要围绕职位的胜任力模型，重点考察评估胜任职位的关键能力。主要是以下几点。

1. 考察评估候选人的职位适应能力

主要考察评估候选人对岗位的适应程度及胜任能力；能否准确把握职位的职责，工作思路是否清晰，对职位是否有充足的信心；工作态度是否端正，谈吐是否诚实，是否热爱工作，是否有奋发向上的精神，对个人未来的追求、抱负是否与企业相一致；在交流中能否通过分析判断，抓住事物本质，能否体现出良好的职业态度、职业素质和职业能力。

2. 考察评估候选人的综合分析能力

看候选人在交流交谈中说理是否透彻，分析是否全面，条理是否清晰，对事物能否从宏观方面总体考虑；对事物能否从微观方面考虑其各个组成部分；能否注意整体和部分间的关系及各部分间的有机协调组合，能否表现出较强的综合分析能力。

3. 考察评估候选人的组织协调能力

看候选人在交流中能否围绕工作任务，对人财物等资源进行合理配置，协调各方面关系，保证工作顺利完成；角色定位是否准确，是否有全局观念与合作意识；是否讲究工作方法，能否有良好的高效沟通和协调能力，是否善于调动各方积极性，扎实有效地推进工作；解决处理问题和克服困难的方法是否周全，能力是否突出。

4. 考察评估候选人的人际沟通能力

看候选人在交流中处理人际合作是否主动；能否理解组织中的权属关系（包括权限、服从、纪律等意识）、人际关系；能否进行有效沟通（传递信息），能否正确理解对方需要，处理人际关系能否把握原则性和灵活性；在压力状况下思维反应是否敏捷，情绪是否稳定，考虑问题是否周到全面。

5. 考察评估候选人的解决问题能力

看候选人在交流中面对问题和机遇时，能否及时准确地进行分析和判断，并作出科学决断；出现问题能否看出问题的起因，正确把握相关问题的联系，运用归纳综合，形成正确判断，预见问题的可能后果；能否提出解决问题的有效措施并付诸实施，即使在情况不明朗时也能及时果断地作出决策。

6. 考察评估候选人的应对突发事件能力

看候选人在交流中面对突发事件时，能否及时迅速地作出正确反应，采取适当方法和有效措施，妥善解决问题、化解矛盾。

7. 考察评估候选人的专业知识和专业能力

通过与候选人的交流，了解候选人对专业基础知识、专业管理知识和专业政策法规知识的掌握情况；了解候选人对专业知识的掌握程度和灵活运用的能力；了解候选人能否根据职位职责要求，运用专业管理知识解决工作中的实际问题；了解候选人对有关专业政策和法律法规的理解掌握程度和结合实际贯彻执行的能力。

五 猎头面谈读人的技巧

读人要去体验体会，不能按照教条，书上写的与实际用的是不一致的。不同的人问同一个人同样的问题，得出的结果可能是不同的。面谈读人者切记以下几点。

1. 要学会见树又见林

猎头顾问要凭借仔细观察，将从候选人的外貌、肢体语言、环境、音调和举止中读到的东西，以及收集的各种资料，进行归纳整理、分析加工，从中理出头绪。在这个过程中要学会从小看大、从近看远、由点到面，从现象看本质。换句话说就是学会见树又见林。如有一位资深顾问经常问人才，你晚上8：30以后干什么，不同的人的回答是不同的；更重要的是要根据人才回答的内容，进行一系列的追问，再根据他回答的内容，去体会、评估他的各种能力、兴趣爱好和知识面等。

2. 要注意从外貌和肢体语言中解读人才特质

猎头顾问要注意观察候选人的肢体语言，候选人的肢体语言会泄露其内在的本性和情绪——恐惧、诚实、紧张、喜乐……但同一个肢体语言和外表有多种解读的可能性，这就要靠每个人平时的积累、总结和提高。一般情况下候选人的肢体语言要符合场合；猎头顾问要客观，不要用自己的爱好、习惯、价值观来评判人才，要学会透过现象看本质。

如诚实、不诚实。诚实的人才会表现出自在、开放、自然、真诚的笑容，轻松镇定。不诚实的人才目光闪烁或游移，坐立不安，讲话快速，音调改变，两脚换前换后，或在椅中坐前坐后，特别紧张；有很夸张的"诚恳、深刻表情"，流汗，发抖，对眼睛、脸庞或嘴巴的遮遮掩掩，如讲话的时候用手捂住嘴巴、揉鼻子，或者眨眼睛、舌头盖住牙齿；有不恰当的轻佻，如拍背、碰触其他部位、靠得太近（侵犯他人的空间）等。

3. 看人也要看环境

读人才要注意看人才成长的环境和他周围的环境，他经常与什么样的人在一起，与什么样的人能谈得来等。一个人成长的环境很重要，环境可以改造人。

【链接】 孟母三迁

孟子是战国时期的大思想家。孟子从小丧父，全靠母亲一人日夜纺纱织布，挑起生活重担。孟母是一位勤劳而有见识的妇女，她希望自己的儿子读书上进，早日成才。一次，孟母看到孟轲在跟邻居家的小孩打架，孟母觉得这里的环境不好，于是搬家了。又一天，孟母看见邻居铁匠家里支着个大炉子，几个满身油污的铁匠师傅在打铁。孟轲呢，正在院子的角落里，用砖块做铁砧，用木棍做铁锤，模仿着铁匠师傅的动作，玩得正起劲呢！孟母一想，这里环境还是不好，于是又搬了家。这次她把家搬到了荒郊野外。一天，孟子看到一溜穿着孝服的送葬队伍，哭哭啼啼地抬着棺材来到坟地，几个精壮小伙子用锄头挖出墓穴，把棺材埋了。他觉得挺好玩，就模仿着他们的动作，也用树枝挖开地面，认认真真地把一根小树枝当作死人埋了下去。直到孟母找来，才把他拉回家。孟母于是第三次搬家了。这次，家的隔壁是一所学堂，有位胡子花白的老师教着一群大大小小的学生。老师每天摇头晃脑地领着学生念书，那拖腔拖调的声音就像唱歌，调皮的孟轲也跟着摇头晃脑地念了起来。孟母以为儿子喜欢念书了，高兴得很，就把孟轲送去上学。

> 可是有一天，孟轲逃学了。孟母知道后伤透了心。等孟轲玩够了回来，孟母把他叫到身边，说："你贪玩逃学不读书，就像剪断了的布一样，织不成布；织不成布，就没有衣服穿；不好好读书，你就永远成不了才。"说着，孟母抄起剪刀，"哗"的一声，把织机上将要织好的布全剪断了。孟轲吓得愣住了。这一次，孟轲心里真正受到了震动。他认真地思考了很久，终于明白了道理，从此专心读起书来。由于他天资聪明，后来又专门跟孔子的孙子子思学习，终于成了儒家学说的主要代表人物。

这个故事给我们启示：环境可以造就人才，环境也可以改变人才，不同的环境创造出不同的人才。

4. 要学会听弦外之音

候选人是怎样说的，比说的是什么更重要。现在的人才都很聪明，特别是高级职业经理人，他们是人才中的精英，最喜欢与猎头顾问"捉迷藏"。有的职业经理人明明想得到这个职位，却说原单位领导对自己很重视，最近还承诺为其提升、加薪等；有的职业经理人明明自己不想要这个职位，却偏要说自己很喜欢这个职位，只是家人不同意、不让去、不让动等；有些职业经理人明明是想得到更高的报酬，却偏要说"钱不重要"，要的是发展空间，结果谈到最后最有问题的还是薪酬。因此，猎头顾问与人才交流时要注意听人才的话外之音，要明白人才真正想表达的是什么。

5. 要善于问问题，并听出答案

猎头顾问要善问就是要会提问题。提问题可反映一个人的能力和水平，不能提那些低水平的问题，面谈交流前要列出交流内容清单，便于与候选人交流。而听比问还难，猎头顾问要能真正听懂对方说话的内容或含意并不容易，要全面理解更难。猎头顾问首先应该是一个最佳听众，一定要注意：不要打断他人的话，不能争论或贬低他人；要注意专心听，注意听他的言外之意，看他的肢体语言，不时地轻轻点头或偶尔答"对""是""同意"，有微笑、目光接触等交流；要靠近一点，但不要侵入他人空间；专心会谈要从闲聊开始，要创造出一种畅所欲言的氛围，才能听到真正的答案。

6. 在沟通中寻找隐藏的含义

候选人为保护自己，擅用良好的沟通技巧，设计出很多猎头顾问喜欢听的答案。猎头顾问在交流过程中时刻都要保持高度警惕，注意寻找隐藏在沟通过程中的其他东西。注意：漫天扯淡的人一般无法自控；喜欢吹牛的人要注意核实他的业绩；东家长西家短的人往往不求上进、无事生非或无所事事；粗话反映一个人的文明程度；打断或插话是一种无礼的表现；等等。

7. 认清行为所显示的本性

猎头顾问要注意了解人才如何对待他人，要注意了解候选人与同事、儿童、老人、上级、离退休人员的交流、交往及对待他们的不同态度；要了解与候选人经常往来的是什么样的人；注意了解候选人在危急情况下的表现。一般情况下，承诺太多等于没有承诺；在你跟前骂东家，换个单位还会骂东家，一定要从行为中看出本质。

如闯红灯。在领导干部选拔中我曾多次用了这样一个问题："如果你在一个人的情况下，走到一个没有交警的路口，车辆也很少，你又需要去办一件特别紧急的事，红灯亮了，你怎么办？"有的人说，有急事要"过"；有的人说"不能过"，等绿灯亮了再过。凡是说"不会过"的就要追问，过马路时红灯亮着，别人都过，只有你一个人在那里等着不过，你当时会有什么感受或体会？这可以从中判断出哪句是真话。红灯亮时别人都过他不过，有时还会被别人回头看看，当时心里会问自己"别人不会认为我是傻子吧"，有时身上还会冒汗。只有红灯亮时不过的人，才能真正有这种体会和感受。一个人在正常情况下不闯红灯是正常的，只有在一个人且没有任何人监督的情况下，不闯红灯才是本质的反映。我们可以联想，如果一个人在无人监督的情况下，仍能坚守规则，这样的人肯定诚实守则。作为一位高级职业经理人或高层人士，如果在无人监督的时候能闯交通的红灯，那么在经济生活中或社会生活中，在无人监督的情况下，想必也会闯经济的"红灯"，会闯生活的"红灯"。

六 注意例外

我们在这里讲的读人特点和技巧是普遍规律，而人是高级动物，有其特殊性。世界上没有两个完全相同的物体，同样，人类中也没有两个完全相同的人，每一个人都是不同的。因此，读人不能拿书上的条条框框到处去生搬硬套，要细细地体会、认真地思考、细心地分析，要综合地、全面地、完整地去观察、分析、评估、解读，一定要注意到每个人的特殊性。

七 老猎手与人才交流常用的问题

（1）你最近在看什么书？给我分享一下你的心得。

（2）你最喜欢的一本书叫什么名字？

（3）能否推荐一本你认为好的书给我？

（4）哪一本书给你的启发最深刻？

（5）你空闲时喜欢做些什么？

（6）你晚上8：30后一般会做什么？

（7）你在家喜欢做哪些家务？

（8）你喜欢看什么电视节目？

（9）你离开某公司的原因是什么？

（10）你在某公司为什么被提升？

（11）你在某公司为何辞职？

（12）你在某公司辞职是如何处理的？公司给你多少经济补偿？

（13）你被某公司辞退的原因是什么？你是怎样处理的？

（14）你工作以来最喜欢的一位领导是谁？请你描述一下他的特点。

（15）能否将你在工作、生活中最成功或最引以为傲的一件事给我们分享一下？

（16）你希望上级领导是什么样的？

（17）你希望下属是什么样的？

（18）你最不喜欢的领导是什么样的？

（19）你最不喜欢的下属是什么样的？

（20）你最要好的一位同事是什么样的？

（21）你与下属会经常发生矛盾吗？你是怎么处理的？

（22）你与哪位领导发生过激烈的争论？你是怎么处理的？

（23）你遇事是喜欢独自思考，还是同别人商量？

（24）你最喜欢与谁一起商量事？

（25）你最喜欢参加什么活动？

（26）在家庭中你的家人认为你担当什么角色？

（27）同事怎样评价你？

（28）请你作个自我评价。

（29）你的毕业论文的题目还能记得吗？

（30）论文答辩时哪位导师提的问题让你记忆最深？

（31）你最喜欢在一起交流的同事有几位？他们在做什么？

（32）你最喜欢在一起交流的同学有几位？他们在做什么？

（33）你目前的年薪是多少？你每月缴纳多少税？

（34）你职业生涯的下一个目标是什么？

（35）你喜欢从事什么工作？

（36）工作以来你记忆中第一次受到表扬或赞扬的事是什么？

（37）工作以来你记忆中受到批评的一件事是什么？

（38）你要离开现单位，你的领导会怎样？

（39）你要离开现单位，你的同事会对你怎样？

（40）我们如果需要对你进行背景调查方便吗？你有没有需要提醒我们的事？

（41）你带领的最优秀的团队是哪个，请给我们介绍一下。

（42）去年你最好的业绩或做出的突出成绩是什么？

（43）与你同级别的同事中业绩最好的是谁？他与你的关系怎样？

（44）你负责的工作中，同事或其他人起了什么作用？

（45）谁对你成绩的取得帮助最大？

（46）你在某公司的职务是什么？

（47）你是如何被提升到这个职位的？

（48）你所在企业的组织结构是怎样的？你在什么位置？

（49）你每天的工作中，大部分时间用来处理什么事？

（50）你的下级经常向你请示什么问题？

（51）你的下级业绩不好，你会怎么做？

（52）一位业绩好的下级得不到提升，你会怎样帮他？

（53）是否有人向你借过书，他们一般会还你吗？

（54）你开通微博、微信、QQ吗？你的粉丝有多少？

（55）你所在的群多数是什么背景的人？

（56）你经常在群里与他们聊什么？

（57）销售高层人员主要交流：销售对象、主要客户，大客户的建立、维护、管理，销售渠道的建立、管理、维护，销售队伍的建立、管理、素质要求，如何建立高绩效的团队、实施销售人员培训，销售计划的制订、实施、修正、落实，销售技巧、销售方法、销售手段，竞争对手的销售情况，销售量、销售业绩，销售资金如何管理或回笼，销售目前在公司的地位等。

（58）财务高层人员主要交流：资金周转、财务管理、税务筹划、资金运作、资本运作、财务预算，如何对生产、销售、行政进行财务监督，企业财务制度的建立和实施，财务在企业的地位、作用，财务准则、新的财务制度、财务风险、内部控制、成本核算等。

（59）人事高层主要交流：人事制度的建立，职位说明书的应用，绩效考核，目标管理，人员招聘，员工培训，薪酬体系，人力资源规划，怎样做好面试，怎样用人、留人，人力资源的地位、难点、热点、作用等。

（60）企业高层管理人员主要交流：企业管理的难点、弱点，领导的管理风格、管理方法、先进的管理理念、管理制度、销售管理、财务管理、生产管理、行政管理、人力资源管理，资金流、物流、人流的管理，团队精神、领导艺术、领导方法、上下级关系、时间管理、沟通能力、协调能力、协作能力、影响力，计划的制订、计划执行、检查督导，企业文化、决策能力、决策方法等。

测评工具读人

人才测评是集现代心理学、测量学、管理学、社会学、统计学、行为科学及计算机技术于一体的综合技术。它是通过人机测评、结构化面试、情境模拟、评价中心技术等，对人才的知识水平、能力及其倾向、工作技能、内在动机、个性特征和发展潜能进行测量，并根据工作岗位要求及组织特性进行评价，从而实现对人才全面、准确、深入的了解，将最合适的人才用到最合适的工作岗位（人岗匹配），以实现最佳工作绩效的一种测量与评价方法。

人才测评可以为个人职业生涯设计提供科学的指导，为用人单位识人、选人、用人、育人、留人等人力资源管理和开发工作提供极具价值的帮助。

在猎头服务中，外资企业和政府机关、事业单位、大型国有企业会要求提供人才测评报告。猎头顾问要学会利用现代测评工具，帮助客户全面准确地解读人才。

人才测评的方法见表5-1。

一 心理测验

心理测验是对行为样本进行测量的系统程序。这一程序在测量内容、实施过程和计分三个方面都具有系统性，从而使测量结果具有统一性和客观性。

表 5-1　　　　　　　　　　　人才测评方法

主要项目	测试方法	具体分类
心理测试	个性测验	16PF、DISC 测验、性格特征测验、一般人格测验、创造力倾向测验、气质类型测验等
	动机测验	霍兰德职业兴趣测验、生活特性测验、职业价值观测验、个体需求测验等
	能力测验	一般能力测验、多项职业能力测验、管理者逻辑推理测验、管理职业能力倾向测验、多重职业能力倾向测验、创造力测验、智商测验等
知识测试	笔　试	专业知识、公共知识、时事政治知识、历史知识等
能力测试	面　试	结构化面试、半结构化面试、行为面试、情境面试等
	情境模拟测试	小组讨论（指定角色小组讨论、无领导小组讨论）、公文筐测试、角色扮演或模拟面谈、管理游戏、案例分析等
	评价中心技术	综合运用多种测试方法，包括心理测验、面试技术、情境模拟测验等

通俗地说，心理测验就是通过观察人的具有代表性的行为，对贯穿在人的行为活动中的心理特征，依据确定的原则进行推论和数量化分析的一种科学手段。心理测验是对胜任职务所需要的个性特点能够最好地描述并测量的工具，被广泛用于人才评估工作中。

1. 心理测试的内容

（1）能力测试。普通能力测试主要包括思维能力、想象能力、记忆能力、推理能力、分析能力、数学能力、空间关系判断能力、语言能力等方面的测试。特殊职业能力是指那些特殊的职业或职业群的能力。特殊职业能力测试的目的在于选拔那些具有从事某项职业的特殊潜能的人才。心理运动机能测试主要包括两大类，即心理运动能力测试和身体能力测试。

（2）人格测试。人格测试的目的是了解应聘者的人格特质。

（3）兴趣测试。兴趣测试揭示了人们想做什么和喜欢做什么，从中可以发现应聘者最感兴趣并从中得到最大满足的工作是什么。

2. 心理测试的优点

（1）迅速。心理测试可以在较短的时间内迅速了解一个人的心理素质、潜在能力和其他各种指标。

（2）比较科学。世界上目前还没有一种完全科学的方法，可以在短期内全面了解一个人的心理素质和潜在能力，而心理测试可以比较科学地了解一个人的基本素质。

（3）比较公平。招聘中往往会出现不公平竞争的倾向，但心理测试在一定程度上可以避免这种不公平性。因为通过心理测试，心理素质比较高的应聘者可以脱颖而出，而心理素质比较低的应聘者即使落选也感到心平气和，因为他们知道自己心理测试的成绩比较低。

（4）可以比较。应试者素质的高低通过心理测试结果可以比较，因为用同一种心理测试的方法得出的结果具有可比性，而其他的方法往往在不同的场合、不同的地点没有可比性。

3. 心理测试的缺点

（1）可能被滥用。心理测试虽然是一种比较科学的测量手段，但是也可以被人滥用。比如，有些人在招聘中滥用不合格的量表，反复使用某一种不科学的量表，这样得出的结论就不能令人满意。

（2）可能被曲解。有的时候，某人测量出了某一结果，但如果被曲解以后，对某人的心理活动和以后的行为都可能产生不良结果。比如，有些人认为智商高就一定能成功，那么看到智商低的人，他就会产生一种鄙视感。

4. 心理测试必须注意的问题

人的心理行为是很复杂的，难以直接测量而取得结果。因而心理测量不像物理测量那样用直接测量的方式，而是采用间接的方式来进行。这样的测量必然会受到评估的主客观因素的影响。外界的某些无关因素，如外来的声音、房间的设施等，都会给测试结果带来影响。因此，在测试中必须消除内外的无关因素。同时为了使测试客观、准确，测试者必须经过专门的训练，全面熟悉测试的内容和方法，严格按照测试程序实施测试。即使一个非常熟练的测试者，在测试时也必须注意以下几个问题。

（1）慎重选择测试量表。任何测试量表，都有其应用的目的、适用的范围，都有一定的信度和效度。猎头顾问在选用时，应当慎重考虑，认真取舍，不能"拉来黄牛当马骑"。目前，我国有些测试者却忽视对量表选择的重要意义，随便乱加使用，这是不对的。猎头顾问要根据职位、职位胜任能力要求来选定测评量表，使测评量表与职位匹配。

（2）与被测试者建立协调关系。测试者与被测试者存在着一种特殊的关系。如果这种关系不太协调，就有可能出现两种影响测试的情况：一种是使被测试者对测试产生"阻抗"，不予合作；一种是被测试者出现"测试性焦虑"，使其测试分数达不到他应有的水平。只有在一个良好协调的关系中，被测试者才能最好地发挥他对测试的反应。因此，在进行测评前，猎头顾问一定要与人才进行深入沟通交流，让人才积极配合。

（3）控制实施测试的误差。在实施测试过程中，由于主观及客观因素的影响，可能会出现某种误差。为了使测试的结果准确，必须尽量控制误差。所以，猎头顾问在测试过程中的操作应严格根据测试的规定和要求实施，并善于安抚被测试者的情绪，掌握其他有关的注意点，让被测试者乐于把全部能力发挥出来，或把其特征表现出来。

（4）正确解释测试结果。标准化的测试常常用分数来表示其结果，而测试的分数只是一个相对的数值。因此，不应当把这种结果告诉被测试者或他们的同事和单位领导，而只是告诉他们对测试结果的解释。如测得 IQ 为 100 左右，并不把 IQ 的数值告诉他们，而只是向他们说明智力是一般的，和大多数人差不多。

（5）遵守测试的道德。任何工作都有必须遵守的道德规范，心理测试也是如此。一个测试者决不能利用测试作为压制人的工具,也不能作为搞不正之风的手段。测试者应当保持公正的态度,特别要防止"晕轮效应",避免受成见的影响。

(6)注意测试的保密。对测试的保密主要有两方面:一方面是对测试内容的保密。心理测试的内容,包括测试器材,是不可以向社会泄露的,也不可以随意让不合适或无关的人员使用,以免使测试失去控制,造成滥用。另一方面是对测试结果的保密。这是具有个人档案机密性的资料,是不应该随便让无关人员甚至当事人知道的。

【范例】 某女士职业能力测评

猎头顾问对某女士的管理职业能力倾向进行了测评。管理职业能力倾向测评包含言语理解能力、数学分析能力、抽象推理能力、逻辑推理能力、观察能力5个亚指标。各项要素评价如下。

言语理解能力

言语表达和理解能力较好,能比较准确地理解词语的意义;言语具有一定的流畅性,能比较正确地表达自己的思想感情,能理解他人的言语,运用言语表达思想的能力较好。

数学分析能力

对数字具有一定的敏感性,能对数字进行推理;理解和把握数量之间关系的能力中等,能概括数学材料,基本上能找出其变化规律,能进行基本运算,明智地处理数量材料的能力中等。

抽象推理能力

能理解并把握事物之间的内在联系,具有一定的认识并利用抽象关系的能力;对事物变化规律具有一定的敏感性,解决高度抽象问题的能力中等。

逻辑推理能力

思维具有一定的敏锐性,思路清晰程度尚可,有一定的逻辑条理性以及概括、分析、判断和推理能力;能较快地解决问题,能从一般信息中得出结论;能认识、理解、分析事物之间的一般关系,能推究事理。

观察能力

观察时有一定的目的性、组织性,基本能把握事物的特征或关系;观察时不太讲究策略,感知与储存新信息的能力较好,识别事物较快,有时会忽略事物的重要细节。

表 5-2　　　　　　　　　　管理职业能力倾向测评要素分值

测评要素	分值
言语理解能力	80.00
数学分析能力	78.00
抽象推理能力	78.00
逻辑推理能力	94.00
观察能力	78.00

 结构化面试

结构化面试是一种事先经过精心设计,在特定的环境、时间、地点、情境下对参加面试的应试者的知识、能力、素质等多个方面进行考察的面试。面试考官听其言、观其行、察其色、析其因、觉其征和推其质。结构化面试主要是以语言的形式以及意义不明确的体态动作为中介,推测出应试者内在的本质、潜在的和显在的素质、能力特征。这种推断既是必要的又是可能的,具有相当高的可靠性与合理性。

在党政机关和大型企事业单位进行猎头服务时会常用到结构化面试。一般是猎头机构按照每一职位推荐 3 名以上候选人,用人单位组织领导和相关专家组成评委团,对人才进行结构化面试,评定一定的分数,加上组织考核(或背景调查),提交一定的会议研究确定。

1. 结构化面试的特点

(1) 面试问题多种多样(围绕职位和条件要求设计各种问题);

(2) 测评要素结构化(测评要素标准统一);

(3) 评分标准结构化(优、良、中、差与分值的量化);

(4) 评委结构化(5~9名评委,科学配置专业等);

(5) 面试程序结构化(确定身份到退场全部程序是统一标准、统一程序);

(6) 时间安排结构化(每一位面试者的时间分配统一)。

总之,结构化面试具有内容确定、程序严谨、评分标准等特点。

2. 结构化面试的评价要素

(1) 综合分析能力:通过分析与综合、归纳与概括、判断与推理,揭示事物的内在联系、本质特征及变化规律的能力。

(2) 言语表达能力:清楚、流畅、准确地表达自己的思想和观点的能力。

(3) 组织协调能力:围绕工作任务,对人、财、物等资源进行合理配置,协调各方面的关系,保证工作顺利完成的能力。

(4) 人际沟通能力:通过情感、态度、思想、观点的交流,建立良好协作关系的能力。

(5) 决策能力:面临问题和机遇,及时准确地进行分析、判断,并作出科学决断的能力。

(6) 创新能力:发现新问题、产生新思路、提出新观点和找出新办法的能力。

(7) 应变能力:面对变化的情况和突发事件,迅速作出反应,采取适当方法和措施予以妥善解决的能力。

(8) 激励能力:依据人的行为活动规律,采取有效的方法,充分调动和发挥人的工作积极性的能力。

（9）选拔职位需要的特殊能力：该测评要素根据选拔职位的特殊要求，经职位分析确定。

（10）个性特征：应试者表现出来的气质风度、情绪稳定性、责任心、自信心、成就动机、自我认知等特征。

3. 结构化面试的流程

结构化面试的操作流程分为三大阶段共九个步骤。三个阶段为候考阶段、测试阶段、评价阶段。九个步骤如下。

（1）对应试者进行身份确认。工作人员在候考室对应试者进行身份确认，即检查身份证、面试通知等。

（2）应试者抽签排出面试顺序。即以抽签形式确定应试者应试的先后顺序，并依次登记考号、姓名。这样一方面体现了面试的公平性，另一方面让考生根据自己的顺序，调整好应试心态。

（3）考务人员宣布规则。工作人员讲解面试的整体计划安排、注意事项和考场纪律。

（4）应试者入场。由引导员带领应试者依次进入面试考场，并通知下一名应试者准备。引导人员将应试者从候考室带入面试室的过程，即应试者从候考状态转换为面试状态的过程。

（5）主考官宣读指导语。主考官首先与应试者依次进行简短的寒暄交谈，以缓解应试者的紧张情绪，然后进入测试阶段。主考官宣读指导语，交代提问问题的数量、回答顺序及回答时间，使应试者做到心中有数。

（6）主考官提问，应试者回答问题。主考官逐题发问，应试者依次听题并回答提问。这是面试环节的主体和关键步骤。

（7）考官追问。按照结构化面试的设计安排，考官可以对应试者进行追问。应试者回答完毕后，主考官向应试者表示感谢，应试者离场，面试进入评价阶段。

（8）考官独立评分。结构化面试中测评要素、测评标准都是结构化的，每个考官根据测试题目的出题思路、观察要点及参考答案进行独立评分，并签字。

（9）考务人员统计评分结果并存档。工作人员收集每位考官的面试评分表交给记分员，记分员在监督员的监督下统计面试得分，并填入结构化面试成绩汇总表。主考官以及记分员、监督员在面试成绩汇总表上签字，最后将所有记录存档。

三 无领导小组讨论

单位高管最重要的工作内容之一是研究、讨论问题，是在与他人的沟通与协调中达成一致并完成工作目标。无领导小组讨论是要求一组应试者（一般5~7人）在不指定组长（领导）的情况下，围绕给定的问题展开讨论。考官根据应试者在讨论中的言语、行为表现，对其相关能力和个性特征作出相应的评价。

1. 无领导小组讨论的优点

（1）能测试出笔试和单一面试所不能检测出的能力或者素质；

（2）能观察到应试者之间的相互作用；

（3）能依据应试者的行为特征对其进行更加全面、合理的评价；

（4）能够涉及应试者的多种能力要素和个性特质；

（5）能使应试者在相对无意之中暴露自己各个方面的特点，因此对预测真实团队中的行为有很高的效度；

（6）能使应试者有平等的发挥机会，从而很快地表现出个体上的差异；

（7）能节省时间，并且能对竞争同一岗位的应试者的表现进行同时比较（横向对比）；

（8）应用范围广，能应用于非技术领域、技术领域、管理领域和其他专业领域等。

2. 无领导小组讨论的缺点

（1）对测试题目的要求较高；

（2）对考官的评分技术要求较高，考官应该接受专门的培训；

（3）对应试者的评价易受考官各个方面特别是主观意见的影响（如偏见和误解），从而导致考官对应试者评价结果的不一致；

（4）应试者存在做戏、表演或者伪装的可能性；

（5）指定角色的随意性，可能导致应试者之间地位的不平等；

（6）应试者的经验可以影响其能力的真正表现。

3. 无领导小组讨论的操作流程

无领导小组讨论的操作流程分为预备阶段、讨论阶段和评价阶段。具体步骤如下。

（1）对应试者进行身份确认。工作人员在候考室对应试者进行身份确认，即检查身份证、准考证、面试通知等。无领导小组讨论还必须根据讨论的要求将应试者分成若干个小组（一般每组5~7人），排出应试者讨论时间表，并依次将应试者分组带进考场。应试者落座后，考官应对他们的编号、姓名、座位进行核对确认。

（2）宣布规则。由考官向应试者简单介绍本次讨论所要完成的任务，宣布考场纪律等。

（3）主考官根据需要对参加小组讨论的人员进行角色的随机分派。在无领导小组讨论中，考官可以根据题目事先设计的需要，给参加讨论的每一名应试者随机指定角色，即有角色的无领导小组讨论。在无领导小组讨论中，应试者在讨论问题的情境中地位都是平等的。

（4）发放资料。主考官给应试者发放讨论所需的资料，一般包括讨论的题目、草稿纸、笔等。

(5）宣读指导语。由主考官宣读指导语，宣布无领导小组讨论的要求、程序、时限和目标。该步骤对于应试者把握讨论宗旨、挖掘材料内涵、严守讨论程序尤为重要。

（6）准备时间。一般情况下，应试者可以有 5 分钟左右的时间进行独立思考，并列出发言提纲，为自己下一阶段的讨论发言做好准备。

（7）自由讨论。应试者既可以阐明自己的观点，也可以支持或反对他人的观点，同时还可以对自己或他人的观点进行总结。讨论发言的先后顺序可以根据自己准备的材料性质、自我个性特点及发言时机等因素自行决定。考官对照评分表中所列观察要点仔细观察、倾听和记录应试者在讨论中的表现。有些无领导小组讨论还要求应试者推荐或自荐一人进行总结汇报，其他人进行补充。考官可对应试者的汇报进行质疑，应试者给予答辩。讨论时间一般为 1 小时左右。

（8）考官评分。讨论进行到规定结束时间，主考官宣布讨论结束，应试者退场。考官对自己的观察、记录进行整理并判定成绩。若遇特殊情况，考官们也可以在最后评分前对应试者在讨论过程中的表现进行讨论。

（9）考务人员统计评分结果并存档。工作人员收集每位考官的评分表交给记分员，记分员在监督员的监督下统计得分，并填入成绩汇总表。主考官以及记分员、监督员在成绩汇总表上签字，最后将所有记录存档。

表 5-3　××国家级高新开发区管委会中层选聘无领导小组讨论评价表

素质名称	素质剖面及对应分值		评价
1. 分析能力（20 分）	全面收集信息	(5)	
	广泛参考各种信息	(4)	
	深入挖掘所有信息	(5)	
	使用科学分析方法	(3)	
	进行结构性推理	(3)	

续表

素质名称	素质剖面及对应分值		评　价
2. 协调能力 （20分）	主动承担协调责任	(5)	
	发现部门或个人利益诉求	(6)	
	积极斡旋对立各方	(3)	
	寻找各方接受的方案	(3)	
	灵活促进各方对话	(3)	
3. 团队合作能力 （30分）	关注任务目标	(7)	
	邀请他人	(5)	
	主动承担责任	(7)	
	强调内部分工	(7)	
	协调不同意见	(4)	
4. 沟通能力 （20分）	主动交流	(3)	
	倾听（记录）	(3)	
	及时反馈	(3)	
	把握机会	(2)	
	运用技巧	(3)	
	口头表达流畅	(3)	
	措辞准确	(3)	
5. 组织能力 （10分）	能主动发言，且组织他人发言	(4)	
	及时纠正跑题	(3)	
	发言能综合他人意见，概括总结	(3)	

四 公文筐测验

公文筐测验比较适合党政机关和大型企事业单位高端职位的猎头服务项目。猎头顾问按照每一职位推荐3名以上候选人，测评工作者（或猎头顾问）将用人单位的文件或资料略作整理提炼，直接送候选人批阅或处理。这种测试更有针对性，专家评委或领导对候选人的批阅与处理评定出一定的成绩，经过组织考核或背景调查，用人单位提交一定的会议确定人选，这样比较符合这些单位选人用人程序和规定的要求。

公文筐测验是要求应试者在规定时间内对各种与特定领导工作范围内有关的文件、报表、信件、邮件、微信、电话记录等公文进行处理。考官根据应试者处理公文的方式、方法、结果等情况，对其相关能力和个性特征作出相应的评价。公文筐测试的关键是模拟目标职位的实际工作，设计和编制适宜的测试文件。一方面，用于测试的文件要能够代表和反映目标职位的工作内容；另一方面，这些文件既要涵盖一定的工作范围，特别是要反映重要的工作任务，又是候选人能够在规定时间内完成的。

1. 公文筐测验的主要特点

（1）实战性：公文筐测验的所有题目均来自管理工作的实践，是基于高级管理人员的特点设计的，自然也最符合高级管理者的职位特点、职责内涵。

（2）仿真性：公文筐测验力求模拟目标职位现实中真实发生的管理情境，让被测人员扮演目标职位管理者的角色，对实际解决问题具有高度似真性。

（3）机动性：公文筐测验可以根据不同目标职位的特点、所面临的难题和困境以及需要评价的测评要素有针对性地编制题目，内容灵活多变。

2. 公文筐测验的操作程序

公文筐测验的操作程序分为预备阶段、处理阶段和评价阶段。具体步骤如下。

（1）对应试者进行身份确认。工作人员在候考室对应试者进行身份确认，即检查身份证、准考证、面试通知等。公文筐测验既可用于个体施测，也可用于团体施测。竞争同一职位或使用同一试题的应试者必须同一时间入场测验。

（2）考务人员宣布规则。这里所说的考试规则，是指公文筐的整体计划安排、注意事项和考场纪律等原则问题。

（3）考官向应试者发放材料。材料包括提供给应试者的背景资料和待处理的各种测验材料以及答题纸。答题纸专供应试者撰写公文材料处理意见，或回答指定的问题。考官评分时只对答题纸上的内容进行评分。给每个应试者的测验材料和答题纸事先要编上序号。

（4）主考官宣读指导语，对测验要求作简要介绍，同时强调有关事项。应试者对测验指导语完全理解后，才可开始阅读有关资料。阅读时间一般为10分钟。

（5）应试者在给定时间内完成规定的任务。应试者根据测验要求处理公文。处理时可按照应试者自己的意愿按轻重缓急进行分类处理，写明处理意见或处理措施。公文处理时间根据公文数量的多少而长短不一，一般在1~3小时。

（6）考官根据需要进行讨论。应试者处理公文完毕后，考官对应试者的作答情况进行粗略评价，或在现场翻看答题纸，或互相讨论，以便决定是否需要对应试者进行提问。

（7）考官根据需要对应试者进行提问。应试者的作答模糊不清或有其他情况时，考官可以对应试者进行提问，以弄清应试者对公文处理的意见和处理办法。

（8）考官独立评分。考官通过分析应试者的公文处理意见以及应试者对考官提问回答的情况，独立为每位应试者评定测试成绩。

（9）考务人员统计评分结果并存档。工作人员收集每位考官的评分表交给记分员，记分员在监督员的监督下统计得分，并填入成绩汇总表。主考官、记分员、监督员在成绩汇总表上签字，最后将所有记录存档。

五 角色扮演

高管对目标职位的角色认识是其能否胜任目标职位的一个重要因素。角色扮演是要求应试者扮演某一领导角色，在特定的工作情境中对一系列人际关系和工作问题进行处理。考官根据应试者的言语、行为表现，对其相关能力和个性特征作出相应的评价。

角色扮演测试在猎头服务过程中运用比较困难，但用好了更有针对性，更容易对人才进行全面评估。如寻访营销高管，可以让候选人作一个营销讲座，然后设计一些问题进行互动交流。或让他召开一个客户座谈会，让"客户"提出若干问题或难题，由他解答或处理。生产制造高管则可以在讲座的基础上，解答和处理若干生产、设计、设备等方面的问题和难题。角色扮演测试的难点是组织者的设计。

1. 角色扮演的优点

（1）角色扮演是一项参与性的活动。可以充分调动受试者参与的积极性。为了获得较高的评价，受试者一定会充分表现自我，施展自己的才华。角色扮演是明确的、有目的的活动，受试者都知道怎样扮演指定的角色。在扮演过程中，受试者会抱有浓厚的兴趣，并带有一些娱乐性功能。

（2）角色扮演具有高度的灵活性。从测评的角度看，角色扮演的形式和内容是丰富多样的，为了达到测评的目的，主试者可以根据需要设计测试主题、场景。在主试者的要求下，受试者的表现也是灵活的。主试者不会把受试者限制在有限的空间里，否则不利于受试者真正水平的发挥。

（3）角色扮演是在模拟状态下进行的，因此受试者或角色扮演者在作出决策行为时可以尽可能地按照自己的意愿去完成，不必考虑在实际工作中决策失败会带来工作绩效的下降等问题，它是一种可反馈的、反复的行为。受试者或角色扮演者只要认真地扮演好角色就行，没必要为自己的行为担心，因为这只是角色扮演行为，其产生的影响可以控制在一定的范围内，不会造成不良影响，也没必要在意他人的看法。

（4）角色扮演过程中，需要角色之间的配合、交流，因此可以增加角色之间的感情交流，培养人们的沟通、自我表达、相互认知等社会交往能力。

2. 角色扮演的缺点

（1）如果没有精湛的设计能力，在设计上可能会出现简单化、表面化和虚假人工化等现象。这无疑会造成对效果的直接影响。在设计测评受试者角色扮演场景时，由于设计不合理，设计的场景与测评的内容不符，就会使受试者摸不着头脑，更谈不上测出受试者的能力水平来。

（2）有时扮演者由于自身的特点不乐意接受角色扮演的形式，而又没有明确地拒绝，其结果是在过程中不能够充分地表现出他们自己。在测评的过程中，由于受试者参与意识不强，没有完全进入角色，就不能测出受试者的真实情况。

（3）对某些人来说，在接受角色扮演时，会表现出刻板的模仿行为和模式化行为，而不是反映他们自身的特征。这样，他们的角色扮演就如同演戏一样。在受试者角色扮演测评中，如果受试者也表现得古板或行为模式化，测评就失去其意义。

（4）由于角色扮演时大多数情况有第三者存在，这些人或是同时接受角色扮演的人，或是评价者，或是参观者，自然的交互影响会产生于受试者和参观者之间，这些影响是很微妙的，绝不容忽视。

（5）有些角色扮演活动是以团队合作为宗旨的，但在有些时候可能会出现过度地突出个人的情况，这也是角色扮演中很难避免的，而一旦某个人表现得太富于个性化，就会影响团队的整体合作性。

3. 角色扮演的操作程序

角色扮演的操作程序分为预备阶段、扮演阶段和评价阶段。具体步骤如下。

（1）身份确认。工作人员在候考室对应试者进行身份确认，即检查身份证、准考证、面试通知等。

（2）宣布规则。工作人员讲解角色扮演的整体计划安排、注意事项及考场纪律和要求。

（3）角色说明。考官向应试者提出具体的角色要求，应试者接受角色，进入状态。

（4）宣读指导语。主考官对角色扮演的具体要求以及应试者各自的角色任务作简单介绍，同时强调有关事项，要求每位应试者对扮演要求完全理解，并能够互相配合、进入角色，共同去完成扮演任务。

（5）应试者完成规定的任务。一般情况下，要求应试者扮演某一角色或多名应试者同时扮演不同角色，单独完成或共同完成某项任务。角色的扮演通常应持续10分钟。

（6）考官进行讨论。如果有必要，考官在对应试者的行为表现进行评分前，可以开展讨论，以维护评价的客观公正。尤其是当某个人的角色扮演太富个性化，影响到团队的整体合作及其他人的表现时，评分前的讨论十分必要。

（7）考官评分。考官通过观察、归纳、评判应试者行为，独立为每位应试者打分，并形成测评报告。

（8）统计评分结果并存档。工作人员收集每位考官的评分表交给记分员，记分员在监督员的监督下统计得分，并填入成绩汇总表。主考官以及记分员、监督员在成绩汇总表上签字，最后将所有记录存档。

六 笔试

笔试是一种采用纸笔测验的测评形式，是人才测评的工具之一，是对应试者的知识广度、深度和知识结构进行测评的一种方法。它采取统一命题、统一考试的方式，测试应试者胜任工作所必须具备的基本知识、基本素质，和运用有关基本理论、基本知识、基本方法分析解决工作中实际问题的能力。笔试历来因其公平、简便、迅速的特点而被广泛采用，但猎头服务过程中很少使用这种测试方式。

1. 笔试的优点

（1）公平：为被测者提供平等的竞争机会。

（2）经济：同时测验大批的应试者，节省时间，成本低。

（3）客观：试卷密封，阅卷客观。

（4）广博：一张试卷信息量大，考查不同方面的知识的广度和深度。

（5）简便：不需要特殊的仪器、专业人才等，有时采用机器阅卷。

2. 笔试的缺点

（1）难以测试实际操作能力，容易使被试者机械记忆。

（2）试题可能不科学，特别是一些怪题、偏题的出现不能体现被试者的实际能力。

（3）阅卷可能不够客观，阅卷人员素质的高低使他们对试卷的评判会出现偏差。

（4）没有可比性，试卷的内容是针对某一项内容设计的，不同的考试内容无法进行比较，很难建立一个常规的试题模式。

3. 笔试流程

（1）确认身份。考务人员对参考人员进行身份确认，即检查应试者的身份证、准考证、座位号等，实行对号入座。

（2）宣布规则。考官宣布笔试考务安排注意事项和考场纪律要求等。

（3）发考卷。考官向应试者发放考卷和有关资料材料。

（4）考生答题。应试者应在给定时间内完成试卷答题。

（5）考官评卷。专家对考生考卷进行评定。

（6）统分和归档。工作人员对每位考官的评分进行核对，记分员在监督员的监督下统计笔试得分，并填入笔试成绩汇总表。主考官以及记分员、监督员在笔试成绩汇总表上签字，最后将所有记录存档。

背景调查读人

背景调查是指通过证明人或原单位人力部门的调查、了解，来核实候选人的个人情况的行为，是一种能直接证明候选人情况的有效方法。背景调查既可在深入面试之前，也可在其后进行。深入细致的背景调查将花费一定的时间和财力，但对高层职位、重要职位应做好深入细致的背景调查。

通过背景调查，可以证实候选人的教育和工作经历、个人品质、交往能力、工作能力等信息。简而言之，背景调查就是通过第三者对候选人提供的入职条件和胜任能力等相关信息进行核实验证的一种方法。

背景调查的方式：电话调查、问卷调查、面谈调查、信函调查、网上调查等。常用的是电话调查和面谈调查。

一 背景调查的前期准备工作

（1）确定调查对象与范围。猎头顾问事先请候选人提供原单位人力资源部以及其所在部门领导、同事、下属的联系方式，或猎头顾问通过人才库、人脉关系、相关猎头机构等方式寻找候选人的证明人和联系方式，准备好足够的证明人资料，以便后期调查顺利进行。

（2）制定背景调查提纲。猎头顾问结合岗位和候选人的简历，确定背景调查的主要内容，草拟背景调查提纲。

（3）设计好背景调查报告模板。在调查过程中要做好详细的调查记录、录音、录像等，同时避免遗漏某些重要信息。

（4）提前与候选人沟通交流。如果了解候选人现单位的直接上级领导，应提前征求候选人的同意，防止出现失误，影响候选人继续在现单位工作。

（5）确定证明人。背景调查的正式证明人要两人以上，电话核实也要两人以上，可在面谈交流时保留候选人提供的证明人的电话号码和证明人的姓名与职务，或候选人简历中的证明人，也可以让候选人提供证明人。背景调查的非正式证明人要两人以上，可以是行业的专家或比较了解人才的证明人，但不一定是候选人提供的。

二 背景调查的组织实施

（1）学历信息调查。可以通过中国就业网进行查询。通常毕业证书上印有"高等"或"高校"两字的学历都是可以使用该网站查询的。需要注意的是，中国就业网仅可查询1990年以后的学历，之前的可用候选人提供的学历证书副本，联系学校档案馆进行查询，但需缴纳查询费用。

（2）资格认证调查。市场上的资格认证琳琅满目，只有少部分可以通过网络查询，其他资格认证需要候选人提供证书副本，通过信函或电话查询认证机构。

（3）工作经历、工作职位、工作业绩的调查。需要结合前期设计的问题，对候选人提供的证明人以及猎头顾问自己寻找的证明人进行电话访问，或面谈询问，并结合证明人所在的部门特点确定访问重点。人力资源部门通常会比较谨慎，访问中核实候选人的入离职时间、职位、违纪违规记录即可，当然也可顺带询问离职原因，及对新用人单位有什么建议等，多数情况下能得到很有价值的信息。要注意核实公司性质，确认候选人的职位是隶属集团总部或分公司。防止候选人将分公司或无集团性质的公司描述成集团，以夸大自己的职责范围。访问候选人所在部门的同事时,着重了解候选人的工作表现方面,如工作能力、性格、人际关系、团队合作、职业操守、离职原因等方面。特别需要注意问话方式,避免以面试的语气与对方沟通。尽量将需要了解的问题进行拆分,以避免对方使用较中性词汇简短概括,并建议对方以举例形式回答。除此之外,可使用一些特殊问题,如请对方基于候选人的工作表现进行评分,这通常不会出现满分,此时可就势询问候选人被扣分的原因,是否需要一些改进,也许会有意外的收获。在可能的情况下,分别与候选人原上级、下级、平级,或工作接触最多的其他部门同事和客户进行沟通,以便从多个角度了解候选人的工作表现,并增加其客观性。

切忌用组织考察的方式对候选人做背景调查。记得2009年某市政府所属正县级事业单位通过猎头公司寻访一位高级管理人才。猎头机构按照惯例为其推荐了三名候选人,因该事业单位要求不能隐瞒单位和联系方式,猎头机构即按其要求提供了这些信息。该单位的组织部门在没有通知猎头机构的情况下,组织了宣传、纪检、组织等部门的相关领导一行六人,手持单位介绍信到某用人单位进行规范的组织考察,遭到了该用人单位的拒绝,其单位主要领导还对人才进行了严厉的批评。本例中,该事业单位只强调选人用人程序的规定,没注意方式方法,结果既引不来人才,又让人才很被动,也让猎头机构很被动。

三 调查资料的分析与整理

猎头顾问要对背景调查过程中了解到的信息和资料进行整理、对比和分析,也就是将每位证明人对同一问题给出的评价进行逻辑性判断。一般情况是上级给出的评价较为严谨,同级的评价较为灵活,而下级的评价较为苛刻;关系较好的评价赞扬的多,关系一般的多是空洞的评价,关系不好的一种是缺点多,另一种是一点不说或拒绝评价。因此猎头顾问对背景调查得到的各种信息，要认真分析、比较、核实，并加以总结和概括，确保背景调查报告真实、准确。

四　背景调查提纲的范围

（1）确认候选人的文化教育程度。

（2）调阅候选人个人档案（资料多数不全）。

（3）核实推荐信（电话核实推荐信：我们要用此人，请问有什么告诫的或提醒的，你能否把此人再次招聘过来）。

（4）明确候选人和证明人的关系。

（5）了解候选人的特点。

（6）请证明人描述候选人的个性特征、交际能力。

（7）了解用什么方式能更好地调动候选人的积极性。

（8）了解候选人的为人处世风格。

（9）了解候选人是否受到他人的尊敬。

（10）了解候选人的管理、技术等相关情况，如智慧如何，有何技术特长，沟通能力如何等。

（11）了解候选人的管理能力，如对时间、任务、人的管理水平；候选人的沟通能力；候选人的计划、委任和控制能力。

（12）了解候选人的主要工作成绩情况，如给单位作出的贡献，突出的业绩表现是什么等。

（13）了解候选人的弱点及潜力情况，如对新雇主有何忠告和建议，在什么情况下可以大胆使用。

（14）了解候选人的适应能力，如对环境适应是快还是慢，对岗位适应力怎样。

（15）了解候选人的个人习惯。

(16) 了解候选人的决策力和潜力如何。

(17) 了解候选人的离职原因（要提前与候选人沟通好，通过背景调查了解其离职原因是否有问题）。

(18) 询问单位是否愿意与候选人再次合作等。

五 起草候选人背景调查报告

候选人背景调查报告要在对调查资料和材料、证人、证言的充分分析、核实的基础上进行，调查报告内容要包括：被调查人情况的介绍、调查的内容、核实的内容、对候选人的评价等。

【案例1】 某高新企业（上市公司）执行总裁周某背景调查情况

2017年8月，老猎手为某高新技术企业（上市公司）寻访执行总裁，经过艰苦寻访，向企业推荐了某集团执行总裁周某。企业董事长与周某经过4轮长时间交流，双方初步商定10月底到岗。为了谨慎从事，老猎手对周某进行了深入的背景调查。

背景调查第一步，确定证明人。猎头顾问让周某推荐了两位证明人，一是某企业集团人力资源总监张某，二是某集团董事长助理兼财务总监杨某。猎头顾问通过各种关系，也选定了两位证明人，一是某集团副总裁倪某，二是某集团常务副总裁丁某（已离职）。

背景调查第二步，与周某推荐的两位证明人进行电话交流。通过电话沟通交流，这两位证明人均认为周某工作思路清晰，考虑问题周全，知识面广，有较强的理论素养，计划性强，工作节奏快，雷厉风行，擅长人力资源管理、营销管理、生产管理和财务管理，等等。猎头顾问还追问了周某有什么不足，对新雇主有什么建议，是否发现其经济和信用等方面的问题等，均反映较好。

背景调查第三步，猎头顾问与某集团倪总见面交流，倪总既是我们的证明人，也是另一职位的候选人。2017年10月10日晚猎头顾问约倪总在他参加会议的义乌某五星级酒店交流。猎头顾问与倪总交流了3个多小时，全面了解了倪总的情况、管理能力、管理风格、知识面等。最后猎头顾问向倪总了解周某的情况，他否认与周某共过事。顾问拿出他们二人的简历进行核对，从简历上看，他们应该有一年多的时间在一起共事。倪总经过认真回忆，说："我在集团任职期间肯定没有与这位周某共过事，你们可再了解了解。"

背景调查第四步，核实证书和相关情况。老猎手在核实周某各种资料的同时，注意核实了周某的信用情况。猎头顾问在约周某第二次交流购买高铁票时，发现周某被限制购票。周某解释为因某直辖市主要领导被中纪委审查，他所在的企业也受到了牵连，他作为企业高管也被限制出京，高铁票就不让买了，而是由其秘书帮助解决。猎头顾问经过核实发现，周某是因为与前妻离婚，有抚养子女的能力，但未按时支付抚养费，所以被法院列为失信人，限制其坐飞机和高铁等高消费。

背景调查第五步，猎头顾问约某集团常务副总裁丁总交流。2017年10月11日上午9点多，老猎手发短信给丁总："丁总您好！我是老猎手郑孝领，您认识某集团周某吗？"丁总回复："认识，垃圾一个。"接着，老猎手接通了丁总的电话。经核实，丁总与周某在某集团共事2年多时间，丁总是集团常务副总裁，周某是董事长助理，从来没有任过集团执行总裁职务。后来周某因生活作风等问题，被集团解职。为了进一步确认该证明人所述情况的真实性，老猎手又电话联系该集团人力资源部，并与其人力总监攀上了老乡，最后他向老猎手讲述了真实情况。原来周某知道猎头顾问要对其进行背景调查，提前找到人力资源部和财务部的两位证明人，要求他们统一口径，帮助说说好话。

> 经过背景调查核实,周某简历造假,其在该集团工作时间为2年多,却写成5年多;职务是董事长助理却写成了执行总裁,且用印制的假名片和集团组织机构图来证明其职务与分工。其信用也有问题,一方面是不能尽应尽的抚养义务,另一方面是因生活作风问题被单位解职。

【案例2】 关于××先生背景调查报告

2005年10月8日至9日,我们对××先生的学历、年龄、工作经历、工作业绩进行了调查了解与核实,具体情况如下。

一、背景调查的访谈人员情况

胡×× ××设计研究院党委书记、副院长

程×× 市××高层人才评荐中心主任

韩×× 省××科学研究院人力资源部原招聘主管

现市××投资管理有限公司副总经理

冯×× 省××科学研究院办公室原主任

张×× ××交通科学研究院原人力资源部主任

二、调查的主要内容

(1)个人特点;(2)交际沟通能力;(3)为人处世特点;(4)管理能力;(5)适应能力;(6)个人习惯;(7)学历和工作业绩;(8)主要不足等。

三、调查核实的个人基本情况

通过调查核实,该同志个人基本情况如下:

姓名:××

出生日期:1963年×月×日

性别:男

身份证号：××

婚姻状况：已婚

户口所在地：××

政治面貌：××

学历：本科

毕业院校专业：××大学道桥专业

四、调查核实的工作经历和职务

通过调查核实了解，该同志所任职位属实，离职原因正常、可信。调查核实的工作经历和职务如下：

1985.07~2002.01　　××设计研究院

　　　　　　　　　　担任工程师、高工、专业负责人、人力资源部副部长

2002.02~2003.10　　××工程股份有限公司

　　　　　　　　　　担任人力资源部总经理

2003.11~2005.03　　省××科学研究院

　　　　　　　　　　担任副董事、副院长、董事会秘书

2005.03 至今　　清华 EMBA 学习

五、调查核实的离职原因

2002年元月，由××设计研究院到××工程股份有限公司，是单位委派。××设计研究院是××工程股份有限公司的母公司。

2003年10月由××股份有限公司到省××科学研究院有限公司，是为了追求个人的发展空间。

2005年3月从省××科学研究院有限公司离开，是被动离开的，个人认为是在研究院工作不能完全施展自己的才华和能力。

六、调查核实的工作业绩

大学毕业后分配到××设计研究院,这期间先后担任过工艺所总图组技术员、助工、团委书记,计划经营处、改革办公室成员,工艺所总图组工程师、组长,人事部副部长并主持工作。1997年评为高级工程师,同年院综合考评中被评为优秀。曾负责过国内外30多个大中型企业的总体规划、选址、总平面设计,并参与施工、监理、验收。

1995年参加了市××委员会副主任公开招聘,进入四选一组织考察阶段。

2002年2月在××工程股份公司担任人力资源部总经理,主持建立集团公司人力资源管理体系;负责集团公司和分(子)公司高管人员的工作目标设定和考核激励设置,并组织实施、考核、兑现工作。

2003年11月,在省××科学研究院任副院长,分管办公室、人力资源部、发展部,兼董事会秘书。在集团公司董事会层面曾分管战略、提名、薪酬、审计、考核和秘书处等工作,主持中层以上核心骨干的年度工作目标制定、考核标准、激励水平等工作,对考核结果、兑现负责。在集团公司经营管理团队层面曾分管分(子)公司管理、兼并购管理、计划管理、企业文化管理、制度流程管理、人力资源管理、信息管理、知识管理、办公室管理、行政后勤管理、基建管理等。作为项目总监与国际一流咨询公司合作,制定发展战略、企业文化、组织架构、制度流程、人力资源、知识管理体系等。主持大规模招聘核心骨干人才和个性化招聘考察经营管理团队成员。

2002年6月至今,在省建设厅、市建委担任工程建设评审专家。

七、调查核实的证人谈话摘要

1. 胡××(××设计研究院党委书记、副院长):××的组织能力较强,知识面广。他大学毕业分配到我们院,是从一线技术工作过渡到机关管理工作的。总体来讲,以前他所从事的工作是能胜任的，很敬业，善于学习，有新思想。与上级的沟通没有问题，对下属员工的工作则要求过于严格。遇到问题时喜欢斟酌，左思右想得过多，这样会影响到工作的效率及质量。

2. 程××（市××高层人才评荐中心主任）：我和××是六七年的朋友了，他人品很好，重感情，我认为他适合到外企工作，到国企不适合。

3. 韩××（省××科学研究院人力资源部原招聘主管）：我是2004年1月应聘到研究院的，2005年6月离开了研究院。我认为××院长的工作风格是务实敬业的，对我们要求严格，有时提交给他的报告要被打回来三四次。他考虑问题较细致。我们对他的理念和工作风格是认可的。他擅长对企业未来发展的规划，以及对内部流程、制度、内控、信息化等方面的建设，宏观理念不错。2004年7月我们院与国际知名的咨询公司合作进行人力资源管理的整套咨询，××院长是这个项目的责任人。通过为期半年的咨询，我们都学到了很多人力资源管理的先进理念与知识，掌握了许多世界人力资源管理的信息。不足的是，他考虑问题过细了些，遇到决策问题时考虑过于慎重。

4. 冯××（省××科学研究院办公室原主任）：××院长在院里分管办公室、人力资源部、发展部，我是他招进来的，负责办公室工作。我们工作配合得不错，他有大局观念，挺优秀的。他离开院的原因可能是认为没有很好的舞台让他施展。我认为如果要为一个公司的整体负责，他目前还不能胜任。

5. 张××（××交通科学研究院原人力资源部主任）：（不愿多谈）。

××市××经营者人才公司
××市××人才评价服务中心
2005年10月10日

媒体链接

企业求贤若渴　猎头生意井喷[①]

省城有企业开出 200 万元年薪面向全国"挖"高管

经济环境好转，落地企业骤增，省城高层管理人才成了香饽饽，企业忙于扩展，无暇四处揽才，猎头公司因此生意火爆。鉴于企业需求剧增，今年以来，省城20多家猎头公司难得闲暇，忙于寻觅人才，几乎抽调了所有精英在全国范围内打探。一家猎头公司老总告诉记者，甚至有企业肯出200万元年薪招聘高管。

今年以来猎头生意"井喷"

有资料显示，目前省城每年新落地及新成立企业的数量呈几何倍数递增，近两年增加数量超过万家。大量企业入驻及本地新企业的加盟，使得用人计划中高管人才急剧增加。"合肥一家制造业企业去年刚刚成立，今年又想扩大规模。刚成立时就缺少高管，现在更是雪上加霜。"合肥企业经营者人才公司介绍。一些企业甚至因此导致项目进程受阻。由于众多企业都想在短时间内挖到所需人才，而对高管人才又缺乏了解，因此纷纷求助猎头公司。"今年以来，我们已接到上百个单子，春节后到现在，公司几乎没有一天休息，员工全员出动，在全国各地挖地三尺寻觅人才。"

据了解，目前，省城共有大大小小的猎头公司20多家，受此影响，即使是很小的猎头公司生意也非常火爆。省城一家猎头公司老总告诉记者，去年

[①] 《安徽商报》2010年4月16日A003版，记者：陈酿。

前3个月，他们仅接了10个单子，可今年仅1月就接到30多个单子。顾客主要是本地企业，也有外地企业，以前是猎头公司到企业找单子，现在只要开门，就会有企业上门送单子。

三个行业高管人才最吃香

与去年相比，今年猎头公司揽才的主要目标是哪些人？企业急需的是哪些人？对此，合肥企业经营者人才公司郑孝领介绍，企业人才需求表面看是单纯的人才供求问题，实际上与国家政策及区域发展政策紧密相连。去年合肥猎头们挖的人才多数为房地产人才，原因是去年楼市空前繁荣，人才供求自然趋旺。

不过，今年以来，国家先后对楼市发展发出多个控制过热信号，导致地产类人才需求明显下降。相反，商业地产由于受国家政策影响小，人才需求开始增加。从今年前3个月省城猎头公司的战绩看，商业地产业高管占了很大比例，有的企业甚至指名道姓，要求猎头们想办法将高管挖到自己公司来。

除商业地产外，今年猎头们还重点挖掘制造业高管。这类人才与高级技工有所不同，他们不一定拥有很强的专业技能，却能够用现代的经营理念管理好制造业企业，"这类人才目前合肥本地非常缺，不仅企业缺，人才资源也非常少，因此猎头们大多将目光放到省外"。

此外，与制造业相关的服务企业高管需求也在增加，这些企业包括钢结构企业及承接产业转移的配套服务企业等。与此同时，伴随着国家对自主创新的重视，高科技企业高管也开始走俏，这类人才都拥有高学历，或是业内领导者，或是行业领军者，猎头们想成功挖到人往往需要绞尽脑汁。

要挖人，年薪50万元起步

猎头们出门挖高管，其实不是件容易的事。面对到来的机会，许多高管首先要问的就是薪水。本地企业为增加诱惑力，大多愿意出大价钱。"一般而言，省城大一点猎头公司接到的挖人单子，年薪不会低于50万元，最高的甚至出到200万元，这个单子现在已经有了些眉目。"郑孝领说。

一番讨价还价后，如果被猎者对薪水表示满意，猎头们便开始密集约见高管，商谈具体的人才流动细节，不过，过程一般并不是一帆风顺。企业闻听高管要跳槽，多会先打感情牌，个别企业甚至扯破脸皮进行威胁。

据介绍，目前省城猎头公司挖人的目标多为省外，他们在全国各地建有自己的秘密通道，一旦发现所需人才，就会立即出动，因此猎头们的足迹几乎遍布全国各市。郑孝领介绍，今年以来，他先后去过沈阳、长春，最近还准备前往重庆。出价高，企业挑剔也多。一家猎头公司老总介绍，以前企业所需高管多为技术性人才，随着社会发展，企业发展层次和档次提升，目前企业所需高管多为综合性人才，即一专多能，既是技术高手，又懂现代化经营管理，"这给猎头们增加了不少难度。眼下，如何挖到人，实在让人发愁"。

第 6 章

推荐人才

猎头顾问在推荐中始终坚持的原则是：要为用人单位推荐最合适的人才，宁愿做不成，也决不推荐一个自己认为不合适的人才。

确定推荐候选人名单

哈佛商学院对职业经理人的定义是以企业管理为职业、以企业行政为第一专业、以合同为依据，接受投资者聘用，运用管理和经营手段，使企业产生利润的人。猎头推荐的是职业经理人。猎头顾问通过广泛的人才搜寻，通过简历读人、电话读人、面谈读人、现代测评工具读人及背景调查读人等之后，要根据企业的需要和岗位要求，确定合适的候选人推荐给用人单位。猎头顾问在推荐中要始终坚持的原则是：为用人单位推荐最合适的人才，一定是通过被推荐人的管理和经营，能为企业创造利润的人，宁愿推荐不成，也不推荐一个自己认为不合适或不能给企业创造利润或价值的人才。

一 推荐候选人的依据

猎取人才是现代企业聚才的重要手段。对于被猎者，将其安排在不恰当的岗位是一种错误，但如果对其轻视则是更大的错误。只有让他们成为企业团队的核心或骨干，才能实现企业与人才的双赢，这样才能真正体现以才适岗、人岗匹配的原则。猎头顾问要通过读企业，了解企业需要什么样的人才以及把握与判断企业吸引人才的能力；通过解读老板，明确老板喜欢什么样的人才；通过读职位，知道什么样的人才能胜任该职位；通过简历读人、电话读人、面谈读人、测评工具读人、背景调查读人等评估，全面了解和掌握人才的优势、特长、能力及不足。这时，猎头顾问推荐候选人要根据用人单位的职位说明书和职位胜任力模型的要求，充分分析人才与职位的匹配度，重点把握关键要素指标。也就是说，猎头顾问要重点考虑的是：人才到岗后会遇到什么问题和困难，要解决或克服什么样的重大问题和困难，在寻访的人才中谁能很好地解决或克服这些问题和困难，谁能真正胜任本职位。这要靠猎头顾问的智慧、经验来分析、判断、选择。

选择的依据。据专家研究表明，企业选择高级职业经理人的依据是：①过去的重大表现；②策略性思考能力；③沟通技巧；④配合企业文化；⑤人际相处技巧；⑥改善组织有成；⑦曾出任类似职位；⑧曾有部门管理经验；⑨曾有同业经验；⑩有业务及营销经验；⑪个人魅力与领袖气质；⑫外貌；⑬科技方面的背景；⑭高等学历；⑮海外经验；⑯名校出身等。条件排列在前的权重最高，过去的重大表现排在第一的位置，这说明职业经理人过去的表现、业绩、成就等很重要；另外，职业经理人的策略思考、沟通技巧与能力、企业文化的适应性等也是值得注意参考的重要依据；而高等学历、海外经验等都不是考虑的重点，名校出身更被放在了最后考虑。

实际工作中，党政机关、事业单位、大型国有企业依据的评价指标则是：①综合分析能力；②组织协调能力；③人际沟通能力；④语言表达能力；⑤决策能力；⑥创新能力；⑦应对突发事件能力；⑧个性特征。职位不同评价要素也不同，当然其评价要素的权重也会有所不同。

二 对候选人进行分析比较

猎头顾问通过各种渠道，对人才进行了广泛的搜寻和寻访（有些职位人才搜寻工作可能需要持续不断地进行，直至确认候选人已找到，或人才已经到岗），获得了大量的第一手人才简历和资料；猎头顾问通过对这些人才简历进行分析、筛选和解读，从中挑选出相对符合用人单位岗位要求的候选人；

接着，猎头顾问通过与候选人进行深入广泛的电话沟通交流，从中筛选出较为合适的重点人选；然后，通过对重点人选进行深入细致的面谈交流，并对这些重点人选进行测评和背景调查等。猎头顾问接下来要对人才的解读情况进行认真的整理、筛选、归纳；要对重点候选人进行深入的分析、比较，认真地研究推敲；要重点分析候选人的基本情况、工作经历、工作业绩、教育培训经历、管理能力、专业能力、性格特征、薪酬状况、个人优势和特长等。猎头顾问按照四个能否来比较对照。一是要对人才给予明确评价，重点分析人才的核心能力与职位的匹配度，能否解决职位遇到的问题和困难，即看能否胜任；二是与企业文化是否匹配，能否适应企业文化，即看能否留得住；三是与企业的薪酬待遇是否匹配，人才对待遇的要求与企业的待遇福利能否一致，是否有妥协的余地等，即看能否谈得拢；四是企业的发展目标与人才的发展目标是否匹配，人才的强项和优势是否能得到充分发挥，人才的能力能否促进企业目标的实现，个人的目标能否实现等，即看能否发挥作用。

三 确定推荐候选人名单

猎头的最高境界是追求最合适。猎头要做的是，定义什么是最合适的，哪些是最合适的，说服最合适的人加入最合适的公司。

猎头顾问在确定推荐候选人名单前，猎头项目组应召开推荐人选情况分析会。项目组成员应根据职位胜任力模型的相关指标要求，根据读企业时明确的企业需要什么样的人才，根据读老板时明确的老板喜欢什么样的人才，也应根据读职位时明确的什么样的人才能胜任职位的要求。对人才深入访谈的资料和记录进行深入分析，对现代测评工具测评的人才测评报告进行认真分析，对背景调查情况和资料进行深入分析，然后按照对候选人的综合评价情况，集思广益，充分交流，通过对候选人与职位要求的反复对照、比较、分析，权衡各种利弊得失，从中确定推荐给用人单位的候选人名单。用人单位如果是猎头公司长期服务的客户，猎头顾问还可以将重点候选人的情况向用人单位负责人简要介绍，听取他们对准备推荐人选的初步意见，然后确定正式的推荐候选人名单。

老猎手提醒确定推荐名单时应注意的四个事项：一是猎头顾问推荐的每一位候选人都应该是合适的，任何一位候选人到岗后都应该是称职的。猎头顾问应坚持宁愿做不成，也决不推荐一位自己认为不合适的人选。二是猎头顾问推荐的每一位人选都应该具备胜任职位的能力和要求，不能胜任的人选推荐了也会被用人单位淘汰，即使在面试中没有被淘汰，在实际工作中也会被淘汰。三是猎头顾问推荐人选要有一个排序，放在第一位的应该是猎头顾问认为最合适的人选，以体现猎头机构的专业与职业。四是猎头顾问一定要本着对被推荐人才负责、对用人单位和职位负责的精神，谨慎、慎重地推荐候选人。千万不要为了凑数，不要因为答应用人单位的时间到了，将不该推荐的人推荐给用人单位。猎头顾问一定要确保推荐人才的质量和准确性。

四 撰写推荐报告

猎头顾问根据推荐人选简历、访谈报告、测评报告、调查报告进行整理，形成职位人选推荐报告。候选人推荐报告包括：个人基本情况、工作经历、工作业绩、教育培训经历、自我评价、猎头顾问评价和推荐人选各种资料的附件等。

推荐报告应重点介绍对职位要求的理解、人才搜寻、访谈交流、背景调查、人才筛选等经过，以及猎头顾问想告知用人单位的相关问题等，具体见案例一、案例二。

推荐给用人单位的候选人资料，要能反映出人才的特征、特长和优势，要为候选人保密，需要隐掉一些容易泄密的关键词语。一是要隐掉姓名，或只保留姓氏称某某先生或女士，如张先生或李女士；二是要隐掉工作单位，至少要隐掉最近一至二个工作单位的名称，一般称某某单位，如安徽某某大型机械制造企业或南京某某房产集团等；三是要隐掉联系方式，包括电话、信箱、QQ等；四是要注意隐掉其他易于泄密的地方。

【案例1】 关于推荐××市职教中心校长候选人的报告

尊敬的××领导：

我们非常高兴能与您多次见面交流和电话交流，并非常感谢您向我们介绍了××职教中心学校的情况和未来发展，以及聘请中心校长的相关事宜，在此我们提交一份有关本公司寻访××市职教中心校长的方法、寻访经过、人才评估、背景调查和推荐所需人才的基本情况、工作经历、教育经历的资料。

岗位名称

××市职教中心校长（正县级）。

职位及要求

具有教育等相关专业全日制大学本科以上学历；年龄在48周岁以下（1964年5月31日以后出生）；具有副高以上专业技术职称；具有高中或者中专学校领导班子任职经历者优先。熟悉学校业务和流程，在团队管理方面有极强的领导技巧和才能；熟悉学校全面运作，具有先进的教育管理理念以及很强的战略制定与实施能力，有广泛的招生资源和社会资源；要有敏锐的洞察力、优秀的教学业务组织能力和招生开拓能力；有严谨的策划组织能力及人事管理和沟通能力、商务谈判能力；有良好的敬业精神和职业道德操守，有很强的感召力和凝聚力，责任心、事业心强。

人才寻访情况

我们根据职位的任职条件和要求，一是及时与芜湖、马鞍山、滁州、安庆、黄山、宣城等地市8家专业机构、教育机构相关人员进行了沟通交流，请他们帮助推荐候选人。二是寻求省直有关高校的领导、教育专家的帮助,请他们帮助推荐、引见候选人。三是在前程无忧网、精英前程网、合肥猎头网等网站广泛发布信息,广泛吸纳候选人。四是在合肥猎头人才库中直接搜寻合适人选或间接人选。通过多种方法、各种渠道共搜寻到候选人简历36份。候选人分别来自省直机构和合肥、芜湖、马鞍山、宣城等城市。他们的特点是:学历较高,36人中有15名硕士,1名博士;年龄较轻,多数是20世纪60年代末和70年代初出生的;有丰富的工作经验,多数是分管过学生管理、教学管理、招生或就业等管理工作的,有着丰富的教学管理工作经验和教育行业管理工作经验。

根据职位条件要求,我们从收集的人选资料中筛选出18份简历,猎头顾问与他们进行了深入的电话交流;我们根据电话交流情况,又从中选出10名候选人,猎头顾问先后多次到芜湖、马鞍山、宣城和合肥等有关学校与这10名候选人进行了深入的见面交流;我们在广泛交流的基础上,还对5名重点候选人进行了深入、全面的交流和背景调查,深入了解了候选人的基本情况、工作经历、工作业绩、专业情况和个人特点等,对人才的情况进行了深入的评估。现推荐5名候选人。

推荐人选的情况

王××,男,××年12月生,博士,中共党员,现任安徽××大学××学院院长、党委书记(副县级),教授;

马××,男,1964年11月生,研究生,中共党员,现任安徽××学院院长助理(副县级),副教授;

吴××,男,1967年12月生,硕士,中共党员,现任安徽××大学××学院党委副书记、副院长(副县级),副教授;

陶××,男,1965年10月生,本科,中共党员,现任芜湖××学校副校长(副县级),中专讲师;

任××,男,1965年8月生,本科,现任安徽省××教育中心副校长(副科级),高级教师,省政府特殊津贴获得者、全国优秀教师、全国中小学德育先进工作者、省职教专家。

  我们将继续与您讨论最具资格的候选人人选，在工作中我们将经常向您汇报有关进展情况，将候选人的情况和资料做进一步的核实，并有专人负责该项目的猎头服务。

合肥××人才公司
合肥××人才评价中心
2012 年 8 月 15 日

附：推荐候选人报告。

推荐候选人之一：

王先生简历

基本情况

  姓名：王先生

  出生年月：××年 12 月

  参加工作：1987 年 7 月

  最后学位：博士

  管理职务：院党委书记、院长

  现任专业技术职务：教授

  任职资格年月：2007 年 9 月

教育经历

  1983.9～1987.7 安徽省××师范学校 教育专业 大专

  1990.9～1992.7 安徽××大学 教育专业 本科

  1993.9～1996.7 安徽××大学 教育专业 硕士

  2007.9～2010.12 安徽××大学 政治教育专业 博士

工作经历

  1987.7～1989.9 安徽省××小学 语文教学 教师、大队辅导员

1989.9~1990.9　安徽省××中学　语文教学　教师

1992.7~1998.10　安徽××专科学校团委　思想政治教育　学生会秘书长

1998.10~2000.12　安徽××专科学校法律系　思想政治教育与管理　系副主任

2000.12~2007.8　安徽××大学××学院　思想政治教育与管理　院团委书记

2007.8~2009.5　安徽××大学××学院　思想政治教育与管理　院党委委员、主持分管学生工作

2009.5至今　安徽××大学××学院　院党委书记、院长

荣誉

1997、1998、2006年被评为校"优秀共产党员";

1996、2005年被评为校"三育人"先进个人;

1996年被评为××市志愿者先进个人;

2003~2004学年、2004~2005学年被评为校"优秀辅导员";

2008年被评为"省社会实践先进个人";

2009年被评为市"就业工作"先进个人;

2006年被评为市"优秀共青团干部";

2011年被评为市"优秀党务工作者";

2012年被评为安徽省"就业工作"先进个人。

研究方向及成果

主要研究方向为高校学生教育与管理、青年思想政治教育理论。先后承担"加强和改进大学生思想政治教育研究"等省级科研课题8项。在国家级刊物《思想教育研究》上发表论文《论新形势下大学生的教育管理工作》以及在省级以上刊物发表论文10余篇。现所在学院与近20家企业建立产学研合作关系,学生就业率98%。

猎头顾问评价

该同志一是学历高,为博士学位,且具有教授职称;二是有各种学校的工作经历,有小学、中学、职业学校、大学的教学与管理工作经验;三是熟悉学校学生管理工作,擅长学生和青年工作,喜欢与学生打交道,善于与学生沟通,是学校优秀辅导员;四是有规范大学管理经验,善于思考与研究,有论文成果多项;五是爱学习,能吃苦,积极向上;六是对招生工作不够熟悉。

推荐候选人之二:(略)

推荐候选人之三:(略)

推荐候选人之四:(略)

推荐候选人之五:(略)

【案例2】 关于××集团高管候选人的推荐报告

尊敬的李董:

我们非常高兴能与您多次交流,并非常感谢您向我们介绍了某某动力能源有限公司的发展情况,以及猎聘公司多位副总裁岗位的相关事宜,在此我们提交一份有关为贵单位寻访高层人才的方法、服务和推荐所需人才的基本信息、工作经历、受教育情况的资料。

一、我们对岗位的理解

招聘职位:分管生产、营销、人力、财务、研发、工程的副总裁。

任职要求:40~50周岁,全日制本科及以上学历,有超过300亿元规模相关行业高层管理工作经验,有分管公司人力资源(财务、生产、研发、工程)等相关工作经历,有较强的解决问题的能力,工作思路清晰,在分管的工作中有成功案例,精力充沛,身体健康。

二、我们的工作

根据贵公司招聘条件的要求，我们在伯骏高层人才信息库中搜寻，并且有针对性地寻访专业人才，对近百位中高层人才进行了电话联系或见面交流，现从中推荐 15 位人才供贵单位面谈。对面谈选中的候选人，我们将进行深入的背景调查，并提供详细的调查资料。

三、关于我们公司

众所周知，我公司是高层人才服务机构，已为众多企业推荐成功了大批的优秀人才。情况如下。

1999 年为市属国有大型企业招聘财务总监 10 名；

2000 年为美菱集团聘请了财务总监；

2001 年为信达房产聘请了常务副总经理；

2002 年为中建集团聘请了财务总监；

2003 年为真心集团聘请了财务总监；

2004 年为上海埃力生聘请了人力资源总监；

2005 年为华泰集团聘请了人力资源总监；

2006 年为应流集团聘请了常务副总裁；

2007 年为伟宏钢构聘请了副总经理；

2008 年为南京中电电气聘请了副总经理；

2009 年为合肥报业集团聘请了报社总编；

2010 年为安徽国购集团聘请了副总裁；

2011 年为申港置业聘请常务副总经理；

2012 年为国轩高科聘请人力资源总监等；

2013 年为科大智能聘请了质量总监；

2014 年为富光实业聘请了研究院副院长；

2015 年为科天集团聘请了分管财务副总裁；

2016 年为济人药业聘请了董事会秘书；

2017 年为弘阳集团聘请了投资副总裁等。

在过去的 18 年中，我公司为长三角、珠三角地区猎取 1000 余名中高级人才。上述介绍只是简单举例。

我们将继续与您讨论最具资格的候选人人选，在工作中我们将经常向您汇报有关进展情况，将候选人的情况和资料做进一步的核实，并有专人负责贵单位的招聘服务。

四、关于我们的服务和收费

通常，委托单位与人才见面交流前须签订"猎头推荐服务委托协议"。

通常，我们的收费标准是：委托单位付给受聘人才全年总现金收入的 35%（即受聘人才年薪的 35%），候选人到岗后 7 天内一次付清全部费用。考虑到贵单位是我们服务的长期客户，按照受聘人才年薪的 30% 收费。

通常在受聘人才上任后，我们有 3 个月的担保期，如果候选人在 3 个月内离职或贵单位有足够的理由将其解雇，我公司将免费替贵公司物色适合人选，并尽力在 3 周内完成替补人选工作。如推荐未能成功，我公司将所收费用全部退还贵单位。我们有信心完成这项任务，为今后的双方合作打下良好基础。

伯骏企业管理咨询有限公司
源动力经营者人才有限公司
2017 年 9 月 26 日

附件：推荐人才简介、伯骏猎头简介、伯骏猎头协议。

财务候选人之一

陈先生简历

【基本信息】

姓名：陈先生

性别：男

学历：博士

出生年份：1974年

所在地：某市

职称：注册会计师、高级会计师

【工作经历】

2010年4月至今　××（集团）控股有限公司　副总经理、总会计师

汇报对象：董事长、总经理

下属人数：800人

所在地区：某市

所在部门：集团公司办公室

企业简介：××集团公司是国内行业排第6位的大型工业企业，总资产超千亿元，职工6万多人，拥有核心子公司××股份（A+H）上市公司，以钢铁和矿山为主业，包括金融投资、节能环保、工程技术、信息技术、煤化工、高端装备制造等9个多元板块。

工作描述：作为集团公司CFO，主管财务、资本、资金、资产、税务、预算等工作。作为金融投资板块的负责人，承担投资公司、财务公司和资产公司的经营管理任务，兼任财务公司董事长和投资公司总经理以及基金管理公司董事长。

2007年10月~2010年4月　××股份有限公司　总会计师

汇报对象：董事长、总经理

下属人数：400人

企业简介：××公司是由××钢铁（集团）公司（原××钢铁公司）以其热轧板厂经评估后的机器、设备、厂房等实物资产出资，与××冶金矿山公司、中国第××冶金建设公司共同发起，以定向募集方式设立的股份公司。公司于1993年3月27日成立，注册资本为10亿元。主要业务为热轧钢卷、钢带、钢板压延加工等。公司为A股上市公司，××集团核心企业。

工作描述：负责会计基础工作、信息化建设、资产管理、税务筹划、全面预算管理、融资及资金管理、内控体系建设、经营绩效考核、财务战略与资本运营、购销价格管理及成本控制、财务系统员工管理等工作，参与公司董事会决策。

2006年1月~2007年10月　××集团有限公司　总会计师

汇报对象：董事长、总经理

下属人数：200人

所在地区：某市

企业简介：国有企业，采掘/冶炼/矿产行业，员工10000人以上，中国××总公司核心子公司，所属××实业上市公司。

工作描述：负责会计基础工作、信息化建设、资产管理、税务筹划、全面预算管理、融资及资金管理、内控体系建设、经营绩效考核、财务战略与资本运营、购销价格管理及成本控制、财务系统员工管理等工作，参与公司董事会决策。分管财务部和企业管理部，负责上市公司资本运作。

2005年1月~2006年1月　××集团股份有限公司　财务总监

汇报对象：董事长

下属人数：50人

所在地区：北京

所在部门：集团公司办公室

企业简介：员工5000~10000人，香港上市公司，大型食品工业企业。

工作描述：作为集团公司CFO，主管财务核算、资本运作、融资及资金管理、资产管理、税务筹划、全面预算、经营绩效考核等工作。分管财务部和企业管理部。

2000年4月~2005年1月　××集团有限公司　财务经理

汇报对象：部门总监

所在地区：北京

企业简介：员工10000人以上，国际著名企业，IT领先者。

工作描述：作为经营管理部的财务业务主管，主要从事企业管理和项目管理工作，以财务分析为主线，从技术、商务和效益的角度进行经营结果评审，为公司决策和考核提供主要支撑。

1997年10月~2000年4月　××实业开发总公司　会计

汇报对象：厂长

下属人数：600人

所在地区：贵阳

企业简介：国有企业，采掘/冶炼/矿产行业。

工作描述：协助厂长分管财务、后勤以及销售等工作。主持建立会计电算化核算体系、销售价格管理体系、采购价格管理体系、风险管理体系；主持ISO9000认证体系，强化产品质量管理控制，开拓市场和客户；协调地方政府关系等。

1995年7月~1997年10月　××实业开发总公司　办公室秘书

汇报对象：秘书科长

所在地区：贵阳

企业简介：国有企业，采掘/冶炼/矿产行业。

工作描述：行政事务及文字工作。作为公司总经理秘书，主要做文字材料工作、行政事务处理以及公务接待、会议安排、公司内外部协调等工作。

【学习经历】

2012年9月~2017年3月　××大学　哲学专业　博士

1997年9月~1999年7月　××科学院　经济学专业　硕士

1991年9月~1995年7月　××大学　哲学专业　本科

1997年取得注册会计师

2016年取得基金从业资格

2017年取得证券从业资格

【顾问评价】

1. 年富力强、经验丰富。担任千亿级跨行业多领域企业集团或上市公司 CFO 已经超过 10 年；主持建立和完善科学系统的财务核算体系、财务监控体系以及财务管理制度；建立健全信息化系统和财务共享中心，确保财务数据真实、准确、完整；进行有效的风险控制管理，健全和完善公司风险体系；建立高效、和谐的财务团队，协调和维护好国家层面的财政、税收、金融等政府部门的关系。

2. 理论功底强，专业素养高。学士、硕士、博士均为"985"院校毕业，以哲学为基础，以经济学为应用，以注册会计师为操作范式，全面系统地解决企业集团的融资和投资问题，拟定或规划资金筹措和资本运作方案。

3. 创新能力强，宏观把控好。具有宏观高度和战略视角，擅长集团化财务全面管理，上市公司、IPO、资本运作、投融资、并购等业务运作。参与公司战略决策、投资决策和其他重大决策，从财务、资本、风险控制、政策等方向提出前瞻性的预警和措施。协助董事长和总经理制定公司战略，并主持公司财务战略规划的制定与实施。成功组建并有效营运大型集团金融投资板块，取得较好的经营业绩。

单位与候选人的交流

猎头顾问将候选人推荐报告发送用人单位后,要及时与用人单位领导或人力资源部门负责人进行电话沟通或见面交流,了解用人单位对推荐人选的看法和意见,也可向用人单位领导或人力资源部门负责人全面介绍候选人情况,促进用人单位及时面试人才。如用人单位对推荐的候选人不满意,猎头顾问要注意了解用人单位对推荐人选的看法,有什么问题,需要改进的地方等,并且要按照新的要求继续搜寻和推荐人才。如果用人单位认为推荐的候选人可以面试,要及时组织用人单位与人才面试交流。

一 确定面试时间、地点

当用人单位确定与人才见面交流时,要及时与用人单位及候选人进行沟通交流,确定见面交流的合适时间及地点。见面交流的时间一般应建议用人单位选在双休日、节假日或工作以外的业余时间,因为高级人才上班时间的工作安排非常满,一般不会有过多空余时间。见面交流的地点一般应安排在咖啡厅、五星级酒店、高档茶社、猎头公司的洽谈室等。候选人第一次见面一般不愿到用人单位,他们多数是同行业内的优秀人才或精英,担心在用人单位遇见同行、经销商、供应商、熟人等,要防止出现这里才刚刚见面交流,外面就到处是风风雨雨或完全泄密,导致人才无法在原单位工作等情况的发生。

确定好时间和地点后，要及时电话或微信、短信通知用人单位。确定用人单位参加人员，包括姓名、职位、大概背景、管理风格、联系方式等。告知其与人才约谈的时间、地点、路线，并发出微信或短信通知。提醒其注意事项：着正装，准时到达约见地点；提前熟悉人才情况，草拟面试问题或提纲等。

【范例】

李总：

您好！我是伯骏猎头公司郑××，定于×月×日（周×）9：30在城市花园咖啡厅（徽州大道418号、南一环交口）305包厢与候选人张总见面交流，请您做好面试前的准备工作。恭候您的光临！

顺祝工作愉快！

伯骏猎头公司　郑××
×月×日

确定好时间和地点后，还要及时电话或微信、短信通知候选人。告知候选人约见时间、地点、路线、参加人员情况等；提醒候选人提前了解用人单位情况及相关信息，做好交流准备；提醒候选人着正装，准时到达约见地点，并注意交谈礼仪等。

二　猎头顾问应提醒候选人在面谈中的注意事项

猎头顾问在面试前应与人才进行沟通交流，提醒其在面谈交流中应注意的问题。

（1）要给用人单位留下良好的第一印象。企业招聘的是高层职位，一般参加面试交流的多是董事长、总经理,或是分管副总经理。职业经理人一定要在面试中给对方留下一个好的印象,为职业经理人今后的工作和社会交往打下良好基础。

(2) 要做好自我介绍。职业经理人的自我介绍一般不要太长,对方有简历,只要简单介绍个人的主要特点和优势即可,特点一般介绍3~4点,不要太多也不能太少,个人的特点要与职位相匹配。

(3) 要注意面试中的礼仪。这是对职业经理人的基本要求,高层职业人士应十分重视职业交往中的各种礼仪,保持良好的习惯会给人留下深刻的印象。

(4) 要注意听清对方提出的问题。按照对方提出的问题给予明确的答复或回答,关注对方的表情,交流中注意给对方回应,让对方感到受尊重。

(5) 要多正面表达自己的意见。在交流中一般应少谈消极的观点,注意全面表达自己的观点和看法,也注意展示自己的特长和优势。

(6) 要积极提出自己对公司需要了解的问题,要在提前了解公司情况的基础上,先对公司给予积极评价,然后提出自己关心的问题或有疑虑的地方,提出的问题要有一定高度和深度,避免提出太低级的问题。

(7) 要提醒候选人不要在面试中抽烟(除非对方吸烟)或嚼口香糖,切忌迟到,切忌攀龙附凤(我认识某某领导等),切忌狂妄自大,切忌精神不集中等。

三 组织好用人单位与候选人的面谈交流

在用人单位与候选人的面谈交流中,猎头顾问和工作人员要提前准备好面谈的各种资料,如候选人简历、用人单位简介、办公用品等,提前20分钟到达面谈地点,布置好洽谈场地。用人单位面谈人员与候选人到达后,要介绍互相认识，组织他们开展交流；要引导用人单位先向候选人简要介绍单位情况；也要注意引导候选人向用人单位介绍个人的情况；接着双方互相了解需要了解或说明的情况，询问各自关心的问题。猎头顾问要及时调节交流气氛，引导他们交流共同关心的话题或问题，防止出现冷场、不快等情况。

四 面谈交流中要注意的事项

一是注意掌握好面谈交流的时间。初次交流一般按照1小时左右安排。第二次进行深入交流，要安排在2小时以上。如同时约见多位候选人，要及时提醒第二位候选人到达指定位置，并给予热情接待或陪同。

二是用人单位参加面谈的最高领导最好是高一级别的领导，至少是职位同级人力资源负责人。第二次进行深入交流，用人单位参与面谈的领导应该是能决定任命该职位的负责人，或单位董事长、总经理。

三是用人单位与候选人第一次见面交流的地点应安排在第三方，避免熟人认识出现泄密，影响候选人的正常工作。第二次深入交流可到用人单位，也可以组织候选人到企业现场参观与考察。

四是猎头顾问要注意防止初次交流时用人单位与候选人相互交换名片或留下联系方式，防止个别不规矩的用人单位撇开猎头公司进行私下单独交流。

五是注意防止对敏感话题的交流，避免另一方被伤害。

六是防止用人单位或候选人迟到。面谈交流中经常会出现一方迟到的现象。一般来说猎头顾问应该提前30分钟与用人单位或候选人联系，确认、提醒行程和时间，如果一方因事或堵车迟到，应提前向另一方解释清楚，并取得对方的谅解。如果碰到确因突发事件或紧急事务不能前来的个别情况，也应及时向对方解释清楚，以取得对方的谅解，并另约时间。

七是指导用人单位、候选人相互交流重点。一方面，指导候选人注意在交流中展示自己的特点、优势和能力；另一方面，注意指导用人单位全面了解候选人，防止了解得不全面，或用人单位不知怎样把握人才。如2015年7月，老猎手陪安徽的企业家去华为考察，路上一企业家与本人交流，他投资的五星级酒店要招聘一名总经理，通过猎头公司和朋友引荐了5位候选人，他们也交流过两次，但就是拿不准用谁，问我怎么办。老猎手说，下次你组织他们面试时我去帮你看看。后来在5位候选人面试中，我只提了4个问题和个别的追问：请你谈谈应聘总经理的优势和上岗后的打算；请你谈谈中央八项规定出台后对高档酒店的影响及对策。你在上家酒店遇到的最大问题是什么，怎样解决的，结果怎样？你工作中最开心是在哪家酒店，老板有什么特点？你对我们有什么要求？5位候选人分别回答后，两位投资人分别在自己的纸上写下看中的候选人，结果完全一致。这个案例的主要问题是用人单位在实际面试时不知道该问什么，该听什么。

八是注意引导用人单位对人才德的考察。德才兼备，以德为先，这是企业家的用人共识。而实际人才招聘工作中多是对人才能力的评估，忽视了对人才德的深入研判，这是用人单位选人过程中的共性问题，职业猎头顾问有责任提醒他们。

五、面谈交流后，猎头顾问要及时与双方交流

猎头顾问应及时与用人单位面试负责人交流，了解用人单位对候选人的看法；如果用人单位感觉某位候选人或某几位候选人比较合适，应及时提出让他们确定深入交流或进一步交流的时间，或推荐给能确定录用的领导见面交流；如果用人单位认为候选人都不合适，猎头顾问应深入了解候选人不合适的原因，进一步确认用人单位需要人才的标准和核心条件，为继续搜寻、推荐人才明确方向。猎头顾问还要及时与候选人交流，了解候选人对用人单

位的看法，若候选人感觉满意，与用人单位的意见一致，即促使他们进行第二次交流，或推荐与更高层领导交流，并提醒其考察用人单位。对于用人单位不满意的候选人，猎头顾问要做好候选人的安抚工作，也可以给候选人提出改进的建议和意见，承诺有合适职位会再次推荐。对于候选人不满意用人单位的，要进一步了解候选人对用人单位的看法，有什么问题。对不全面的要作出说明或解释，消除误解。确因用人单位与候选人不适合的，也应感谢候选人的积极参与和配合。

六　协助谈判薪酬和福利

用人单位与候选人深入交流后，在相互都认可的情况下，进入相互谈薪论价的阶段。职业经理人一般实行年薪制。薪酬和福利谈判的主要内容有：年薪是多少，每月发多少，年终是多少，绩效、奖励、奖金、补贴等是多少；交通工具或交通补贴；五险一金交多少，怎么交；通信工具及通信补贴或报销；如是外地人才，住房安排或租金的报销或补助等。相关事项都要谈明、谈细，防止职业经理人到岗后出现问题或矛盾。

对于高层次人才的猎取，用人单位看中了候选人后，到了谈福利薪酬时一般会比较困难。候选人有多种心理：一种是不愿与用人单位在薪酬方面谈来谈去，感觉这是一种掉价，与身份和职位不匹配；另一种是想要更高的价，想让用人单位先提出来，高了就及时答应，低了再提出自己的原单位薪酬是多少，让用人单位看着办；还有一种是提出自己对薪酬的希望和要求，让猎头顾问帮助去谈。有些用人单位不愿直接提出能给候选人多少薪酬，也是出于多种考虑：一是怕给高了吃亏；二是怕给少了候选人不愿意过来；三是合适的让双方满意的薪酬比较难把握。猎头顾问一般是先了解候选人的基本要求，也了解过用人单位的薪酬情况，提出一个大家都能接受的福利薪酬，征求双方的意见。

老猎手提醒注意三点：一是薪酬和福利谈判注意防止个别用人单位为了降低猎头服务费用，与候选人私下单独交谈，不告诉猎头公司候选人的实际年薪。猎头顾问要注意及时提醒候选人，如果私下交流谈薪酬，没有第三方鉴证的协议，未来出现劳资纠纷，猎头顾问无法提供帮助和支持。二是用人单位与候选人经过沟通交流，双方互相认可并达成意向后，还没有签订聘用协议或录用通知书，有的候选人就急急忙忙回到原单位提出辞职。猎头顾问一定要防止这种情况的出现，要及时提醒候选人待签订聘用协议或拿到录用通知书后方可提出辞职，以防止用人单位万一有什么变化。三是提醒用人单位与候选人，双方要反复深入交流。用人单位招聘的是高端职位，一定要全面了解候选人，并对候选人进行深入评估，权衡利弊，慎重决定；候选人也要深入了解用人单位，评估职位要求，权衡能否适应该用人单位，能否胜任该职位要求，不可轻易作出决定。

签订聘用协议及协助上岗

用人单位与候选人经过沟通交流，双方互相认可并达成意向，接下来还需要双方签订聘用协议，协议签订后候选人方可正式向原单位提出辞职。猎头顾问一定要注意及时提醒候选人，在聘用协议没有签订，或用人单位录用通知还没有下发时，千万不能向原单位提出辞职。如2011年11月，安徽某房地产集团公司招聘一城市公司总经理，猎头推荐李某某与企业多次交流后，因薪酬谈的远远高于李某某本人的预期，李某某急忙回到原单位提出辞职，老板当场答应，并要求人力资源部门及时办理了离职手续。结果新单位的老板有变化，因种种原因取消了该职位，最后导致李某某陷入原单位已辞职而新单位又没有录用的局面。

一 签订聘用协议

当用人单位与候选人双方达成共识后，猎头顾问要及时帮助起草聘用协议，并约定双方签订协议。聘用协议内容包括：聘用岗位、聘用期限、工作内容及任务、甲乙双方职责、待遇与福利等。协议起草后应分别征求用人单位与候选人的意见，如有修改，修改后的协议也应互相征求意见，并组织双方签订聘用协议（附件1）。也有的用人单位直接发出录用通知书。录用通知书的内容也基本与聘用协议相同（附件2）。

老猎手要提醒注意的三点：一是提醒用人单位和候选人一定要签聘用协议或发录用通知书，双方都要有一个承诺。二是猎头顾问要提醒候选人在协议签订之前不要向原单位提出辞职，防止用人单位有变化。三是提醒双方聘用协议不是劳动合同，候选人到岗后用人单位与人才还需要在规定的时间内签订劳动合同。

二 协助候选人上岗

当用人单位与候选人双方签订聘用协议后，猎头顾问要协助用人单位与候选人办理上岗手续。

一是当用人单位对猎头公司推荐的候选人发出录用通知或签订聘用协议后，猎头顾问应及时做好候选人和用人单位的沟通和联系，确定候选人到岗时间。

二是猎头顾问要辅导候选人向原单位提出辞职，并依据相关劳动法规，指导候选人与原用人单位解除劳动关系，到岗后与新用人单位签订劳动合同（附件3）。

三是猎头顾问要辅导候选人与原用人单位做好工作交接、物品交接及各种资料交接，不得损害原单位的利益，不得泄露原用人单位的商业机密。

四是猎头顾问要及时帮助候选人协调解决离职和就职过程中出现的困难和问题。

五是猎头顾问要辅导用人单位，做好候选人到岗前的准备工作，指导用人单位落实办公室、办公用品用具、交通工具等。如果是外地候选人还要考虑候选人的住房和就餐等。

六是猎头顾问要辅导或指导用人单位人力资源部门做好候选人到岗的任职通知、相关人员的谈话和在公司内部一定规模的会议上宣布候选人的任职通知等。

七是辅导或指导用人单位人力资源部门做好候选人到岗后的培训工作，如企业介绍、企业文化、企业各项制度、工作流程等文件资料，让候选人到岗后能全面了解、熟悉企业。

三 提醒候选人辞职时应注意的问题

一是人才要提前一个月以书面形式提出辞职申请。《劳动合同法》第三十七条规定："劳动者提前三十日以书面形式通知用人单位，可以解除劳动合同。"也就是说，在人才提交离职申请30天后，无论用人单位同意与否，人才都有权离开用人单位，避免用人单位不放人的事情发生。

二是要注意办理好交接手续。提出离职的30天内要注意做好手头工作的交接；还要做好财务、报销、文件资料、各种证件的交接，以免给自己和用人单位带来不必要的麻烦和损失。

三是注意不要让社保公积金断缴。如医保断缴，当月生病就无法使用；城市买房、买车、孩子入学也都需要社保连续缴纳，千万不要让社保公积金断缴。离职时间的确定很重要，一般离职应在下半月比较合适，断缴的可能性较小。

四是辞职时要注意开离职证明。离职证明可以证明你的工作履历的真实性，还可以证明你已经从原用人单位离职，已经解除或终止和原用人单位的劳动合同，新用人单位不用担心你与原用人单位有劳动纠纷，规避了劳动用工风险。离职时，如果原用人单位没有主动开具离职证明，应主动向人力部门索要。

【案例3】　　　　　　　　寻访营销副总经理

2015年3月，伯骏猎头受安徽某日用品公司的委托，高薪寻访分管营销副总经理。该公司于20世纪90年代初成立，其产品在全国同类产品中市场占有率第一，年销售额超过 11 亿元。为加快发展，拉大与第二、第三名的差距，该公司决定引进分管营销副总经理，加大营销力度，扩大营销队伍，拓宽营销渠道，改善内部管理，提升营销水平，加快业绩提升。

猎头顾问经过对企业的深入了解后，开始在全国范围内为其寻访营销高管，经过一个多月的努力，为该企业推荐了 4 位候选人。

A 先生，1974 年生，MBA，现任世界 500 强企业中国大陆销售与市场总监（6 年），之前任吉百利食品营销经理（6 年）、高露洁销售主任（2 年）、英之杰商务代表（5 年）等。

B 先生，1967 年生，大学本科，1992～2015 年在某大型著名家电企业先后任技术员、副处长、销售分公司经理、营销公司副总经理、总经理、集团分管营销副总裁等。

C 先生，1973 年生，MBA，在百事可乐先后任市场经理（6 年）、营销总监（2 年）、分管营销副总经理（5 年），之前在一国有企业任营销经理（4 年）。

D 先生，1973 年生，硕士，在快消品上市公司先后任企划经理（2 年）、营销公司总经理助理（4 年）、营销公司总经理（2 年）、分管营销副总裁（2 年），之前在顶新食品做营销（8 年）。

企业看到人才资料后，老板就让伯骏猎头约见了 A 先生。在老板与人才交流之前猎头顾问已在合肥、上海与人才交流了两次。老板与 A 先生交流之后，认为人才长期在外资企业从事营销管理，营销理念比较超前，经营的产品与公司类似，企业的销售额远远超出本企业，于是有意邀请 A 先生来公司任职。A 先生也认为企业的产品很好、老板的理念也很开放，可以考虑来企业。在此基础上，我们又邀请 A 先生第二次到企业考察、与老板进一步交流，且双方在交流中就职位、年薪也达成了共识。送走 A 先生后，我告诉老板该人才不一定能成活（不合适），因有两件事让我产生了怀疑：一是人才刚到企业时，老板亲自为其泡了一杯茶他不喝，私下让我的助手去买某某品牌的矿泉水，且交代不要其他品牌，而许多商店里没有该品牌，只有大商场超市才有。二是考察中他问我在企业生病了怎么办？我说：合肥有多家三甲医院，且医疗水平较高，小病应该没有问题。作为一名职业营销管理者要经常跑市场，既要到北上广深等大城市，也要去县城或乡村；既能住超五星级豪华酒店，也能住农宿；既会吃上万元豪华大餐，也能吃得下泡面，特别是日用品营销者更是如此。老板听了我的分析后也很赞同。

猎头顾问很快约了 B 先生与老板见面，双方交流后，大家互相都很认可。人才对企业产品很熟悉，谈起销售渠道、营销策略很专业，老板对人才所在企业也很了解，交流的营销案例很真实。当谈到职位薪酬时，人才提出让猎头顾问帮助谈。猎头顾问先后与老板、人才进行了私下沟通，初步确定职位为公司分管营销副总经理。待遇方面，人才提出年薪 80 万元。人才原用人单位是国有大型企业，年薪约在 50 万元，老板对其薪酬也能接受。考虑到 B 先生长期在国有企业工作，虽对民营企业有所了解，但没有真正在民营企业工作过，确定有三个月的试用期，试用期以咨询顾问的身份加入，双方对此也都同意。但 B 先生提出试用期每月基本工资为 20 万元，为此双方产生了分歧。我们认为，一是人才对民营企业和老板还不认可，怕三个月将营销体系理好了，老板不要人才了，因此要提出试用期待遇高的想法；二是人才对自己没信心，做一个月是一个月，先把钱拿到手不吃亏；三是人才没有真正做好到民营企业长期艰苦工作的思想准备。

猎头顾问又抓紧约了 C 先生，C 先生到合肥后，先与老板交流了 3 个多小时。老板中午请人才吃了饭，让人才推迟返程时间，下午陪人才考察了各分公司和车间。晚上让企业两位重要高管（老板的子女）陪C先生一起用餐交流，并要求他们当场认C先生为师，今后向C先生请教企业管理与营销管理，此举让C先生和猎头顾问十分感动。饭后C先生与猎头顾问商量，他说不能来，理由是：他虽是百事可乐营销副总，也做过市场和销售的负责人，但要知道他们的营销体系很健全，总部也提供强有力的支持，他的主要精力是了解市场、把握整体、出出思路、提出解决问题的方案，会有多个团队执行与配合；该企业年销售额才11亿元，营销人员加起来才18人，且老的老、小的小，在传统的代理商制下，他来了也做不好，因为没有人能配合，没人能理解他的思路，总不能让他从头再来，一个一个人地找、一个一个渠道地建，这也不是他的强项。C先生与我是8年多的老朋友，实际上我也赞同他的看法。

D先生在同一个企业服务10多年，从企划经理做到营销总经理，也有分管营销副总裁的领导工作经验，他与老板深入交流和考察企业后，就提出了对产品市场进行考察和了解。随后老板亲自陪同D先生考察了部分代理商、看了部分地区产品的市场情况。之后D先生提出了自己的营销思路和想法，向老板做了汇报，相互达成了共识，明确了职位为分管营销副总经理，基本年薪80万元，分12个月发放，企业销售额每增加1亿元奖励30万元，上不封顶。

总之，猎头寻找的是最合适的人才，要让那些合适的人才，在合适的时间到合适的企业、从事喜欢的工作。

附件 1

聘用协议

甲方：安徽××股份有限公司

乙方：陈×× 身份证号：×××

根据工作需要，甲方同意聘用陈××先生为安徽××集团副总经理职位兼安徽××股份有限公司财务总监，并在平等自愿和双方协商一致的基础上，签订本聘用合同。

一、聘用期限

本聘用协议有效期自 2012 年×月×日起到 2017 年×月×日止，聘用期限为 __五__ 年。

二、聘用岗位及工作内容

甲方聘用乙方为安徽××集团副总经理兼安徽××股份有限公司财务总监，全面主持公司财务管理工作。

具体工作内容包含：

1. 协同人力资源部开展财务人员的考核、奖惩、调整等工作。

2. 建立有效的财务管理、内控制度及流程，并组织实施。

3. 组织公司的财务核算、成本分析、税务申报、统计申报、编制财务分析报告、财务报表审计等日常工作；编制财务策划、税务策划方案，并组织实施。

4. 组织编制并初审公司年度财务预算，监督审核预算执行情况，定期编制预算执行分析报告。

5. 组织编制并初步审核公司融资计划和资金收支计划；有效整合地区资源，配合集团财务部开展融资工作，合理安排资金使用；与金融机构、中介机构建立良好关系。

6. 参与公司重要事项决策、分析，参与重大合同谈判，为企业的生产经营、业务发展及对外投资等事项提供财务专业意见。

7. 根据公司战略，配合开展与公司上市相关的筹备工作。

8. 完成集团总裁、公司总经理交办的其他事宜。

三、甲乙双方职责

甲方：1. 提供完成合同规定任务所必要的工作及办公条件。

2. 检查乙方完成任务情况。

3. 根据工作需要及乙方的业务、工作能力和表现，可以调整乙方的工作岗位及职责。

乙方：1. 遵守公司各项规章制度。

2. 尽职尽责按合同努力做好工作、完成任务。

3. 乙方对甲方所有的商业秘密和技术业务信息、资料等负有永久保密的义务。

四、工资报酬及福利待遇

1. 年薪为人民币陆拾伍万元整（￥650000.00）。甲方按月付给乙方工资为人民币肆万叁仟叁佰元整（￥43300.00），年薪余额壹拾叁万零肆佰元整（￥130400.00）待年终完成工作目标任务，经考核合格后发放。两年后乙方的每年工资增长应高于当年员工工资增长比例。

2. 社会保险按规缴纳；通信费每月据实报销；交通费每月按 2000 元补助；其他各项福利政策参照公司制度执行。

3. 因乙方工作突出，甲方给予的奖励、奖金不计入薪酬；同时乙方因工作失误予以罚款应从年薪中给予扣除或自缴。

五、双方需要约定的其他事项

其他条款按双方签订的《劳动合同》及甲方相关文件规定执行。

本协议与《劳动合同》具有同等法律效力，一式二份，甲、乙双方各执一份，协议自签订之日起生效。

甲方：安徽××股份有限公司（盖章）　　乙方：（签字）

董事长：（签字）

日期：　　年　　月　　日　　　　　　日期：　　年　　月　　日

附件 2

录用通知书

尊敬的_____女士/先生：

  我们非常高兴地邀请你加入_____公司，成为继续开创我们激动人心的事业的一员，我们相信_____公司能够给你提供一个长期发展和成长的机会。

  我们邀请你担任的初始职位为_____，向_____汇报。你在公司的进一步发展将取决于公司的发展，你的个人绩效、能力及意愿。

  1. 岗位职责：

_____
_____
_____
_____
_____

  2. 你的年总收入＝年度基本收入＋业绩提成＋福利及补助。

  3. 你的每月固定工资为_____元（税前，含个人承担的法定保险）。

  4. 在你与原雇主终止劳动关系并办理入职手续后公司将为你缴纳社会保险。

  5. 根据公司的休假政策，你在入司第一年可享受_____个工作日的带薪年假。

6. 根据公司政策的规定，你可以享受以下费用报销额度或补贴：午餐补贴_____元/工作日；通信补贴_____元/月；交通补贴_____元/月。

7. 你的劳动合同将与_____公司签订，劳动合同期限为_____年，合同期中含试用期_____个月，试用期工资_____元（税前）。工资、奖金、提成均为税前金额，国家规定的相关税费由个人承担。

8. 公司实行严格的薪酬保密制，请你对上述数据信息进行严格保密，违者将解除劳动关系。

9. 本公司的工作时间为星期一至星期五_____：00 - _____：00，含午餐时间_____个小时。加入_____公司以后，公司要求你遵守公司的有关政策和规定；你不允许为其他公司做兼职工作或从事与本公司利益发生冲突的商业活动。

如果你愿意接受此供职信，请你签字确认此供职信。我们期望于_____年_____月_____日前对此供职作出决定。另外，我们期望你在_____年_____月_____日前加入单位，在入职时提供之前服务单位的推荐信、三个月内的体检报告和原服务单位离职证明。

_____公司人力资源部

_____年____月____日

人力资源部：

　　我决定加入_____。

　　我将在_____年_____月_____日之前到公司入职。

个人签名：_____　　　　　日期：_____

附件3

劳动合同范本

甲、乙双方根据《中华人民共和国劳动合同法》和有关法律、法规规定,在平等自愿、公平公正、协商一致、诚实信用的基础上,签订本合同。

一、劳动合同期限

1. 甲乙双方约定按下列_____种方式确定"劳动合同期限":

(1) 有固定期限的劳动合同:自_____年_____月_____日起至_____年_____月_____日止,其中试用期自_____年_____月_____日起至_____年_____月_____日止。

(2) 无固定期限的劳动合同:自_____年_____月_____日起,其中试用期自_____年_____月_____日起至_____年_____月_____日止。

(3) 以完成_____工作任务为劳动合同期限,自_____年_____月_____日起至完成本项工作任务之日即为劳动合同终止日。

2. 甲方与用工单位所签订的劳务派遣协议约定的派遣期限先于本条约定的合同期限届满的,则劳务派遣协议约定的派遣期届满之日本合同终止。

二、工作内容及工作地点

1. 乙方根据甲方要求,经过协商,从事_____工作。甲方可根据工作需要和对乙方业绩的考核结果,按照合理诚信原则,变动乙方的工作岗位,乙方服从甲方的安排。

2. 甲方安排乙方所从事的工作内容及要求,应当符合甲方依法制定的并已公示的规章制度。乙方应当按照甲方安排的工作内容及要求履行劳动义务，按时完成规定的工作数量，达到规定的质量要求。

3. 甲、乙双方约定劳动合同履行地为：_____。

三、工作时间和休息休假

1. 甲、乙双方在工作时间和休息方面协商一致选择确定_____条款，平均每周工作四十小时。

（1）甲方实行每天_____小时工作制。具体作息时间，甲方安排如下：每周周_____至周_____工作，上午_____，下午_____。每周周_____为休息日。

（2）甲方实行三班制，安排乙方实行_____班_____运转工作制。

（3）甲方安排乙方的_____工作岗位，属于不定时工作制，双方依法执行不定时工作制规定。

（4）甲方安排乙方的_____工作岗位，属于综合计算工时制，双方依法执行综合计算工时工作制规定。

2. 甲方严格遵守法定的工作时间，控制加班加点，保证乙方的休息与身心健康，甲方因工作需要必须安排乙方加班加点的，应与工会和乙方协商同意，依法给予乙方补休或支付加班加点工资。

3. 甲方为乙方安排带薪年休假：_____。

四、劳动保护和劳动条件

1. 甲方对可能产生职业病危害的岗位，应当向乙方履行如实告知的义务，并对乙方进行劳动安全卫生教育，防止劳动过程中的事故，减少职业危害。

2. 甲方必须为乙方提供符合国家规定的劳动安全卫生条件和必要的劳动防护用品，安排乙方从事有职业危害作业的，应定期为乙方进行健康检查。

3. 乙方在劳动过程中必须严格遵守安全操作规程。乙方对甲方管理人员违章指挥、强令冒险作业,有权拒绝执行。

4. 甲方按照国家关于女职工、未成年工的特殊保护规定,对乙方提供保护。

5. 乙方患病或非因工负伤的,甲方应当执行国家关于医疗期的规定。

五、劳动报酬

甲方应当每月至少一次以货币形式支付乙方工资,不得克扣或者无故拖欠乙方的工资。乙方在法定工作时间内提供了正常劳动,甲方向乙方支付的工资不得低于当地最低工资标准。

1. 甲方承诺每月_____日为发薪日。

2. 乙方在试用期内的工资为每月_____元。

3. 经甲、乙双方协商一致,对乙方的工资报酬选择确定_____条款:

(1) 乙方的工资报酬按照甲方依法制定的规章制度中的内部工资分配办法确定,根据乙方的工作岗位确定其每月工资为_____元。

(2) 甲方对乙方实行基本工资和绩效工资相结合的内部工资分配办法,乙方的基本工资确定为每月_____元,以后根据内部工资分配办法调整其工资;绩效工资根据乙方的工作业绩、劳动成果和实际贡献按照内部分配办法考核确定。

(3) 甲方实行计件工资制,确定乙方的劳动定额应当是本单位同岗位90%以上劳动者在法定工作时间内能够完成的,乙方在法定工作时间内按质完成甲方定额,甲方应当按时足额支付乙方的工资报酬。

4. 甲方根据企业经营效益、当地政府公布的工资指导线、工资指导价位等,合理提高乙方工资。乙方的工资增长办法按照_____(工资集体协商协议、内部工资正常增长办法)确定。

5. 乙方加班加点的工资,以双方经过协商确定的_____工资为基数计算。

六、社会保险和福利

1. 双方依法参加社会保险，按时缴纳各项社会保险费，其中依法应由乙方缴纳的部分，由甲方从乙方工资报酬中代扣代缴。

2. 甲方应当将为乙方缴纳各项社会保险费的情况公示，乙方有权向甲方查询其各项社会保险的缴费情况，甲方应当提供帮助。

3. 如乙方发生工伤事故，甲方应负责及时救治，并在规定时间内，向劳动保障行政部门提出工伤认定申请，为乙方依法办理劳动能力鉴定，并为享受工伤医疗待遇履行必要的义务。

4. 乙方依法享有国家规定的福利待遇，甲方应当执行。

七、劳动纪律

甲方制定的劳动纪律应当符合法律、法规、政策的规定，履行民主程序，并向乙方公示。乙方遵照执行。

八、协商条款

经甲、乙双方协商一致，同意选择_____条约定条款。

（1）乙方工作涉及甲方商业秘密的，甲方应当事前与乙方依法协商约定保守商业秘密或竞业限制的事项，并签订保守商业秘密协议或竞业限制协议。

（2）由甲方出资招用或培训乙方，并要求乙方履行服务期的，应当事前征得乙方同意，并签订协议，明确双方权利义务。

（3）甲方出资为乙方提供其他特殊待遇，如_____（住房、汽车等），并要求乙方履行服务期的，应当事前征得乙方同意，并签订协议，明确双方权利义务。

（4）甲方同意为乙方办理补充养老保险（年金）和补充医疗保险情况，具体标准为：_____。

（5）甲方同意为乙方提供如下福利待遇：_____。

（6）甲、乙双方需要约定的其他事项：_____。

九、劳动合同终止的条件

经甲、乙双方协商约定，出现下列情形之一的，可以终止劳动合同：

1. 劳动合同期满的。

2. _____。

3. _____。

十、劳动争议处理

1. 甲、乙双方因履行本合同发生劳动争议，可以协商解决。不愿协商或者协商不成的，可以向本单位劳动争议调解委员会申请调解；调解不成的，可以向劳动争议仲裁委员会申请仲裁。甲、乙双方也可以直接向劳动争议仲裁委员会申请仲裁。提出仲裁要求的一方应当自劳动争议发生之日起六十日内向劳动争议仲裁委员会提出书面申请。对仲裁裁决不服的，可以自收到仲裁裁决书之日起十五日内向人民法院提起诉讼。

2. 甲方违反劳动法律、法规和规章，损害乙方合法权益的，乙方有权向劳动保障行政部门和有关部门举报。

十一、其他

1. 劳动合同期内，乙方户籍所在地址、现居住地址、联系方式等发生变化，应当及时告知甲方，以便于联系。

2. 本合同未尽事宜，均按国家有关规定执行，国家没有规定的，通过双方平等协商解决。

3. 本合同不得涂改。

4. 本合同如需同时用中文、外文书写，内容不一致的，以中文文本为准。

5. 本合同一式两份，甲乙双方各执一份。

6. 本合同于_____年_____月_____日生效。

甲、乙双方自愿申请劳动合同鉴证的，应当在劳动合同签订之日起三十日内向劳动保障行政部门提出。

甲方法定代表人签名：　　　乙方签名：

（公章）

签名日期：　　　　　　　　签名日期：

媒体链接

科学识才　助推发展[①]

猎人、育人、评价人，这是合肥企业经营者人才公司的核心业务。按照市委市政府要求，以猎头服务为核心，以培育推荐厂长经理为主要工作任务，以大力推进企业经营者市场化配置为工作重点，合肥企业经营者人才公司将为合肥经济社会跨越式发展提供高层次人才支撑。

合肥企业经营者人才公司猎头服务始终坚持规范化的运作方式、专业化的工作流程、丰富的人才资源和广泛的人才搜寻网络，为实力公司提供最合适的高级人才，也为高级人才提供良好的发展机会和发展平台。

十多年来，合肥企业经营者人才公司为丰乐股份、联合利华、可口可乐、合肥报业传媒集团、国购集团等近百家优秀企业提供服务，猎取总裁、总经理、副总、总监等高级人才400余名，其中，从上海、北京、广州、台湾、天津、南京等发达地区为合肥引进高级管理人才近70名。

找准定位　精挑企业人才

准确的服务定位，是保证猎头服务质量的基础。合肥企业经营者人才公司成立初期，从推荐主办会计、工程师入手，从一个职位收取500元佣金开始，当时也遇到了很多跑单、欠账抽单等各类困难和问题。"我们平时就加强与上海、北京、深圳、广州等地猎头公司的交流与合作，取经交流后，我们逐渐规范了流程，打造了一支好队伍，提高了工作质量。"公司有关负责人如

[①]《合肥日报》2013年7月18日第4版。

是说。

经过十年探索，今天的合肥企业经营者人才公司已经为自己设定了较高的服务定位，专注于为优秀企业猎取最为合适的各类高层人才。

企业年销售额在 3 亿元以上；招聘职位是总监以上；给人才提供年薪在 30 万元以上；与企业董事长（总经理）交流 4 小时以上；服务佣金为人才年薪的 35%……只有满足了这些条件，合肥企业经营者人才公司才可以提供猎头服务。在接触过程中，还要对企业背景进行调查，如果发现企业不讲诚信，风险过大、严重违反"劳动法"、经常拖欠员工工资等行为，都拒绝服务，有 50%~70% 的企业被拒绝。

宁可找不到，也不能找一个不符合要求的企业；宁愿做不成，也不推荐一个不合适的人选。这就是合肥企业经营者人才公司一直尊奉的信条。对于公司员工来说，他们所要做的就是，判断什么是最合适的，哪些是最合适的，从而说服最合适的人才在最合适的时间加入最合适的企业。

"问诊"企业　开出合适"处方"

有人说，猎头就是给企业物色人才的，甚至认为就是"挖墙脚"。此话不假，但并不全面。

猎头严格意义上做的是人力资源咨询诊断，而不是推介，简单地推介一个人才那是一般中介机构做的事。真正的"猎头"要是一个好的"医生"，有望、闻、问、切的本领，看出企业人力资源的病症，并开出合适的"处方"。

通常，接受委托之后，合肥企业经营者人才公司首先会对这家公司进行深度了解，包括企业在行业中的地位、企业的商业信誉、行业发展情况等各方面具体情况，并在此基础上分析该企业对人才的吸引力是什么。

要做好服务，每个职位猎取前，猎头都会到企业办公区、生产区和后勤管理区看看，主要是看员工的精神面貌和精神状态，各项管理的落实到位情况，细节的处理情况，哪怕是办公室布局、卫生间管理、食堂管理、班车运行等，都要一一过目。考察这些细节，目的就是想判断企业的管理现状。

根据用人单位的要求，猎头与用人单位的高层管理人员商讨职位的有关条件。用人单位要提供完整的经营活动介绍和相关情况、竞争环境、招聘职位名称、岗位职务说明书、聘用人员资格要求、薪酬待遇等。猎头将帮助企业对职位做出客观、翔实、具体的职务分析，找出该职位所需人才胜任能力模型，为下一步找寻人才提供标准与依据。

"读懂"人才　实现人岗匹配

"人才在哪里，哪些是企业所需要的特定人才？"很多企业老总都有此疑问。

放眼当下，人才其实比比皆是。当然，人才都具有某一方面的长处，但同时又不可避免地存在这样那样的缺点。这个人是否适合特定企业，是否适合对应的岗位，这是猎头判别人才的出发点。

一个成功的猎头，所要做的就是在众多人才中寻找到合适的人，并说服他们，在合适的时间推荐到最适合他们发挥个人潜力的平台上。因此，真正读懂人才就是猎头的"必修课"。

如何"读懂"人才，这是一个窍门。通过良好的测评技术手段，细究每一个环节，同时通过人才的家庭成员和好朋友，及其行为举止、衣着语言、兴趣爱好等，判断人才是否是企业需要的。"读懂"人才的同时，很重要的一点是还要结合对企业及招聘岗位的了解，这是一个综合考量的过程。

"不拘小节"在很多人眼中是一个褒义词。当然，一些小的瑕疵无伤大雅，但具体问题还需具体对待。

在猎头顾问看来，企业高级管理人员的素养如果不够，会直接影响企业形象。实现人岗匹配，科学配置人力资源，要充分考虑到大型企业的整体形象、企业文化以及高管职位的胜任力。因为企业高管需要直接面对的将会是政府机关、国有企业等很多重要客户，"不拘小节"等细节会影响到企业的外在形象和综合市场竞争力。

追踪服务　成为"娘家人"

好不容易帮助企业物色到一个合适的人才，双方都满意，人才上岗，猎头收取一定额度的佣金，皆大欢喜。一切看似"大团圆"结局，其实不然。

在合肥企业经营者人才公司，"售后服务"更是亮点，在某种意义上说，更体现了猎头服务的真功夫。为了保证猎取的人才在企业能"成活"，"空降兵"能在企业发挥作用，猎头必须花上大力气做好后续服务。

"人才到岗的第一天、第一周、第一个月都是关键环节，我们要做好辅导。"该公司有关负责人说，人才上班前，猎头要辅导企业如何用好人才，辅导人才如何尽快熟悉企业；人才上班一周，要辅导企业如何发挥人才特长，辅导人才怎样发挥作用等。"辅导要有针对性，要帮助企业和人才解决问题和困难。"

猎头公司应该是企业和人才的"娘家"，只要他们有困难、有问题就能想到猎头顾问，有高兴事、烦心事也能想到猎头顾问。为在合肥工作而不能回家的外地人才准备年夜饭，为外地人才家人来合肥做好接待……对于合肥企业经营者人才公司来说，这些都很稀松平常。"经过我们服务的每一位人才和企业老总，都与我们保持着密切联系，成了好朋友，工作上遇到烦心事都会找我倾诉。"长期从事人才服务的老猎头深有感触地说。合肥企业经营者人才公司周到、热情的追踪服务，让许多曾经被其猎头顾问服务过的人才至今不忘，深情地称他们是"娘家人"。

第 7 章

跟踪服务

猎头顾问要让企业和人才感到被关心、被重视,让企业和人才的疑虑、烦恼能找到诉说的地方,让企业和人才得到共同发展,让企业和人才更优秀。真正实现让企业招得进、留得住、能发挥作用。

"空降兵"水土不服的种种表现

部分职业经理人"空降"到企业后,由于思想准备不充足,心态没有调整到位,很快出现许多茫然。如工作环境不习惯,助手不得力,工作无从下手,沟通不畅,上下不配合,工作资源少,困难多,矛盾复杂,阻力大,效果差,压力大,心情不快等。在他们身上表现出的共同问题如下。

一 抱 怨

有些"空降"职业经理人总是抱怨用人单位什么都很糟糕,什么都不好,什么都很乱,什么都很差,报怨企业有问题、老板有问题。如2012年10月底在一次公司猎头月度分析会上,一位猎头顾问汇报为某电缆制造企业引进的一位财务总监李某某在做了2个多月后提出辞职,想让老猎手与人才交流一次,看能否说服人才留下来。据猎头顾问介绍,李某某原是一企业财务副总监,被引进到该企业任财务总监;李某某在原企业任财务副总监6年多,其上司是一位工作作风强势的管理者,李某某的财务业务能力很强,配合上司将集团财务工作处理得井井有条,并协助上司完成了公司上市各项财务准备工作,直至企业顺利上市。老猎手与李某某约在一家咖啡厅交流。李某某见面寒暄后就开始抱怨,该企业财务管理很混乱,制度不健全;企业老人多且风气不好,财务部现金会计、税务会计、成本会计都是老板自己的人,财务经理是跟着老板10多年的老人，他们都抱成团，做事也不请示汇报；企业文化不好，欺生排外；老板不重视财务，平时很难见到老板，汇报不上工作，不如原单位规范，等等。据李某某介绍，他到新公司任财务总监时，集团董事长找其谈话并提出了希望和要求，总经理召开了中层以上管理人员会议宣布了集团对李某某的任命，还单独召开财务和审计部门工作人员会议，将李某某介绍给大家认识，并向大家提出了要全力配合李某某工作的要求。李某某还介绍：他到岗两个多月了，只有总经理让他参加过一次相关会议，总经理经常出差和开会，找不到也汇报不了工作；财务部门各有各的事，人员也聚不齐，内部也没有开过一次会；财务人员都很忙，他们也不来汇报工作，自己也不好与他们交流和交谈工作，等等。老猎手根据李某某的介绍和私下了解到的情况，明确告诉李某某：老板已将你安排到财务总监的位置上，你如何协调统领财务部门的下属，完成财务工作任务，应该说是你自己的事；如何能向领导汇报上工作、请示上问题，让领导重视你和你分管的工作，也是一位财务高管自己的事，别人帮不上忙；如何让你的下属向你汇报工作、请示工作，这要看你如何组织他们、如何帮助他们、如何协调他们、如何指导他们，让他们知道向您汇报、请示工作有必要或是必需的，等等，这也是一位做上司的应该知道的或应该做的。如果你做不到、做不好就是不胜任职位。作为一名职业经理人应该明白，现实中根本不存在没有任何问题的、完美无缺的企业和工作岗位。"空降"职业经理人的工作就是一个不断碰到各种各样问题和困难，并逐一解决和克服的过程，并在这一过程中展现自己，实现自身的价值、目标和理想。企业存在的问题不会自动消失，除非企业关门，所有问题都是需要企业职业经理人用自己的管理能力和智慧去一个一个地解决。旧的问题和困难解决、克服了，新的问题和困难又会出现，又要职业经理人去解决和克服。解决问题和克服困难的能力恰恰是职业经理人的核心竞争力之一，也是职业经理人职业存在的价值体现，你解决不了这些问题，说明你的能力还不够或能力有待提高。

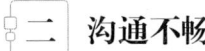 沟通不畅

"空降"职业经理人与老板有一个"蜜月期",在"蜜月期"内大家互相信任、沟通畅通。但随着时间增长,有可能出现以下情况:职业经理人与老板沟通渐渐减少、渐渐不畅、渐渐互相不信任。高级职业经理人应具备的一项重要能力就是沟通,需要经常向老板汇报、向上级汇报、向政府汇报等;职业经理人天天要与下级打交道,向他们安排工作、布置任务,解答他们提出的问题,听取他们的汇报,指导和点评他们的工作等,需要的也是沟通;职业经理人还要经常与经销商、供应商、客户打交道,要与他们博弈各种优惠条件和条款,要洽谈各种协议和合同,要争取更多的利益和空间等,需要的还是沟通。如果职业经理人与人沟通不畅,就会出现与企业元老重臣关系处不好、人际关系差、权威不能树立、工作难以开展、高层团队不能很好地组建或者团队作用不能充分发挥等问题。老板不重视时,职业经理人心态变差,敬业精神降低,由此老板会觉得职业经理人的能力不过如此,并且还要这么高的薪水,最终导致"空降兵"在短时间内主动或者被动离职。刘总就是如此,他经过猎头引进到一家大型企业集团任人力资源总监,在此之前曾在两家大型外资企业任人力资源经理,对人力资源业务比较精通,工作责任心也很强。到公司后他也很投入工作,经常带领人力资源部门的工作人员加班加点,理顺了公司人力资源管理体系,令老板十分喜欢。但随着时间推移,在集团高管会上他批评生产总经理某某做得不对,解聘某某员工却没有在人力资源系统备案;与财务总监沟通人员安排时,因为财务总监多安排了一位客户的关系户,责令财务部门辞退,即便老板出面调解他也通不过。不到三个月与集团多位总监发生矛盾和争执,各部门对人力资源部的工作渐渐地出现了不配合、不支持现象,人力资源部门推行的办法或制度也渐渐地推不下

去、执行不了。而他则总抱怨集团各部门负责人不专业、不职业，结果一年后他自己也就离开了。

三 执行力不强

史总是某房产开发公司副总经理，分管设计部和工程管理部，负责的项目是一个近30万平方米的高端住宅，按照进度要求是2012年12月底竣工交房。对每次总经理办公会的内容他回去后都向部门经理传达，也会提出要求，但每次到月底总结时，他分管的部门都不能很好地完成任务，结果年终绩效考评大家给他评了一个不称职。老总找他谈话，他还感到很委屈，总认为下属能力弱，工作安排了是他们完不成，他是副总又不能天天帮助他们干活。作为一名职业经理人，只要是明确下来的事，不管是工作，还是制度，只要认为是正确的就一定要贯彻、一定要执行。企业的职业经理人不能是发发文件、作作指示、提提要求、检查检查就行，而要一件一件地去实干，一件一件地去抓落实，去指导着下属干，去帮助下属解决遇到的问题和困难；还要监督着下属干，当他们不会时还得去教他们干，并辅导他们干好。因此，职业经理人的高薪不是那么好拿的。老板是制定规划和政策的，职业经理人的主要责任就是执行和落实。如果老板认为正确的当然需要职业经理人去执行，而且希望要执行到位。如果职业经理人执行力不强，业绩不理想，没有达到绩效标准，年度工作业绩与老板（或者董事会）的理想有很大差距，或者企业内部管理水平没有明显提高，"空降兵"的光环就会消失。

四 融不进

有一位大型企业行政人力资源副总监，通过猎头引进到一家中型民营企业任分管行政人力资源的副总经理，到岗后帮助企业制定了很多规范和制度，还创办了企业报，组织了不少活动。但她就是整天坐在办公室里，高高在上，只是打电话让各部门来汇报工作,而且要求请示与汇报不论事情大小必须以书面形式。都到岗近一年了,也从不与下属交流谈心,动不动就批评,动不动就要人家写检讨,动不动就要解聘或开除,动不动就是我在原单位怎样怎样等。作为一个分管行政人力的副总经理从不下科室和车间班组,每天车接车送,每天还要迟到,员工8:00上班她要到8:30,结果员工对她意见很大,认为她是来当官的,是大领导。她则认为员工素质差、层次低,企业不规范,总感觉自己能力强、很职业,是高管,是职业化、规范化的化身,看不起别人,看不起别人,融不入团队、融不进企业、融不到员工之中,结果一年不到就离开了公司。这位"空降"职业经理人融不进企业,把自己当成救世主,认为自己能做好很多事,依旧保留原来的管理理念、原来的行为方式,与用人单位已经形成的企业文化不相适应,或者工作方法没有灵活变通,固守己见,得不到大家的认可,安排的工作得不到有效执行,自己却认为企业员工素质差、不好管。

五 上来就改

吴总原是某一中型快消品公司的副总经理,在企业管理上有一些自己的思想和独特见解。他在该企业工作不到一年,又被某猎头公司挖到一大型多元化企业集团任执行总裁。吴总到岗位后,为证明自己的管理才能,就将原公司请咨询公司整理的一套制度拿来用,不调研、不论证,即全面改造公司的各项管理制度,改绩效考核体系,改公司的组织结构,调整人员分工,特别是改了薪酬制度,结果引起员工的极大不满。尤其是一批跟着老板打拼十几年的老臣,有的丢了官、有的降了职、有的降了薪,他们就带领各自的下属集体向老板告状,有的甚至停工不干,天天吵闹,搞得上下不安,没人敢管、没人敢问,最后老板只有忍痛割爱,让吴总走人。实际上,很多"空降"职业经理人常常操之过急,刚刚到企业,还没有认真地了解情况,做好仔细的调查研究，马上就想着给这个企业"动手术"，不是想着通过循序渐进的方式使这个企业得到改变，而要轰轰烈烈大运动式地改变，让大家看到他有能力、有魄力。动手术是会疼痛的，当疼痛过后，企业发现并没有多大改变时，所有的人便都不会再信任你。职业经理人刚到企业时，往往只看到企业的表面现象，就认为人家制度不健全，流程欠缺，总之什么都不完善，一个字就是要"改"，不假思索地就将原单位的或网上下载的制度、流程、体系照搬过来套用，还以为自己很高明。任何一个制度出台，总要损害一些人的利益，也就会出现矛盾，出现抵触情绪，令制度执行不下去等。其实，不一定写在纸上、印成文件的才叫制度和流程。很多企业能够一直运行几年或者几十年，一定有它们的规则或者文化。最好的制度不是用来贴到墙上的，而要印到员工心里。

"空降兵"不能"成活"的主因在单位

在企业运营管理过程中,企业需要有资金、信息和人力三大资源作保障。人力资源是企业的第一资源已得到企业充分重视,不少企业在招人才上投入了大量的人力和物力,而在留人才上往往有所忽视。2009年底,某集团公司花重金通过猎头公司猎取和社会关系推荐等方式,引进了多位集团高管。该集团公司是20世纪90年代中期成立的,老板是70年代初出生,精力充沛,事业心强,经过近20年的打拼,企业已初具规模和实力。企业已在8个地市成立了城市公司,有近10个大型城市综合体项目,已开发面积达300多万平方米,拥有主力店近百万平方米,先后被所在省市评为优秀企业,已具有较强的人才吸引能力。老板决定加快发展速度,进行二次创业,与企业高层也达成了共识。他们一方面请咨询公司帮助梳理流程和规范,另一方面从全国各地引进一批高管,促进企业的发展。经过多家猎头公司推荐,先后引进了多名企业高管。一是将全国著名商业地产集团总部的财务中心副总经理沈某某挖来任集团分管财务的副总裁;二是将广州某著名房产集团某城市公司工程副总经理昂某某挖来任集团分管工程的副总裁;三是将河南某房地产上市公司的运营部经理黄某某挖来任集团运营总监;四是将浙江某著名房产集团某城市公司的营销经理王某某挖来任集团营销总监;五是将安徽某商业地产公司设计部经理李某某挖来任集团设计总监;六是将北京某大型房产公司成本总监石某某挖来任集团成本总监。这六位人才先后到任，但最终也先后离开，最短的仅一个月，最长的也只有18个月，老板为此很痛心。老猎手与老板进行了深入交流，对该企业进行了认真的调研，与人才也进行了深入的交流和分析，发现这些人才离职的原因是多方面的，有企业的原因，也有个人的原因，但企业的原因是最主要的。

一 企业治理结构不健全

有的企业表面上看发展不错，规模也不小，人员也很多，但企业治理结构不健全，还停留在家长制管理或家族式管理阶段。老板是董事长，虽然不是经营者，但实际上又行使着总裁的职能。虽有财务总监，但钱从哪个银行贷、贷多少，工程款付多少、怎么付、付给谁等还是由老板定。上述某集团公司的沈总虽是分管财务的副总裁，但财务他管不了、工作不能变、人员调不动、财务制度流程改不了，最多只是一个"传令兵"。因此，"空降"的职业经理人到了企业，如果权力不到位，工作就不好推动。企业的管理水平比较低，缺少健全、合法、合理的治理结构，人治为主的现象就较多。即使引入了"空降兵"，仍然存在老板的无形影响，存在某些潜规则，企业员工的汇报还是习惯性地找老板，有问题还是听老板的。即使职业经理人安排了、定过了，员工照样还得问、还得请示老板，老板还得照样表态、照样指示。有的老板看到员工不向他汇报，心里会难过、不好受；有的甚至指示一些员工要天天越级向他汇报情况，汇报职业经理人干的事、说的话。这样一来导致"空降兵"无法发挥作用，工作推不动。或者是尽管请来了"空降兵"，也有明确的职权范围，但老板的习惯没有变，老板的管理作风和管理风格都没有变，老板的权威还是高于一切，老板常有意无意地更改职业经理人的决策，导致"空降兵"无法发挥作用。

二 期望值过高

有的企业花费高昂的代价聘请了职业经理人，对引进的"空降"职业经理人寄托了很高的期望，总认为高薪聘请的"空降兵"无所不能，希望"空降"职业经理人能给企业带来翻天覆地的变化。上述集团公司分管工程的副总裁昂总特别直率，原则性强，能吃苦，工程专业出身，原是广州某著名地产集团总部工程主管，指导着集团全国各地项目的工程建设和协调工作，后又被派到集团一城市公司任分管工程的副总经理多年。"空降"到该集团公司后，他分管的工程部只有两位刚毕业不久的大学生，原来工程部的员工都被另一位老臣调走了，但他要管 8 个城市和 10 多个城市综合体的工程，这能管好吗？能管得过来吗？能管得住吗？但只要昂总有没有管好的或没有管到位的地方，很快就会有人在第一时间内汇报到老板处，或传播到集团各部门，结果昂总得到的是批评、指责、冷言冷语等。集团公司不知道发挥他的专长和特长，不知道回避他的弱项，什么都让他去干，什么都想让他干好，殊不知他也不是全能冠军。集团公司不为他配备资源，更不知道为他配一个能互相协调配合的高效团队。他需要一个理解他意图、执行他决定的高素质队伍。但由于工作的硬环境和软环境都跟不上，加上他的助手和下属的素质不高等原因，导致他的工作成效大打折扣。时间一长，双方就会产生失望情绪，又因缺乏有效的沟通，双方就会走到分手的边缘。

三 急于求成

一般情况下，企业聘请"空降"职业经理人都是企业在经营不理想，或急需突破某个发展瓶颈，或在某领域急需发展的时候，无形中就存在一种"急"的心态，恨不得几天之内就见到成效。殊不知企业的改变不是一朝一夕就行的，不是说变就能变的。上述集团公司运营总监黄总，原是河南某房地产上市公司的运营部经理，从事房地产公司运营管理多年，责任心强，心直口快，做事强势，被引进到集团任运营总监。运营管理者要对所管理业务、机构、人员全面熟悉，指挥协调才能顺畅，运营管理才能准确、得当、高效。

作为新的引进者,他一方面对集团、下属 8 个城市和 10 多个城市综合体的项目不熟,另一方面对集团和各城市公司人员也不熟,上下几百名员工要熟悉需要经过一个过程才能实现;加上请咨询公司为集团制定的运营流程在执行过程中还会有这样或那样的问题,需要有一个不断改进和完善的过程,上来就让黄总一步到位,立竿见影地出成效是十分困难的,结果黄总的工作略有问题就传到老板处,就传播到集团各部门,带来负面情绪。加上集团管理点多面广,涉及全员的整体素质提升,涉及员工习惯的改变,涉及队伍作风的养成,涉及企业的外部环境和内部环境的变化,涉及企业的方方面面,要改变企业长期形成的问题需要一个过程,不会在短期内有大的变化或大的改变。职业经理人不一定是本行业出身,即使是同行业,但企业不同、环境不同、人员不同总要有一个了解、熟悉的过程。由于急于求成,在短期内看不到成绩就产生心灰意冷的情绪,甚至有一种上当受骗的感觉,这在企业和人才双方之间就埋下不信任的种子。

四 老板不信任

多数企业老板存在矛盾心理,不能完全信任"空降"职业经理人。上述集团公司分管财务的沈总原是中国著名商业地产集团总部的财务中心副总经理(该企业财务总经理是集团副总裁兼任),对公司财务风险控制、财务融资、税务筹划等都有自己独特的见解和丰富的实践经验,作风务实,沟通能力较强。沈总到任后,财务经理是集团公司的一位老人,沈总向他要一份财务上的资料都很难,要么保密,要么需要问老板,要么拖着不给;负责融资的是原任财务总监,是跟随老板 20 多年的老臣,只负责银行融资,谁也指挥不了,谁也动不了;负责税务的也是一位老同志,账目混乱,为企业保留的是一个个炸弹,谁也不敢动,谁也不愿动。请想想沈总还可以干什么?老板总希望高薪聘请的"空降兵"全面负责工作,给企业带来新的变化,又恐其能力不足，不能带领企业达到理想的彼岸，出了问题还要他来承担；希望其推动变革，改变企业原来的不良作风，又恐其实施变革引起内乱，怕新员工跑、老员工闹，损失的还是企业，收拾烂摊子的还是老板；希望"空降兵"带领企业管理上台阶，引进新的管理理念，又恐其理念水土不服，浪费了时间，浪费了精力，不能达到效果，还是要老板承担。结果老板是犹豫不决，半信半疑，使"空降"职业经理人的改革方案不能完全落实。也有的老板长期以来事必躬亲，习惯于将大权牢牢地掌控在自己的手里，不习惯授权或者不会授权和分权，有意无意地存在权力本位主义，导致"空降"职业经理人产生一种不被信任的感觉。

五 设障碍

任何一项改革都会触动一部分人的利益，涉及个人利益就会想保护。"空降"职业经理人到企业就是要改、就是要变，如不改不变就还是维持着原状，而如果是维持原状，老板也不需要花大价钱引进职业经理人。上述集团公司分管财务的副总裁沈总面临来自高层、中层设置的障碍和困难；分管工程的副总裁昂总同样面临来自原分管副总设置的障碍和困难，也遇到了各项目公司设置的障碍和困难；成本总监石总遇到的阻力更大。 是领导将石总手下的人员全部抽调走，并要求所有负责成本工作的同志不得听从石总的任何调动或指派；二是将成本总监职责内的工作下放到各城市公司操作；三是应该石总参加的会议不让工作人员通知到他；四是项目招标先内定好再让石总参加，多数人同意的项目让他否定不了，而且还要承担成本总监应该承担的责任等。企业经过多年发展，总会有一些资格比较老、从底层干上来的员工，但是随企业的发展，他们中的多数人能力已经不能适应未来企业发展的要求，有的甚至会阻碍企业的发展和壮大。引进"空降"职业经理人后，如果心态不好，他们可能就会有一种受到威胁的感觉，为保护个人利益就会自觉或不自觉地产生抵触情绪。他们为"空降"职业经理人的改革设置障碍，就会发动一些人出来说事，就会出来找一些问题，就会有人到老板那里诉苦，指责"空降"职业经理人的某些行为，更有甚者会诋毁"空降"职业经理人。他们知道老板想听什么，想要什么，他们会投其所好，让老板高兴满意，这样老板就会认为还是老臣最忠诚，也不会制止他们对"空降兵"设置种种障碍。

六 承诺不兑现

职业经理人到企业前，老板为了吸引人才加盟，对人才提出的要求一一答应，有的甚至给了过高的承诺。上述集团公司营销总监王总，舍弃浙江某著名房地产集团城市公司营销经理职位来任营销总监，吸引她的是销售提成比例，结果房屋销售了，提成比例一直不兑现，让她很失望，也很难给下属交代，更不能带领下属去拼第二个或第三个楼盘了。从安徽某商业地产公司挖来的集团公司设计部经理李总，说好试用期为设计部经理，三个月转正后为集团设计总监，但因设计部原经理提出要走，集团公司一直不任命他为设计总监。有些承诺不兑现是因为企业缺少合理的绩效评价手段，绩效与激励不匹配，有些或是职业经理人的业绩与老板的要求有差距，或是绩效考核不兑现。职业经理人到企业工作一段时间以后也取得了一定的业绩，但是由于评价手段不公正或者难以达成一致，激励方面就会出现问题。原来承诺的不兑现，或者得到的奖励与个人期望达不成一致，或者有的老板从开始就没准备兑现，或兑现时遇到了障碍就不兑现了，便伤了职业经理人的心，职业经理人也就很难留下来了。

"空降兵"不能"成活"的内因在己

多数职业经理人受传统思维方式的影响,"空降"到一个企业后总想新官上任"三把火",认为这样能很快在新单位树立威信,打开工作局面;让老板看看自己的能力,证明请我来是对的;在下属面前也显示自己的本领,让下属在今后的工作中尊重、服从自己。多数老板也很想职业经理人"空降"企业后能有所展示、有所突破,取得成效、见到结果,一方面向老臣显示自己高薪聘请高管的决策是正确的,另一方面向他们证明我离开你们是可以的。这样的方式、这种心理就容易出现操之过急的情况,导致双方不适合,不是职业经理人提出辞职,就是老板提出辞退。而出现这种现象的内因还在职业经理人自身,具体原因如下。

一 定位不准

"空降"职业经理人到企业去,本来就是进入一个全新的环境,面对多种未知情况,对自己的定位应该有清晰的认识。一定要明确自己的长项和优势是什么;一定要明白自己能做什么,不能做什么,现在能做哪些工作,哪些工作要等条件成熟后才能开展等。上述集团公司运营总监黄总到企业后没能坚持下去,一方面是由于性格比较直率,另一方面还是由于过于抓权。职业经理人"空降"到企业后,认为自己来自上市公司有多了不起,讨论工作听不进别人的意见，对领导的指示任意改变；工作中对上指手画脚，对下吆三喝四，不尊重下属，不能按照组织程序安排工作、布置任务，越级指挥，职责混乱，在经营管理过程中经常越位，而这样时间久了就会树敌过多。

二 心态不好

"空降"职业经理人到企业后一定要坚持以投资者或企业利益为中心，一定要处理好自己和老板的关系，一定要明确代表谁的利益，是自己的、老板的还是企业的利益，这样在处理某些事情上就能抓住核心；同时，还要做到不与下属争利，不与同级争宠，不与上级争功，不与老板争名。上述集团公司运营总监黄总为了能在企业"成活"，保护自己利益的意识比较强，开始便主动联络其他新到职的职业经理人抱团与老臣抗衡，但遭到多数职业经理人拒绝。后来他又想法联合个别老臣对付新人，渐渐地被老板发现，结果被限制了职权范围。

三 方法不当

上述集团公司分管工程副总裁昂总，在工程技术上是专业者，由于性格太直，加上长期在广州某房产集团工作，受该集团军事化（强硬的）管理风格、管理作风影响很深，其管理在原企业能行得通，能促进工程建设的速度，但到了新企业就不一定适应了。因此应该结合企业文化的实际、结合企业员工整体素质的实际，探索适合新企业实际的工作风格和工作方法，不能照搬任何企业的管理方法和管理经验。很多"空降兵"已经形成了一定的工作作风和工作习惯，到了新单位后还刻意坚持原来的工作作风、原来的行事方式、原来的经营理念，结果与新单位不能尽快融为一体，不能采取灵活的手段，更不能灵活地处理各种问题和矛盾。切记，引进的新人不管有多强的能力，都要先认同企业，只有在认同企业的大前提下，才可以融入企业，最终才可以改变企业并驾驭企业。

四 人品不好

"空降兵"一定要有较好的职业素养，人品一定要过硬，试想哪个老板愿意招一个人品不好的人放在身边，那岂不是引狼入室？诚信是最基本的做人原则，以企业利益为重是职业经理人的最佳选择，只有这样才能说是具备了基本要求。上述集团公司运营总监黄总联合一方去打压另一方，用这种方法保护自己，保护自身的利益，这反映出一个职业经理人的人品。尽管有各种人力资源测评软件，但是职业经理人的人品是不能完全通过测评而发现的。"做企业先做人"也是联想集团柳传志的名言。

五 价值观不一致

山西商人乔致庸一心一意要实现乔家大德通票号能汇通天下。在聘请大掌柜时，孙茂才才能与智慧过人，已长期服务于东家乔致庸，很想当大掌柜，而乔致庸能容忍孙茂才对半分利，容忍他包养妓女、克扣茶工工钱，但不能容忍孙茂才将乔家从票号业撤出改做更有利可图的生意。结果乔致庸聘请了志向一致，愿用一生实现汇通"天下之梦"的潘为严任大掌柜。我们今天的许多职业经理人总是在那里选企业，总是说我要到什么样的企业去，做什么样的职务，我能给企业带来什么样的效益，等等。职业经理人选企业首先选的应该是老板，最主要的是要看职业经理人的价值观与企业和老板的价值观是否一致，要做的事业是不是自己所追求的和喜欢的。如果是价值观不一致的双方合作，肯定做不长、做不久，只有三观一致，方可久远。

做好跟踪服务，防止"水土不服"

在生活中，人们初到一个陌生的地方，会出现失眠乏力、食欲不振、腹胀、腹泻、呕吐、发烧及发生皮肤斑疹等症状，被称为"水土不服"。"水土不服"实际上是因为生活环境如饮食、饮水、气候、地理环境的改变，引起机体不适应，发生如生物钟紊乱、菌群失调等暂时性的功能紊乱综合征。出现这种现象后，医生会建议多喝水、多休息、多锻炼，增强免疫力和抵抗力，个别严重者附加一些药物一般就会好转或明显改善。

人们在生活中出现"水土不服"现象，只要按照医生建议，一般只要自己略作调整，严重者也只要吃少量药物，就会很快痊愈。由于环境的变化，企业"空降"职业经理人也会出现严重的"水土不服"现象，猎头顾问要根据"空降"职业经理人的症状，提出有针对性的建议和意见；症状严重的，猎头顾问要从多方面施加外力影响，发挥顾问作用，从外给予帮助和指导，促进职业经理人改变和适应，从而也就能在企业"成活"下来；个别确实不能在企业"成活"下来的"空降"职业经理人，多是因为缺少猎头顾问这个好"医生"的指导，也缺少猎头外力的帮助，或是猎头顾问没有做好人才的跟踪服务。

职业经理人"空降"到一个新单位后由于环境的改变，问题也会随之而来。如何与新下属搞好关系？如何获得老板的信任？如何完成目标任务？如何取得好业绩？如何树立威信？如何适应新公司的规章制度？想在新公司推行过去老公司的经验行不通，管理存在问题、生产存在问题、人员存在问题、营销存在问题、制度存在问题，还会出现指挥不动、没有人听，指挥不灵、效果不好，执行不力、工作达不到目标，有劲使不上、有力无处用等一系列问题。这些问题是职业经理人初到一个新单位、新地方、新环境出现的"水土不服"现象。凭借职业经理人的管理能力、管理经验，经过自己的主动克服、调整和努力一般是能够处理好的，这样"空降"职业经理人就能在企业生存下去；个别情况特别严重者，可在猎头顾问的帮助下，加上自己的努力与调整，也能处理好。一般情况下，仅有个别"空降"职业经理人，因双方关系处理得不好，最终出现走人的现象。

如2006年5月，老猎手为安徽某机械制造企业提供猎头服务。该企业生产的主要产品是大型精密铸造件，长期为10多家世界500强企业提供配套服务，还为几家军工企业和核电企业提供配套服务，年销售额10亿元左右，企业员工多数是老人，70%的员工在企业工作10年以上，中层以上管理人员是老板一手带出来的，他们对企业、对老板十分忠诚；同时，老板也明白，是他们过去的艰苦奋斗让公司不断地走向发展和壮大，但目前也是他们制约着企业的发展。考虑到企业的长期发展战略，老板说服了部分高管，决定从社会上引进高层次人才，推动企业再上新台阶。老猎手经过近半年的努力，一次为该公司引进了4位高管。一是为该公司寻访到一位常务副总经理。该职业经理人年龄45岁，1985~2001年一直在一家国内著名家电企业（上市公司）工作，主要负责生产运营和企业管理，是企业有名的"救火队长""消防员"，哪里有问题就到哪里。2001年后在美国一家大型的咨询公司任亚太区副总裁，主要负责企业流程再造和生产管理，先后咨询的项目有海尔集团、长虹集团、厦门金龙汽车、绍兴黄酒等大型企业。二是为该公司寻访到一位财务总监。该职业经理人年龄40岁，是一家大型上市公司的财务部部长，曾参与集团内两家公司上市工作，有丰富的财务管理工作经验和上市工作经验。三是为该企业寻访到一位人力资源总监。该职业经理人年龄35岁，是国内一家著名企业安徽公司的人力资源经理，能吃苦、愿干事、想干事，作风是雷厉风行。四是帮助引进了一位集团总裁办主任。该职业经理人是全国最大传媒集团的办公室主任，也担任过人力资源总监，工作细致谨慎，有良好的人脉关系。该企业也曾多次聘请过高管，均因种种原因没有留下来，长的半年短的一周，老板也十分苦恼。为了保证这些高管能在公司"成活"，老猎手与老板商定，先与4位同志签订聘用协议，不公布4位职位的任命，以猎头公司咨询项目组的名义进驻企业，待合适时再宣布任命。咨询项目组以常务副总经理为组长，猎头顾问为副组长，其他为成员。这样他们就以管理咨询为突破口，在企业分别召开各种座谈会，也分别与企业高管和中层领导进行交流访谈，全面了解企业情况，帮助企业梳理生产管理流程、处理推行ERP过程中出现的问题，帮助梳理物流与仓储管理体系，帮助理顺财务、人力资源等管理流程与体系；并根据企业存在的问题，由4位人才从各自的专业入手，先后为集团内部进行了现代企业生产管理、人力资源管理、财务管理、信息化管理的培训和讲座，让集团内部管理者了解他们的情况和专业能力，也给管理者和员工进行了"洗脑"，还帮助企业制定了一系列管理制度和工作规范。经过2个多月工作，4位高管基本了解了企业情况，了解了各业务板块存在的问题，了解了各自人员队伍状况，也了解了老板的想法和意图，同时也找到了解决问题和克服困难的办法，得到了多数员工的认可。此时适时公布4位高管任命，员工自然接受了这些职业经理人。2012年底人力资源总监和总裁办主任先后离职，常务副总经理和财务总监至今仍在该公司工作，且该公司已于2014年在上交所挂牌上市。

一　做好企业和人才的跟踪辅导

做好企业和职业经理人的跟踪辅导是猎头服务的真功夫。为保证猎取的人才到企业能"成活",能在企业发挥作用,猎头顾问要花大力气做好人才和企业的跟踪辅导。

1. 及时沟通

猎头顾问要及时与企业、人才保持良好的沟通,全面掌握企业和人才的情况,辅导企业扬长避短用好人才,帮助职业经理人了解情况,协助其尽快进入角色。跟踪辅导是有技巧、有方法、有规律的,猎头顾问一般应在人才到岗第一天、第一周、第一月等关键节点上做好跟踪辅导。

一是上班前要辅导企业如何用好"空降"职业经理人,要进一步全面深入地向企业介绍人才的特点,辅导企业如何用好人才长项,即用其所长;也要向企业介绍人才不足,如何防止缺点的扩大化,如何帮助做好对人才工作上的支持和生活上的关心等。

二是上班前要辅导人才尽快地熟悉企业,要全面向人才介绍企业的优势和所在职位的情况,全面介绍企业老板的情况,全面介绍企业的问题和困难,帮助人才厘清、克服这些困难和找到解决这些问题的思路和办法;要介绍企业文化,让人才尽快适应企业文化;要介绍企业老板及上级的情况,如何与他们沟通好、对接好等。

三是上班后的沟通交流。第一天、第一周、第一月是关键节点,人才到企业上班后在这些时间节点上要及时做好沟通交流,要辅导企业高管怎样带人才。一般企业招聘高管后,最好是老板能直接带,让新进高管陪同老板一起工作、一起开会、一起出差,让人才了解企业、了解老板,更重要的是了解老板的思想、工作风格、工作标准、工作要求等。如果是招聘中层,则要辅导好人才的上司,首先是怎样说给人才听,做给人才看,然后是看人才做,指导人才如何做好等。

四是上班后辅导人才如何了解企业、了解上司、了解下属,熟悉企业、熟悉制度、熟悉组织结构、熟悉上下关系等。

五是辅导人才如何发挥自己的长项和优势，帮助人才了解、分析该做什么，老板希望做什么，自己能做什么，该怎么做等，让人才在岗位上能展示出自己的特长。

六是节假日前要沟通，有些人才家不在本地，没有亲朋好友，容易产生孤独感，要及时与人才见面交流，或组织同行聊天、聚会、活动等，让其感觉亲切。特别是重大节假日，如春节，有高管因工作不能回家过年，要为其和家人准备好年夜饭等，让其有家的感觉。

如2006年7月某企业通过老猎手为企业猎取一名财务总监钟总，钟总到岗第一天，即被换了四次办公室。第一次，安排钟总与原财务总监坐一个办公室，老板担心原财务总监会排挤他；第二次，安排钟总与审计总监一起办公，老板又担心审计总监介绍的都是企业存在的问题，让人才感觉不好；第三次，安排钟总与财务经理坐一个办公室，老板又怕钟总知道财务经理是老板的亲属，会让钟总感觉企业是家族制的不好；第四次，安排钟总与总裁办主任一起办公，总裁办主任能全面介绍企业情况，也能及时与老板沟通交流。钟总到岗第一天快要下班时，老猎手按惯例先给企业老板打一个电话，了解人才第一天的表现和老板的感觉，结果老板就把一天四换办公室的事说了一遍，并说出了自己的真实想法。挂了电话，老猎手立马约钟总去咖啡厅喝茶，钟总爽快地答应了，他说："我正准备晚上给您打电话，明天就不来了，这样我们见面再说吧。"钟总一到咖啡厅就聊起一天四换办公室的感受，说让其心里极不舒服，感觉不受重视、不被尊重。老猎手听完钟总的诉说后，把老板为什么四换办公室的想法如实向钟总一一做了介绍，钟总才明白老板就是因为重视自己，才有四换办公室的经过。这样，就解除了钟总的误解或误会，也使钟总感觉到自己的责任和使命。

2. 听诉说

猎头顾问将人才推荐到用人单位上岗后，有必要帮助企业和职业经理人排忧解难，化解烦恼和忧虑。

一是当企业和人才出现重大变化或重大问题时要及时沟通交流，听取他们的诉说。当企业组织结构有重大变化，企业出现重大问题或困难，人才工作上出现重大问题或困难时，猎头顾问要与人才和企业进行沟通交流，认真听取他们的诉说，了解具体情况，帮助他们分析问题、研究问题，提出建议、意见和对策供他们参考。

二是当人才工作中出现重大矛盾或困难时，要认真听取人才的诉说，帮助他们分析问题，化解矛盾。

三是当人才受到委屈时，要及时与人才沟通交流，要耐心听其诉说，让他的委屈有诉说的地方，气愤有发泄的地方。职业经理人一般把情绪发泄了、诉说了就没事了，第二天照样该工作的工作，该干事的干事。记得一企业人力资源总监在参加讨论公司年终奖金分配方案时，与老板发生了激烈的争执。该企业年初制定了绩效考核办法，也明确了年终奖如何分配等，人力资源部按照文件规定拿出了公司年终奖分配方案。老板却认为这个方案考虑不周，会让个别干得不错的高管年终奖少于往年，要求进行调整。人力总监认为老板有制度不执行，是根据人的亲疏发奖金，会使公司制度在将来难以执行，坚持不能调整奖金分配方案，结果会议不欢而散。老猎手得知此事后，晚上就约了人力总监出来喝茶，听取她的诉说；充分肯定了她的专业、职业，同时也站在老板的角度帮助她分析目前企业中高管队伍的状况，为什么要调整奖金分配方案的理由等。聊天结束后，当晚人力总监就将调整好的公司年终奖金分配方案发给了老板。

3. 当参谋

当人才到岗后，猎头顾问有必要帮助企业和职业经理人厘清思路、明确方法、做好决策。

一是猎头顾问要关注服务的企业，要经常深入企业调研，要在与各界人士交流中了解、打听、发现企业问题，并要及时与企业老板或人才通报或沟通。

二是猎头顾问要经常与同行或业界交流，听到好的政策、好的信息、好的经验，要及时向企业老板或人才通报或传递。

三是当企业或人才遇到重大问题或困难时，要及时关心，提供资源、提供支持、提供帮助，帮助厘清思路，帮助分析、研究、论证，帮助找出方法，提出克服困难的建议或意见。

4. 当助手

当人才到岗后，猎头顾问有必要帮助企业和职业经理人解决问题，配好帮手，发挥特长。

一是当人才到企业后会遇到下属业务能力弱的状况，并使人才的作用不能发挥，这时猎头顾问有义务帮助人才找到合适的下属，帮助配好配强助手，让人才的作用能得到充分发挥，使其才华能得到充分施展。

二是当人才下属不配合时，猎头顾问要帮助人才分析原因，找出对策和办法。

三是当人才在工作、生活中遇到困难时，猎头顾问要帮助解决，或让公司帮助解决，一定要当好人才生活上的助手。

四是当发现职业经理人在管理中有某些业务能力不强、不专或管理方法不当时，猎头顾问要帮助找相对专业的人士为其辅导、培训，引导人才克服、改进。

5. 关心体贴

当人才到岗后，猎头顾问有必要做人才的"大哥""大姐"，当好"娘家人"。猎头顾问应该是企业老板和人才的"娘家人"。无论企业和人才，当他们遇到什么困难或什么问题都能在第一时间内想到猎头顾问；当他们遇到高兴事、烦恼事也能在第一时间内想到猎头顾问。猎头顾问要主动关心人才，要提前想到他们会遇到的问题或困难，要提前帮助他们解决或化解。人才到岗前猎头顾问要帮助他们落实好办公室、交通工具、住宿安排等。当春节知道他们回不去时，要将年夜饭为他们安排好；当在外地的家属来时有人帮助接待；当人才生病时有人去看望；当人才孤独时有人陪伴；当人才委屈时有地方诉说；当人才遇到烦心事时有处倾诉；当人才取得成功时有人祝贺；当人才有收获、有体会时有处分享；当遇到职业风险时能得到指导帮助。

猎头顾问要让企业和人才感到被关心、被重视，让企业和人才找到诉说的地方，让企业和人才得到共同进步。只有这样，猎头也才能真正实现让企业和人才更优秀的伟大理想，实现让企业招得进、留得住、能发挥作用。

二 辅导企业用好职业经理人

"空降"职业经理人如何才能在企业长久生存下去，实现猎头顾问的工作目标，即招得进、留得住、能发挥作用，最主要的是做好企业与人才的跟踪辅导。2009年9月安徽一新成立不久的机械设备公司，急需招聘一名技术副总经理。猎头顾问从四川某大型设备公司寻访到一位技术部经理王总，他已取得过六项技术专利，并长期从事机械设备设计和技术管理工作。行业规定：新成立的机械设备公司必须有两项以上自己的技术专利通过验收后方可生产。公司老板希望王总能带领大家尽快完成专利申报工作。王总到任后，带领大家抓紧攻关与设计，争取尽快取得技术专利。但由于公司是新成立的机械设备公司，技术力量薄弱，人员也跟不上，公司技术部仅有四位刚毕业不到一年的大学生，所有技术工作都必须从头开始。他们加班加点进行图纸设计、生产线规划、设备选型、设备安装调试等。但老板总认为给技术副总年薪几十万元，就应该很快能出的东西却一直拿不出来，是工作太慢了，影响了公司正常工作的开展，心里很着急。老板对王总抱怨越来越多，指责也越来越多。王总认为自己尽到了最大的努力，老板还感觉不理想，互相就开始有了反感和抱怨。猎头顾问了解到情况后，及时对企业和人才进行了跟踪辅导。

1. 引导企业给时间

猎头顾问了解到设备公司的情况后，一方面与企业老板交流，引导老板给职业经理人一定的时间，因为机械设备设计要有过程，申请专利也要有过程；同时辅导和指导老板先打好基础，建好技术队伍，培养技术骨干，为后期快速发展做好充分准备。另一方面，猎头顾问引导人才不能着急，帮助找来专家和教授与其共同商议，寻找解决方案，尽快出成果，满足企业需要，赢得老板的信任。猎头顾问要辅导老板有容人之心，对于"空降兵"应该给予充分的理解和支持，要给其适应的时间，不要也不能期望"空降兵"一到就能给企业带来大的变化和完美的业绩。俗话说"路遥知马力"，对"空降"职业经理人也是一样，"空降兵"进入企业总要有一个熟悉企业的过程，虽然要快速见效但也要给出合理的热身时间。一般来说，"空降"初期是熟悉环境、制订计划和做出人员配置安排的时期，这个时期一般需要比较长的时间。而工作的实施，特别是新项目的实施、技术研发等，往往也要一段时间后才能显示出效果。如果是大型的项目，则很可能需要一年甚至更长的时间。给"空降兵"时间并不是企业就放任"空降兵"的工作，而只是等最后的结果，企业老板还需要经常与"空降"来的职业经理人保持沟通，给予支持，对出现的问题也需要及时指导和纠正。

2. 引导企业制订工作计划

"空降兵"进入企业要明确工作目标，制订工作计划，建立监督考核机制，促进"空降兵"尽快适应企业，是用好"空降兵"的必要保证。企业领导人应该与"空降兵"共同完成目标和计划的制订，特别是阶段性目标和计划的制订，并在实施过程中发现问题、及时调整。通过短期工作计划进展情况的总结检查找出不足，企业老板要对"空降兵"的不足之处加以指导，加强培养，使其尽快成长。有些民营企业老板自己就缺少计划性，引进外部职业经理人的同时，老板自己也要适应现代企业的管理方法。同时企业要完善绩效考核机制，工作计划完成后要总结，成绩要肯定，好的要表扬，问题要指出，更重要的是一定要兑现当初的承诺。为保证职业经理人在规定的时间内完成工作任务，老猎手辅导设备公司高管与职业经理人王总共同制订了工作计划，包括完成的时间和步骤，人员、物力、资金的支持与保障等。制订完善的工作计划，并且建立监督考核机制，即可促进"空降兵"快速见成效。有了计划、有了目标后，王总则带领技术部工作人员日夜进行攻关，大大推进了项目进展。

3. 引导企业老板充分授权

老猎手与设备公司老板进行了深入的沟通交流，化解了老板的疑虑。老猎手帮助分析了王总的特点和优势。王总过去有六项技术专利，说明王总技术是没有问题的，是可以信任的；王总从四川来到安徽，远离家乡，从早上上班到晚上八九点离开办公室，一天工作十几个小时，且没有节假日，一心扑在工作上，责任心是强的。有了信任，又有能力和技术，对王总应该是可以充分授权的。"用人不疑，疑人不用"，既然用了，何必再疑呢？老板要相信"空降兵"的能力，并在一定程度上给予支持。企业老板也要转变角色，在目标和计划确定之后，已经聘请了还在担心，实际上是对自己决策的担心。既然已聘请了，就不需要担心"空降兵"的能力不足，不要担心实施变革引起内乱，更不应该再习惯于事必躬亲，向下越级指挥。授权，就是要责权利分明，完善绩效考核机制。由于"空降兵"与其所"空降"到的企业一般会存在一定的文化差异，这样的授权就要注意刚柔并济，通过人员调整和员工培训等方法来适应变革。也要学会放权与授权，在以结果为导向和过程监督中发挥"空降兵"的作用，促进企业发展。

4. 辅导企业老板与人才沟通

老猎手辅导和引导设备公司老板，明白技术人员的特点。一般技术人员是一心放在了技术和攻关上，想的是技术，想的是尽快为企业出产品，有了困难和问题也是自己想办法解决，不知道去借助外力。老板要知道什么时候去帮助他们、鼓励他们、支持他们。作为老板应做技术人员的"后勤部长"，不能只在办公室等着技术人员来主动找你汇报沟通。老板与"空降"职业经理人要通过加强沟通交流，维持良好的信任关系。"空降兵"到位后可能会引起企业老板工作重心的转移，从而沟通减少，但即使这样也要保持必要的沟通，只有保持良好的沟通才能保持良好的信任关系，因为信任是合作的前提。

5. 引导企业帮助人才解决问题

企业老板在引进职业经理人后，要积极帮助"空降"职业经理人解决问题。职业经理人"空降"到企业后总会遇到这样或那样的问题，企业老板不能做旁观者或裁判员，更不是观众，要对职业经理人给予大力支持和帮助，要从外围帮助他解决问题、化解矛盾，并提供各种必要的资源，使其有发挥作用的空间和条件。老猎手引导设备公司的老板对王总从人员上、物资上、资金上给予大力支持；同时还请老板安排办公室为技术人员做好生活保障，保证他们随时能吃得上饭，随时有交通工具，让他们随时能回得去。做到技术干好的有奖励，有关心关怀，苦了累了有关爱、有信任，难了有支持、有帮助、有理解，充分调动技术人员的工作积极性，保证产品按时按质完成。

三 辅导人才尽快适应企业

为企业招到合适的人才是猎头服务的重要工作，如何帮助企业留住人才并让人才更好地发挥作用是猎头服务质量的重要体现。2010年6月某企业集团公司通过猎头服务猎取了一位总裁。该集团以房产开发为主导产业，下有医院、学校、建材、环保设备4家子公司，集团年销售额30多亿元。老板以基本年薪80万元，另加50万元绩效奖的高薪猎取了某国有大型企业的总经理金某某。金总原管理的公司年销售额近100亿元，员工6000多人；由于国有企业机制不灵活，金总感觉自己的能力和作用不能得到充分的发挥，就想到民营企业大展宏图。到民营企业后，他与老板深入沟通，又进行了深入的市场调研，提出了一系列改革计划。老板开始时很支持，但实施过程中受到了来自多方的制约和限制，做出的决策很难推行下去，下达的指示执行不了。开会讨论决定的问题被老板推翻，分管的部门要双重汇报，请示过金总的问题还要再请示老板，老板的秘书成了金总的上级。金总的壮志豪情和全部能力无处施展和发挥，发现自己作出的任何决策都出不了办公室的门，每项决定都要经过老板的认可，自己并不是真正治理企业的总裁而仅仅是参谋而已，是的的确确的助手。老猎手知道这种情况后，及时对人才进行了跟踪辅导。

1. 引导人才正确定位

职业经理人在民营企业工作要明确自己的角色，在职权范围内工作，尽量少越位。老猎手及时与金总沟通交流，引导金总多与老板沟通交流，摸清老板想让你做什么，不想让你做什么，因为老板既是东家又是大掌柜，总裁在民营企业就是二把手。职业经理人理所当然地要帮助老板补台，做老板不想做的、不愿做的、不能做的、做不了的，这时你的空间就大了。职业经理人要读懂老板对你的要求并站在老板的角度思考问题。你能否读懂老板对你的要求？你所想的和老板所要的是否能匹配？"空降兵"要站在老板的角度思考问题，不能按照教科书上写的，也不能按照国有企业或外资企业的管理规范和管理模式，更不能自以为是。可能你的专业度比老板高，管理能力比老板强，但是你做企业可能就比老板差。很多职业经理人在民营企业的失败就是因为太过看重权力，要想获得成功，职业经理人就应该看淡权力，甚至放弃权力，做老板不能做、做不好、不愿做的事，这样在企业才会有大展宏图的广阔天地。

2. 辅导人才与老板保持沟通

老猎手辅导金总，要多与企业老板保持良好的沟通交流，使双方关系更加密切，取得互相信任。沟通是为了了解老板的思想、思路、想法，在工作上、在某些问题处理上、在重大问题的决策上也要将自己的真实想法、思路、会出现的问题、将采取的措施和对策等提前告诉老板，争取老板的支持、帮助与理解。沟通是为了与老板统一思想、统一认识，与老板建立相互信任的关系，目的是将工作做得更好。职业经理人与老板要建立定期沟通的机制，要明确每周、每月要沟通的时间和内容；要保证重大工作、重大项目、重大决策、重大问题等前期有沟通、中间有汇报、结束有总结，一定让老板放心、安心、信任。职业经理人做决定前要先与老板商量，做决定后要与老板通气汇报，决不能出现这边向下属布置工作，别人在那边向老板汇报。如果他们去汇报，老板若提前已经从职业经理人那里得知了，时间长了员工也就不愿汇报了，老板也不愿听他们汇报了。对职业经理人来说，最强项应该是沟通，但最难的也是沟通。

3. 辅导人才提前了解企业

老猎手还注意辅导职业经理人在进入企业之前要多了解企业，特别是要多了解企业的基本情况、企业存在的问题；多了解企业的组织结构情况和人员情况，多了解企业内部关系；多了解企业文化和行为准则；多了解职位的情况，多了解职位要解决的问题和困难，看企业文化与自己是否合适，看困难自己能否解决，看职位与自己是否匹配。这样人才到企业后，就知道会遇到什么问题、困难和矛盾，应该怎样去解决和处理等，确实做到胸中有数，应对自如。

4. 辅导人才处理各方面关系

任何企业、单位，只要有人群的地方就会有矛盾。职业经理人要学会处理好各种复杂矛盾，在以企业利益为重的前提下，掌握好平衡的艺术，掌握好处理问题的时机与火候，要用智慧和办法去解决、化解复杂的利益矛盾，制定战略、驾驭局面、克服困难、解决难题。职业经理人要特别注意处理好老板、亲属、老臣、中高层、员工等各方面的关系，注意化解他们之间的利益矛盾，和谐的工作氛围才有利于工作的开展和成果的取得。

5. 辅导人才规划好自己

选择大于努力，正确的选择来源于个人的素质、见识、悟性、智慧、心胸和价值观。职业经理人进入一家企业，要首先明确我为什么加入，我能干什么，对我将来（职业生涯）有什么帮助等。接着你就知道遇到什么困难该怎么做、做多长时间等；也要明确每个人的性格不同，企业的发展阶段不同，需要的人才也是不一样的，你是不是他们需要的；根据这些判断你就知道你该不该进、要不要退，进了对未来有什么帮助，退了会有什么影响，等等。

6. 辅导人才保持低调

要低调做人，高调做事。企业以成败论英雄，要以业绩说话，业绩是尊严，可以帮你树立威信。职业经理人以低姿态进入企业，会利于员工接受。完全融入企业后，再来提改革方案，这时所有一切都会被采纳，都会被接受。职业经理人到企业后，要明确自己的目标任务，要沉下身子干事，要着力抓好老板和企业急需解决的问题和工作，体现自身能力，实现自身价值。

【案例】　　　　　成功寻访××晚报社总编

为加快干部人事制度改革，拓宽市委选人渠道，加强××市干部队伍建设，市委组织部探索使用猎头服务引进市管干部，这是干部制度的一次改革和创新。根据市领导的要求，猎头公司于2008年11月20日正式启动××晚报社总编的寻访工作，并于2009年3月30日经市委常委会研究，确定任命张××为××晚报社总编、党委书记。现就有关寻访工作分享如下。

1. 全国范围内广泛搜寻总编人才

猎头顾问根据总编职位的任职条件和市领导对总编人选的要求做了如下工作。

一是及时与北京某某猎头公司、北京某某（外资）猎头公司、精英前程猎头网站和北京市委组织部双高人才中心，上海市委组织部厂长经理人才公司、经营者人才公司，南京市委组织部高级人才中心、南京某某猎头公司，还与广州、深圳、宁波、杭州、南昌、武汉、石家庄、郑州等地市26家猎头机构和21名著名猎头顾问进行了深入的沟通交流，邀请他们帮助推荐总编人选。

二是寻求全国知名媒体专家、学者的帮助，猎头顾问先后与艾丰、胡百川、周志春等7名资深媒体专家学者交流，邀请他们帮助推荐、引见总编人选11名。

三是猎头顾问利用专业搜寻渠道和技巧直接寻访总编人选，先后直接寻访总编人选18名。

四是在合肥猎头人才库中直接搜寻合适人选或间接人选。

五是在相关媒体上发布招聘信息，吸纳人才自荐和推荐。

猎头顾问通过各种方法、各种渠道在全国范围内广泛搜寻人才，一周内共接到人才简历、简介、简表等115份。人才来自北京、上海、南京、广州、南昌、武汉、重庆、深圳、哈尔滨等10多个城市。他们既有来自中央媒体的部门负责人和资深编辑记者，也有省市地方媒体的负责人和资深部门负责人；有来自日报类媒体，也有来自市场化很强的财经类媒体。他们的特点是：学历较高，多数是硕士，还有博士；年纪较轻，多数是20世纪60年代末70年代初出生的；媒体经验丰富，多数是资深的媒体负责人、编辑记者和部门负责人，有着丰富的媒体工作经验和媒体管理经验。

2. 对照任职条件，深入分析筛选简历和资料

猎头顾问将搜寻到的115份人才简历、简介资料，认真对照总编任职条件和任职要求，着重对学历、年龄、级别、媒体类型等进行分别核对、核实，认真分析其来××市任职的可能性；并分别进行了电话交流或见面交流。通过比较分析和一轮一轮筛选,又从人选中推荐出 10 名较为合适的初步人选,供市领导参考。

3. 猎头顾问与初步人选进行深入访谈交流

猎头顾问利用两周的时间,分别到北京、黄石、重庆、南京、上海与初步人选进行长时间面对面、更深入的交流和访谈。访谈内容主要包括:人才基本情况、成长过程、成长环境,学习培训经历、继续教育学习的方法和主要内容,工作经历、工作环境、工作业绩和工作表现,管理特长和专长、近期主要代表作等,业余爱好、兴趣和参与组织的重大活动,社交及人际交往的对象,与上级、同级、下级和工作对象交往的情况,以及对价值观、人生观的认识等。重点交流了在媒体工作中的体会和取得的成功经验、遇到的问题和解决办法,深入探讨了对未来媒体发展的观点和看法,也分析了国内优秀媒体的办报策略和办报思路等,还对比了国内外媒体的不同方法与手段,交流了党报未来发展的空间和办报方向等。

4. 利用现代测评工具,对重点人选进行职业能力和个性特征测评

经过对初步人选的深入访谈交流后,我们将初步人选中的 5 位作为重点候选人,并对他们进行了职业能力和个性特征的测试。我们对重点推荐的候选人张××、黄××、张××、伍××、李××分别进行多重职业能力倾向、个性特征的测评。多重职业能力倾向测评是对人选学习能力、语言能力、数学能力、逻辑推理能力、抽象推理能力 5 个指标进行评价分析,判定出其适合的工作岗位和不适合的工作岗位。个性特征的测评主要是对人选的进取能力、社交能力、社交风度、责任心、自我控制能力等 18 个指标进行评价。测评可帮助全面科学地认识人选,全面把握人选,为选人用人提供参考依据。

5. 市领导交流

××市领导凌××、组织部副部长李××等分别在合肥和北京与

张××、黄××、张××、伍××4位同志进行长时间深入交流和沟通，全面了解和考察了总编人选情况。同时，也请相关部门对重点人选进行了组织考察。

2009年3月30日经××市委常委会研究，决定由张××同志任××晚报社总编、党委书记。通过猎头公司寻访传媒公司高管在全国有许多案例，但通过猎头公司猎取地市级党报总编在全国还是首例。

6. 做好跟踪服务

张××同志上岗后，我们十分重视跟踪辅导，让其在岗位发挥作用。

一是及时与其进行沟通，帮助了解单位情况、化解疑虑、尽快进入角色。我们坚持第一个月每周见面，天天电话交流；三个月后我们坚持每月见面、每周电话交流；六个月后我们坚持每季见面、每月电话交流。我们主要是通过电话和见面交流，了解人才的思想情况，有什么问题、困难、矛盾和疑虑，有什么烦恼和忧虑，帮助其分析、化解或解决，让其轻松并全身心投入工作。

二是及时帮助解决内部突出困难和问题。张××到岗时遇到的一个难题是：报社财务管理混乱，一年的广告收入不到1亿元，而应收账款9000多万元，且财务负责人已被纪检部门约谈。面对这个困难，猎头顾问帮助寻找到一位优秀的资深财务经理和一位优秀的审计经理，理顺了内部财务管理体系，建立健全了内部财务管理制度和审计制度，加大了清理应收账款的力度。到2012年底，××报业集团年收入已达3.1亿元，应收账款仅3000多万元。

三是根据市领导要求，帮助配好助手，发挥引进人才作用。张××是一位传媒经济学博士，对传媒有着独特的见解、理解和敏锐的眼光，但他对报社内部细致的、具体的管理缺乏经验。为此，我们按照市领导的要求，帮助寻找一位既有媒体工作经历，又有机关工作经历，且擅长单位内部经营管理和党务管理的领导干部。经过多方努力,我们将××集团总经理尹××引进到××报业集团任副总编,她曾在区报社、组织部、体改委、财政局等单位工作过。两年多来,她作为张××的助手,协助和帮助张××做了大量内部管理工作和经营管理工作,使张××能集中精力放在办报上。

  四是生活上关心、精神上体贴,做好人才的"娘家"。我们坚持无论人才有什么困难、有什么问题都可以找猎头顾问帮助,有高兴事、烦心事可以找猎头顾问诉说和分享。我们坚持与人才见面交流和电话交流,保证人才有问题、有烦恼时有地方去诉说、去发泄,有人倾诉、有人化解、有人帮助。我们还坚持做好对人才生活上的关心和帮助,帮助解决他们解决不了或不好解决的问题和困难。第一年春节,因报社春节还要出报,张××不能回家过年,我们就邀请其家人来该市过年,并为其安排了年夜饭。总之,要让人才感到猎头公司就是他们的"娘家"。

"空降兵"要像一颗优良的种子

老猎手经常会遇到企业老总抱怨"空降"职业经理人能力不行等问题,也会经常听到职业经理人抱怨企业太糟糕等类似问题。这使我联想到农民对好种子的识别,他们认为好种子应具备四点:一是对种植条件要求比较低,抗逆性比较强;二是产量(贡献)比较高,比较稳定;三是群体效应好;四是繁殖能力强。农民把具备以上特征的种子称为好种子。

"空降"职业经理人应该是好种子,企业是职业经理人生长的"土地"。职业经理人"空降"到一个企业,就应该像种子一样在企业成活,并生根、开花、结果(发挥作用),这才是优秀的"空降"职业经理人。老猎手认为优秀的"空降"职业经理人应该具备如下特征。

1. "空降"职业经理人应该具有较强的适应能力

"空降"职业经理人对企业的要求就像好种子对土地与环境的要求一样,不能太苛刻。好种子对水的条件要求不高,或比较耐旱,或比较耐涝;对土壤条件要求不高,能在贫瘠的土地上生长;对肥料条件要求不高,一般施肥就可以增产。同样,"空降"职业经理人也要认识到:企业生存环境和工作环境是复杂多变的,每一个企业生存的环境都是不同的,可以说世界上没有两家完全相同的企业,也可以说世界上没有一家不存在问题的企业,因此,"空降"职业经理人的存在才有价值,才有发挥作用的空间。而且每一家企业的老总、投资主体、团队、员工、企业文化、产品、工作方式、工作环境等均不相同，企业处理和思考问题的方法和手段也会不同。所以作为一名"空降"职业经理人不能因为服务企业的性质、产品、环境、企业文化、人员不遂己愿，就抱怨企业这个不好、那个不好，就不能适应、不能发挥作用，出现"水土不服"的现象。"空降"职业经理人应该像种子一样适应不同的企业、不同的条件，并在这种条件下不断地调整自己、提高自己，融入团队，实现企业和个人的最大目标。

2. "空降"职业经理人应该具有较强的稳定性、可靠性

产量低不是好种子，产量忽高忽低也不是好种子，只有稳定高产才是好种子。好的种子不仅头茬表现优良，还能多茬表现优良，而且能迅速在一个地区繁殖开来。职业经理人要有精通的业务技能和管理技能，要有提高企业效益、降低企业成本的办法和措施；要有促进企业发展的谋略和策略；办理业务、处理问题要方法得当、高效；优秀的职业经理人不只是一项业务好，而是项项业务好，不只是一年业绩高，而是年年业绩高；要诚信、诚实、可靠，要忠于企业、忠于职守，要有良好的职业道德和职业修养；"空降"职业经理人应是企业稳定、可靠、高产的领导者和创造者。

3. "空降"职业经理人应该具有较强的学习能力

在知识和信息化时代，各种变化和竞争随时会发生，企业之间的竞争十分激烈和复杂，而这些竞争又集中表现为对人才的竞争，表现为职业经理人之间的竞争，体现在职业经理人学习能力和创新能力的竞争上。企业要想赢得竞争的胜利，作为企业领航人的职业经理人可以没有学历，但不能没有学习力和创新力。职业经理人必须不断学习、不断创新、不断完善自我、不断超越自我，实现在竞争中学习、在竞争中创新、在竞争中提高，"空降"职业经理人应是企业不断提升、不断发展、不断跨越、不断强大的推动者和领导者。

4. "空降"职业经理人应该具有较强的团队合作能力

好种子并不是单纯地从一棵一棵庄稼的产量来考察的,而是从亩产量来衡量的。在竞争激烈的市场经济条件下,单打独斗和个人英雄主义的时代已经一去不复返了,职业经理人不仅要有较高的个人素质,还要有较高的与上级、同级和下级的合作能力、协作能力,以及管理团队和领导团队的能力,还要有激励、调动和发挥团队的积极性和创造性的能力。职业经理人要像种子一样不仅自身优秀、能力强、产量高,还要让团队里的每一个成员优秀、能力强、产量高,要真正实现 $1+1>2$ 的团队效能。

5. "空降"职业经理人应该具有较强的应变能力

好种子对病虫害抵抗能力比较强,即使不打药或少打药,也能够健康成长;对气候变化的适应能力比较强,刮风不倒伏,霜冻能抗过。企业发展过程中经常会发生一些意想不到的问题、矛盾、困难和突发事件,如果处理不好就会给企业带来重大损失,甚至是灭顶之灾。职业经理人应该具备较强的应变能力,具有应对和处理各种突发事件和各种危机的能力;要反应敏捷,情绪稳定;要考虑问题周到、细致、得当;不能出现措手不及、无章法或束手无策的局面;还要像种子一样能抵制各种不良现象和不良倾向,抵御错误行为和错误思想,保持职业经理人的应有本质。

6. "空降"职业经理人应该具有较强的综合能力

仅仅具备好种子的某一项特征或某几项特征也不能算是好种子,必须综合具备好种子的四个特征才能算是好种子。一名优秀的职业经理人不仅要具有企业财务管理、生产管理、人力资源管理、营销管理等业务管理能力,而且要具有沟通能力、语言表达能力、应变能力、逻辑思维能力等,还要有组织协调能力、决策能力、计划能力、判断能力、控制能力等综合能力。"空降"职业经理人要做到既能掌握全局,又能注意到部分;既能把握结果,又能控制过程;既能考虑到长远,又能照顾到眼前,这才是新时代优秀的职业经理人。

媒体链接

官办"猎头"公司全国"挖人"[①]

猎头们常出没大城市 "人才"被盯上很少能"挣脱"

"猎头"在英文里叫 Headhunting，在国外，这是一种十分流行的人才招聘方式，我国港台地区把它翻译为"猎头"，所以引进内地后人们也称之为"猎头"，意思即指"网罗高级人才"。作为"中国猎头业（十位）专家级顾问"、省城官方成立的猎头公司的老总，郑孝领先生做事一向"低调"。近日，他向记者介绍了合肥官方猎头公司的运作内幕。

官方"揽才"借力"猎头公司"

"官方办猎头其实并不新鲜，由于办事低调，公众才鲜有了解。"作为省城这家猎头公司的老总，郑先生熟悉国内官方猎头历史。据介绍，在全国，上海和深圳官方创办猎头公司最早，随后，全国各地的省会城市陆续开始创办，发展到今天，部分省会城市成立的猎头公司名声在外，合肥猎头公司就是其中之一。

郑先生告诉记者，合肥官方创办的猎头公司成立于1999年，"为避免出现猎头字样，定名为'经营者人才公司'，其核心业务正是猎头服务"。合肥猎头专注于为优秀企业选取合适人才。它利用庞大的人才库和广泛的猎才渠道，通过严格的流程和科学的测评工具及专业的读人技巧，致力于为年销售额3亿元以上的优秀企业猎取年薪30万元以上的总裁、总经理、副总经理、

---

① 《安徽商报》2011年1月18日A14版，记者：陈酿。

各类总监等高级人才。"成立猎头公司，是适应新时期省城人才发展的需要，通过猎头公司，招揽全国各类精英为合肥发展服务是其宗旨。"

据了解，猎头服务有诸多好处，可以帮助新用人单位盈利，在实现人才盈利的同时，还会实现社会盈利，从而达到"多赢"。

"猎头"本事大但做事低调

"推荐岗位：瑶海区某公司副总经理，蜀山区某公司总经理，合肥市某中学副校长，合肥某医院副院长……"记者通过该猎头公司网站发现，由于可靠的诚信度，眼下郑先生业务繁忙，而所有的推荐岗位均属于职业经理人层面。

作为官方猎头，一般通过何种方式挖人？说起"猎人"，郑先生显得非常神秘，"猎人的方式非常多，有的对象，我们甚至从其读研时就盯上了，一旦发现其适合某个岗位，我们会非常巧妙地与其进行接触。只要被我们盯上，很少有失手的。"做事低调的郑先生说，为挖人，他们经常出没于全国各个大城市甚至全国各高校等高端人才集聚区域寻找目标，然后寻找机会。一旦寻找到可靠目标，猎头们就会通过各种方式掌握对方的手机号甚至电子邮箱，并与之"套近乎"，最终与其成功接触。

"挖人"难，考察方式多

通常，猎头公司接到任务后，常常会为挖人而四处奔波。"我经常北上南下，在全国寻找人才。"郑先生说。

根据猎头公司的业务流程，猎人前，他们一般先对其职位进行分析，然后签订猎人协议，随后在全国开展人才搜寻。初试筛选后，再推荐面试，直至录用上岗。不过，这还没完，后期服务还必须跟上。"随着合肥经济快速发展，猎头需求越来越大，众多企业都需求高端人才。眼下，我手头的活忙都忙不完。"郑先生说。

猎头也有风险，如果挖到的人才"名不副实"，不仅会影响到公司品牌形象，还会给客户带来不可预测的损失。"因此，我们总是非常慎重，通过多种方式考察。"郑先生说，比如一旦某人被他们盯上后，在约谈中他会"看似随意"地问出一连串问题，比如"晚上8时你一般在忙什么？""为什么忙这个"等，"这些问题都是事先设计好的，通过分析问题回答，可以掌握人才的优缺点"。

此外，猎头们也会先到企业查看，找出企业管理中的问题，针对问题分析人才的"含金量"。郑先生告诉记者，在多年的猎头生涯中，他已经养成了一个习惯，从来不会听取"一面之词"，调查是一名猎头的全部工作，"是否是自己要找的真正人才，必须用调查出的数据说话"。

服务拒绝"言而无信"

并非所有企业或老板上门，猎头们都会答应为其服务。郑先生说，企业没达到一定层次，或言而无信，他们都会拒绝为其服务。

具体说，对委托企业，郑先生的公司有以下规定：企业销售额在3亿元以上；猎头职位必须是总监以上的岗位；所猎职位年薪在30万元以上；必须与企业老总深度交流至少4小时；等等。对发展前景良好、热心公益事业的公司，愿意为高级人才提供发展空间，以及诚心期望通过管理变革改变目前管理混乱现状的公司的委托，他们非常乐意为其服务。"这类企业有发展的强烈欲望，作为官方猎头必须要出力。"郑先生说。

对言而无信、不守承诺的公司，唯利是图损害员工、顾客利益的公司，崇洋媚外损害国家、民族利益的公司，管理混乱、员工流失过大，且不真诚改过的公司，他们多半会拒绝提供服务。"猎头公司从来不帮那些找不到工作的人找工作，而是帮助那些从来不愁找工作的人找工作。"郑先生说，这也是猎头的"信条"之一。

猎头成功后收费不菲

"作为猎头公司,尤其是官方的猎头公司,恪守的规矩非常多,比如保守秘密、包换服务、售后服务等。"郑先生说。

猎头服务形式特殊,服务的职位主要为总裁、副总裁、总经理、副总经理、人力资源总监、生产总监、营销总监、财务总监、质量总监等,成本较高。郑先生介绍,为挖取合适的人才,他们经常全国各地飞,机票、食宿费惊人,身体高度疲惫,常有透支的感觉。"挖人周期很长,最短的也需一个月,正常情况下,至少需要3至4个月。"

服务周到,收费当然不低。据了解,目前,郑先生所在猎头公司规定,一旦猎头获得成功,委托公司付给猎头公司的费用是受聘人全年总现金收入的35%(即人才年薪的35%)。一般分两次付清,即人才面试前付佣金的1/3,作为猎头服务的工作资金;候选人到岗后7天内付清全部费用。通常在受聘人上任后,有3个月的担保期,如果候选人在3个月内离职或公司有足够的理由解雇,他们将免费替公司物色合适人选,并尽力在3周内完成替补人选工作。

第 8 章

企业、人才、猎头

企业、人才、猎头三者相互联系、相互依存、共同提高、共同发展,实现社会高级人才合理配置,促进经济社会的发展和管理水平的全面进步。

企 业

人才是企业的第一资源，现代企业之间的竞争，最终就是人才的竞争，人才的优势才是企业真正的优势。人才是企业实力的根基，是企业最宝贵的财富。企业是整个猎头服务过程中的重要一方，他们喜欢什么样的人才、不喜欢什么样的人才，对人才寻访成功有着关键的作用。因此，猎头顾问应注意研究掌握企业对什么样的人才感兴趣、对什么样的人才不感兴趣，以达到对人才的准确、快速搜寻，同时也应了解企业对猎头公司和猎头顾问的要求，便于长期共同合作。

一 企业喜欢的人才

现在愈演愈烈的企业竞争，实质上是人才的竞争，一个企业发展的快慢与人才的关系非常密切。谁在竞争中拥有高端人才，谁就能在竞争中处于主动地位，谁就能获取最大的效益。因此，企业希望能招到更多更好的职业经理人。多数企业喜欢的职业经理人如下。

（1）德才兼备（又红又专），以德为先。既要有良好的工作能力和业务水平，又要有良好的职业操守，诚实守信。

（2）有丰富的专业知识和经验。具有专业解决问题的技能与知识，丰富的行业与领域经验，科学决策与准确预测、提升效能的能力。

（3）能提升企业核心竞争力。能为企业创造巨大的利润或能快速提升企业的核心竞争力，提高企业可持续发展的竞争能力。

（4）能准确自我定位。对自我的价值认识与定位准确，能处理好与老板、与企业、与同事之间的关系，沟通能力较强、合作精神强、团队和谐稳定，不与老板争名，不与同事争功，不与下属争利。

（5）责任心强。有较强的责任心和事业心，对工作和任务勇于承担、敢于负责，不怕困难，能解决各种复杂矛盾和问题。

（6）忠诚。对企业忠诚、对老板忠诚，工作相对稳定，不跳来跳去，不与竞争对手联系。

另外，对工作条件、工作环境、权力欲望和经济回报需求相对合理的人才。

二　企业不喜欢的人才

在企业管理过程中，企业遇到了很多关于职业经理人的实际问题，有的职业经理人掌握着企业的关键岗位或技术，管不了、不敢管，搞不好会跑到竞争对手那里，或拉起队伍单干，把人员、客户、技术都带走成了竞争对手；有的职业经理人，大事干不了，小事不想干，拿着高薪，解决不了问题，克服不了困难，还整天讲条件；有的招来没在企业干几天就要走，出去后到处说企业这个不好那个不是，影响了企业的声誉等。因此，企业不喜欢的职业经理人如下。

（1）遇到困难和问题没办法，遇到矛盾就躲开。工作中遇到困难和问题时，拿不出好的解决方案和解决办法，也不能积极主动地去解决、处理，总是与己无关，好像他不是这个单位的人；遇到矛盾时不愿冲在前面去解决、去化解，总是想着躲开矛盾，或将矛盾推给领导或别人。

（2）无观点，没态度。对企业管理无观点、无见解，不能积极地为企业、为老板出谋划策,不能为企业和老板的决策提出好的建议和意见,也不能提供更多决策的信息,而只等着听老板的、看老板的,自己总是没观点、没意见、没看法、没态度。

(3)安于现状,没有创新。安于现状,不想改变,没竞争意识,不想做任何改变和创新,只会执行上司的命令,完全没有自己的主见,不知道帮助老板,为企业想出一些好的、高效的方法和办法,更没有改进工作方式和创新举措。

(4)缺少信誉,缺失操守。言而无信,不遵守诺言,自己总是委屈者,总是受害者,在背后议论企业、议论上司、议论老板、议论同事,离开公司后骂企业、骂老板,将公司的商业机密外泄或告诉竞争对手。

(5)利益为先,拒绝加班。不能以工作为先,做事先为自己打算,有名有利就干,无名无利就躲。不是把工作中取得了多少成绩,自己学到多少东西放在首位,而是到点才来,下班就走,计较工作时间的长短,加班就必须有报酬,无报酬不加班。

(6)不善交际,不善沟通。不愿与外部交流,不愿与内部沟通,不愿参与接待和应酬,不知道社会中的相互联系,相互制约;不愿与人沟通交流,不愿与人合作,不愿与人分享信息,内部关系紧张,外部人脉缺乏。

三 企业如何选择猎头公司

企业要获得持续的发展必须不断补充新鲜血液,有效的补充方式除了正常人才市场和网络招聘之外,猎头也不失为一种有效的手段。

目前社会上的猎头公司很多,三五个人,租一两间办公室,一两部电话,10万元就能注册成立一家猎头公司或咨询公司,做起猎头业务来。他能不能做猎头,能不能寻访到合适人才他不问,先干起来再说,先收你的定金再讲,人才慢慢地给你推荐,今天送去两份简历给你,明天再送你一份,有简历就送你，总有你能看上的，也证明他一直在给你做着，但做不成定金也不退了。帮助企业寻访高级管理人员是企业的一件大事，一定要慎重选择好猎头公司。选择猎头公司要做到六看。

（1）看猎头公司的资质。一家规范的猎头公司要有工商注册登记证或当地政府编办的批文（党委与政府机构），要有人力资源和社会保障部门的人才许可证，有法人登记证、税务登记证、质量监督部门的机构代码证等。这些都齐全了才是一家法律上认可的猎头中介公司。

（2）看猎头公司的操作流程。猎头服务是服务高级人才的，猎头的要求是规范、细致。考察猎头要重点了解他们的操作流程，要看他们是怎么做的，能否按照猎头公司的流程——接受委托、需求分析、签订协议、提交寻访计划、寻访人才、甄选人才、推荐人才、组织面试、协助上岗、跟踪服务等规范操作，过程是否规范，细节是否到位。有些猎头公司的操作程序是抄其他公司的，或者是在网上下载的，只是用来给别人看的，重点是要看猎头是怎样做的。

（3）看猎头公司的优势。每一家猎头公司都有其特殊的强项，按行业分，有房产、机械、化工、医药、电子、快消品、IT、金融等行业。猎头公司会在其中一个或多个行业上是强项，如有的猎头公司专攻房地产，可能服务过很多房地产企业，有很多房地产专业的人才储备，房地产企业找到它就算找对了；有的按照职位分，有高管、财务、生产、营销、质量、人力、研发、工程等，猎头公司会在其中一个或多个职位、职务上是强项。如上海一家猎头公司就只寻访汽车工程师，如果你找汽车工程师找这家公司就对了，他们会有很多汽车工程师人才的储备。但如果找企业老总，可能它就无能为力了。如果你找老猎手寻访企业老总就找对了，因为老猎手已具备20年的猎头服务经验，储备了大量的企业高管人才。但你要让老猎手寻找IT工程师就错了，老猎手的人才库里基本上没有这方面的人才，与这类人才交流也没有共同的语言。因此，找猎头公司要看它的优势和强项。

（4）看猎头公司的猎头顾问。猎头公司的核心是猎头顾问，猎头顾问素质的高低也决定了猎头公司的定位。猎头顾问的层级有多高，他们服务的人才和职位就应该是多高，猎头顾问所猎对象应与他本身是同一个群体，高了或低了他们都没有交流的共同语言。因此，找猎头公司要根据你所要猎取的职位，去认真选择猎头顾问，别误了事。

（5）看猎头公司过去的业绩。选择猎头公司要注意看他们过去的猎头业绩，重点是服务了什么企业，企业规模的大小；服务了什么职位，服务的结果如何；有多少做成了，人才在企业工作了多长时间，取得了什么成果等。虽说业绩只代表过去，但业绩也可预示着未来。千万别让那些从来没做过的猎头顾问，把你单位的项目当作练手的活，那样的话损失的是企业。

（6）看猎头公司是否诚信和保密。猎头顾问要做成功一个职位，需要很深入地了解企业、了解职位、了解老板，从中了解企业存在的问题，为什么要猎取此职位，什么样的人才才能解决企业或职位存在的问题（才能胜任本职位）。猎头顾问了解企业的很多商业机密，所以他们的诚信和职业操守很重要，要选择业界有诚信的品牌猎头公司。如地方政府人社部门对人力资源服务机构会有信用等级评价：人力资源服务机构信用等级 A，人力资源服务机构信用等级 AA，人力资源服务机构信用等级 AAA。国家人社部还有"人力资源服务机构诚信示范单位"等。

四 企业与猎头合作的常见问题

企业与猎头公司的合作过程中，会遇到一些这样或那样的问题，这些问题归纳起来有以下几类。

1. 定金问题

在猎头服务中遇到的一个重要问题是定金问题。猎头公司一般坚持要在签订协议时交服务费的 1/3 作为猎头服务的定金,而企业招聘人员一般不愿交定金。猎头是一个需要知识、技能和脑力付出的工作,非一般人所能胜任。如果不支付定金,猎头顾问的劳动在很大程度上会得不到应有的保障。所以企业采用猎头服务,猎头公司往往要求客户支付定金。此笔费用一方面是客户对合作的一个承诺,另一方面也是用于猎头公司初期的人才寻访的成本,从而使猎头公司初期筛选人才的工作质量更有保障。猎头服务交定金:一是企业之间合作诚意的一种表示。猎头公司也是企业,只是它卖的产品是服务。二是定金对双方都是一种约束。交了定金的项目猎头公司要重点安排,排上工作计划,安排人员集中完成,每周例会需要检查,完不成任务的猎头顾问是会受到批评或处罚的。对没有交定金的项目是不受约束的,在猎头公司计划中没安排上。对企业也是一种约束,确定下来招的职位就不变了,也不需要再浪费人力去招聘,或委托其他猎头公司了。三是猎头也要预防不良企业无偿套取人才信息,占用他人劳动成果。不劳而获是违背道德的行为,对任何希望不劳而获的企业(个人),我们都应采取鄙视态度。四是可以促使猎头顾问卖力地工作,拿人钱财替人消灾,这是谁都应该明白的道理,更何况猎头顾问,没有交定金的项目猎头顾问可做可不做,能做成功的就做,不好做的就放一放或不做。

2. 合作协议问题

公司之间的业务合作就应该签订合作协议,这是公司之间合作诚意的一种表示。协议可以将双方的责任和义务都明确下来,将关键问题提前说明,将过程中的一些操作细节、容易出现的问题描述清楚,将注意事项一一列出来。对规范的公司来说,合作协议对合作双方都是约束,对合作双方也都是一种保护。有人一语道破:越是不懂得猎头的企业或人力资源工作者,越是倾向于不签协议或在签协议前要求提供简历;越是业务做得差的猎头公司,越是倾向于通过签协议前提供简历的方式争取订单。

3. 保用期问题

猎头服务与其他服务一样都有一个保用期。一般情况下，猎头公司的保用期为三个月，即人才到岗之日起的三个月。如果在这三个月之中人才离职，猎头公司应在协议规定的时间内为企业重新推荐人选，直至成功或取消合作。有的企业人力资源部门提出保用期是人才试用期，这是人力资源工作者对"劳动合同法"了解不透，新的"劳动合同法"规定：劳动合同期限三个月以上不满一年的，试用期不得超过一个月；劳动合同期限一年以上不满三年的，试用期不得超过两个月；三年以上固定期限和无固定期限的劳动合同，试用期不得超过六个月。另外，企业高级人才的引进能采取六个月的试用期吗？如果企业与人才不签三年以上固定期限和无固定期限的劳动合同，试用期不得超过两个月。如果企业与人才签三年以下劳动合同，其试用期超过三个月，该合同已违法，无论人才什么时间离职，企业都应给予补偿，因企业违法在前。

4. 待遇与福利问题

猎头与企业在交流过程中会谈到职位的待遇与福利问题。多数企业是避而不谈，有的人力资源或企业高管会说薪酬可以谈，有的则说你先找人才，薪酬不是问题，也有的会反问这个职位其他企业的薪酬是多少，还有的说薪酬要看人才的能力和贡献等。从人力资源专业度来说，职位需要的是什么样的人，应该给什么样的待遇，这是企业应该知道的基本道理。不愿说是怕给高了，企业吃亏了，也有的怕待遇给高了会多付猎头服务费。而给低了人才到单位后也会知道，同等职位若薪酬不同，人才也会感觉吃亏了。还有一种情况是生怕猎头找的不是最优秀的人才，所以企业将人才的标准要求提得高高的，让猎头帮助找，但并不知道这样的人才值多少钱。从猎头工作的经验来看，凡是企业说待遇不是问题的老板和人力资源工作者，最终找不到合适的人选，多数是因为待遇存在问题，与人才谈不拢。人力资源工作者都应该知道，同一个职位，不同的企业待遇是不同的；即使是同类企业，企业规模大小不同、效益高低不同，同一职位的待遇也不同。如财务总监职位，年薪10万元的有，30万元也有，50万元还有，100万元以上的同样有。企业出多少钱，猎头就会为你提供价值多高的人才。没有标价的职位是很难找到的，只能靠碰运气。猎头提供了高素质人才企业出不了高待遇，人才不会来；猎头提供的人才素质低，企业看不上，也不会要。因此，企业一定要与猎头谈清楚职位的待遇与福利。

5. 长期委托问题

企业与猎头公司长期合作是一件双方共赢的事。企业长期委托一家信誉度高、业务能力强的猎头公司为其提供专业服务，对于企业高级管理人才的储备和及时补充发挥着重要作用，还可以减少大量的前期沟通时间，节约了大量的人力资源成本。同时，签订长期委托协议，猎头公司会降低10%左右的收费标准，也可以保证招聘工作质量。猎头公司与企业长期合作，一是保证了公司业务量，省去了业务拓展的人员、时间；二是对企业了解，不需要投入大量人力、时间对企业进行了解；三是猎头公司虽然降低了收费标准，但节约了猎头公司的前期投入，减少了工作量，也降低了成本。对企业是更有利：一是猎头服务费用可以降低10%左右；二是该猎头公司合作期间不会从公司挖在职员工；三是猎头顾问随时为企业储备人才，只要有企业需要的人才，猎头顾问会在第一时间推荐给企业；四是猎头顾问会随时对企业的发展提供有价值的建议和意见。

6. 多家委托问题

企业将需要招聘的职位委托多家猎头机构同时进行服务。接受这样委托的机构多数是一些小的猎头公司，因为委托他们的单位来源少，对他们来说能有单子做就不错了，这些猎头顾问经验不足，人才库人才又少，能否做成靠的是碰运气，权当猎头顾问练练手。据业界统计，这样的猎头公司招聘成功率在 5% 以下。正规的猎头机构，委托服务的单位多，且实力强，能帮助企业寻找到合适的人才，他们是在委托单位中挑着做，一般成功率高，因为若做不成怕影响他们在业界的声誉。他们在为企业找到合适人才的同时，也为企业做了咨询和诊断，会为企业提供很多很好的建议和意见，还能做好人才与企业的跟踪服务，让人才能招得进、留得住，且能发挥作用。这样的猎头公司接受的是独家委托，否则单子是不接的。有些人力资源工作者不专业、不职业，总想多家委托。他们对小猎头公司能不能为企业招到合适的人才不考虑，只希望价格低或得点好处，受损的还是企业。

7. 推荐简历问题

推荐人才简历是人才市场和一般人才网站的一项业务，每场人才招聘会都会收到很多简历，网站上也会收到大量人才简历，但这些简历对他们来说没有多大用处，企业若需要就从人才库里调出来几份发给企业，收取一定的费用，一般一份简历给 50 元、100 元等。据了解，也有猎头机构也这样做，企业要人，猎头机构就推荐几份人才简历过去，企业看好就见人，既不对企业进行了解，也不对职位进行分析，更不对人才进行解读、评价和分析，也不会对人才进行核实、调查和评估，不保证质量。一些不专业的人力资源工作者，为了给企业节约钱，不管企业能否招到合适的人才，也不管人才能在企业做多久，更不管能不能干好或发挥作用，只要招到人才就算完成自己的任务了，于是就找这样的猎头机构做服务了。也有的是为了应付工作，部门要招人，就给你找几份简历，成不成不是他的事，他的绩效考核算是完成任务了。老猎手奉劝这样的人力资源工作者专业点、有责任心一点、职业点、对企业负责一点。据调查，目前市面上的人才简历 80% 以上有水分或是假简历，你把这样的人招进企业，受损失的还是企业，企业的人才流失率也会增长，你的专业度也会受到影响，老板或上级领导对你的评价也会不一样，你的个人品牌也会受到影响。

8. 收费问题

猎头服务收费问题是大家关心的问题，从企业角度来说，要尽量帮助企业节约人力资源招聘成本，这是可以理解的。从人才供求关系来看，一般来说，基层人才一般供大于求，容易招到；中层人才供需基本平衡，可以招到，但有个别职位难招；高层人才供不应求，一般比较难招到，个别职位特别难招到。企业要根据招聘职位的供求关系和难易程度来确定招聘费用的高低，企业要将那些很难招到的职位委托给猎头公司。一般的猎头公司也是接那些企业招不到的职位，人力资源部不愿招的职位。职位的难度决定了猎头服务收费的高低。一是高层职位人才少，寻找人才难度大，需要时间长；二是职位要求高，一般的顾问难完成，需要高素质的猎头顾问来服务，人力成本高；三是工作量大，因每一个高层职位从事的工作不一样，遇到的问题难度也不一样，能解决这样难度问题的人才数量少，寻找难度就大、工作量也就大。猎头服务也是一分钱一分货，猎头的费用与职位寻找的难度、顾问层次、人才的数量多少等有关。猎头服务收费一般机构为人才年薪的35%左右。一些小的猎头机构收费15%～20%，多数猎头机构收费20%～30%，也有猎头机构收费30%～40%。

五 企业如何选择猎头顾问

企业委托猎头公司招聘高端人才，在选择优秀的猎头公司的同时，要注意选择好猎头顾问，猎头顾问的优劣决定了猎头服务的成功与否。猎头实际是一个技术活，它对猎头顾问的知识与经验要求很高，你让一个小学生去评价一个大学生，小学生会感觉大学生太了不起，如此优秀；你让一位教授去看大学生、中学生，他会看到他们的长项、特长，还能指出他们需要改进的地方。猎头服务也是如此，你让一个刚毕业没有几年的猎头顾问，帮你寻找、评价、诊断企业高管，他看到的是"优秀"。你让一位刚走出校门的猎头顾问，帮你分析企业职位需要一位什么总监、副总，他会从网上给你搜出一个规范的职位说明书，实际上他都不知道职位是做什么的。猎头顾问的层级要与企业所招聘职位层级相同或在其之上。这就不难理解选猎头要选好猎头顾问了。选择猎头顾问要"八看"：

（1）要看猎头顾问资历（经验）。选猎头顾问时要根据猎头职位的高低，要注意看猎头顾问过去的工作经历、工作经验，要看猎头顾问原工作职位层次的高低，所在单位规模的大小，人员多少，要看猎头顾问从事猎头工作时间的长短，还要看猎头顾问的成功案例和工作业绩如何等。

（2）要看猎头顾问对行业和企业的理解。选猎头顾问要注意了解猎头顾问对行业的了解情况，了解行业的深度如何，过去是否服务过同一行业；要了解猎头顾问是否了解企业情况，是否做过类似企业和类似职位，对企业理解如何等。

（3）要看猎头顾问对职位的把握。选择猎头顾问要看他对职位职责的理解，如何把握对职位的要求，能否把握职位的主要特征；看猎头顾问通过什么方法和途径了解职位；看猎头顾问对职位分析、对职位福利待遇的了解与理解等。

（4）要看猎头顾问搜寻人才的渠道。要了解猎头顾问搜寻人才的渠道有哪些，是否广泛；搜寻人才的方法有哪些，是否可行；搜寻人才是否有针对性等。

（5）要看猎头顾问甄选人才的方法和技巧。要注意了解猎头顾问对人才甄选的方法，如何筛选简历，如何解读、评价人才，利用什么方法和技巧评价人才，如何核实人才简历的真实性，怎样与人才交流与沟通，怎样准确理解与把握人才等。

（6）要看猎头顾问的成功案例。不是听猎头顾问怎么说，还要看猎头如何去做。选择猎头顾问要了解猎头顾问过去的业绩，特别要注意了解猎头顾问过去的成功案例,要注意了解成功案例对搜寻职位有什么帮助等。

(7)要看猎头顾问的沟通方法和技巧。猎头顾问能否寻访到高级人才,一个很重要的方面是看猎头顾问如何与人才进行沟通。一个善于与别人进行沟通的猎头顾问,对人才寻访有良好的帮助,高级人才愿意与他进行沟通交流。

(8)要看猎头顾问的人品和业界口碑。选择猎头顾问要注意了解顾问的人品与口碑,了解顾问过去服务的企业对他的评价,看是否有违规的行为;了解顾问的职业操守,看是否在服务时间内挖过被服务企业的人才,也要看顾问推荐的人才品质怎样等。

人 才

在猎头服务过程中，高级人才是稀缺资源。猎头服务能否成功的一个重要原因是看能否寻找到合适人才，因此，在猎头服务中要注意研究人才对企业、对猎头顾问的要求与看法。

一 人才喜欢的企业

在长期的人才交流工作中，高层次人才一般不轻易流动或换单位和岗位，他们要经过深入的调查、认真权衡与论证，经过深思熟虑后才会作出选择。人才喜欢的企业如下。

（1）希望有一个良好的工作环境。研究表明：只有营造一个良好工作环境的企业，才能对人才有巨大的吸引力。人才希望能有一个良好的工作环境，也希望能做自己最擅长的工作，能在工作中得到上级表扬和赞扬。企业员工的意见能受到重视，同时致力于高质量的工作，每个人在企业都有机会学习、成长和发展，人际关系简单和谐。

（2）希望企业规模相对较大或品牌知名度高。大企业的管理从各个方面来说都比较完备、规范，这样的企业内部工作人员素质较高，能与这样的企业和管理人员在一起工作，可以使自己各方面都能得到提高、进步、成长或学到新东西。相对较大的企业的中层、高层管理者有较丰富的管理经验，能带领企业或促进企业有较快的发展，人才与企业能得到共同提升、共同提高、也能共同发展。

（3）希望有一个好的老板。职业经理人与企业老板可以说是朝夕相处，每天在一起工作、学习、生活，职业经理人与老板在一起的时间远比与家人在一起的时间长得多，一个好的老板是吸引职业经理人的重要因素。多数职业经理人眼里的优秀老板是：声誉良好、诚信、有亲和力、尊重人；有宽广的知识面、长远的发展战略、现代管理理念、良好的管理风格；有良好的社会关系和广泛的人脉关系等。

（4）希望有一个好的团队。职业经理人希望团队每一位同事都能乐观、积极、有责任心、爱学习、乐于助人；希望团队内部能相互关照、相互尊重、相互支持，像一家人一样。在这样的团队工作会有快乐的心情，可以促进个人创造力和创新力；在这样的团队中，能促进个人工作业绩的提升，达到快乐生活、快乐工作。

（5）希望能有一个好的薪酬。薪酬既是劳动的报酬，也从另一方面体现出人才的价值。薪酬应在社会上有一定的竞争力，让人才体面地生活和工作，让同行业尊重。人才也希望在企业能有一个好的福利，让人才感受到被关心、被关爱和被关怀。

二、人才不喜欢的企业

猎头顾问在猎头服务过程中也遇到了很多不规范的企业，给职业经理人的职业生涯带来极大的负面影响，有的还会造成重大的损失。在职业经理人眼里，他们不喜欢的企业如下。

（1）没有诚信、缺少社会责任。诚信是企业和做人的一条最基本的准则。可是有些企业和老板总是视诚信为儿戏，拿诚信不当回事，不守信用，随便许诺，随意答应，随手签字，只说不做，承诺不兑现；对员工、对消费者、对社会、对合作伙伴都不负责任；习惯于见利忘义、唯利是图，为了追求未得利益和保护既得利益，不顾一切、不择手段。企业没有诚信、老板没有诚信，企业不负责任、老板不负责任，这样的企业、这样的老板是人人恨之，职业经理人对其尤其痛恨！

（2）制度缺失，管理混乱。企业有制度不执行，有制度不落实；制度只对员工，不对老板和他的亲属；这边制定制度，老板那边破坏制度；制度是老板说了算，老板是制度的化身。老板越级指挥，没章法，老板一人说了算；职业经理人有力使不出，指挥不动、指挥不了、指挥不灵。上下级关系问题多、矛盾多、困难多，都等着老板拍板、老板答复、老板定、老板协调。这是职业经理人最不想见、最不愿见到的情况，也是职业经理人最怕的。

（3）任人唯亲，偏听偏信。企业用人没有标准，不根据能力，不根据业绩，喜欢用跟自己走得近的、经常来汇报的、听话的、自己的人。老板喜欢听小道消息和道听途说，对事情不核实、不调查、不分析，如此一来，往往弄得"小人得道，君子受苦"，是非不分，黑白颠倒，弄得企业人心涣散、一盘散沙。这样的企业，职业经理人不愿去、也不敢去。

（4）不尊重人、缺少关怀。企业和团队只讲工作和任务，只有金钱和惩罚，缺少人文关心和组织关怀。老板总认为有钱让谁做什么就得做什么，我给你钱你就得听我的，让职业经理人没有尊严。加上有的老板缺乏修养、情商很低，动不动就发火、就骂人，把自己的不好情绪带到工作中，把自己的不快心情转嫁给职业经理人等下属，到头来自己不高兴，下属也不高兴，工作没有心情，更没有效率。跟这类企业和老板合作，总让人担心被骂、挨训，提心吊胆，工作放不开手脚，工作累、不愉快。

三 人才要与猎头共舞

猎头为高级人才和用人单位的最高决策层之间构建了一条便捷、畅通的交流渠道，使人才的价值得到最大限度的发挥和展现。然而在猎头为了一个工作职位所列出的长长名单上，活跃的职业经理人要想脱颖而出，被成功推荐，与猎头保持良好而有效的沟通将成为重要的一环。

（1）猎头已逐渐成为企业物色高管和高层职业经理人寻求职业变迁的重要通道。作为职业经理人，不要视猎头为异物，而要与猎头保持良好的沟通。

（2）当第一次遇到猎头时（接到猎头的电话或见面交流），要谦虚、尊重和诚信，给猎头留下好印象，从而为深入会谈奠定良好的基础，或为未来与猎头建立良好的关系。

（3）人才在与猎头的沟通中，真实、完整地介绍自己是最基本的要求，因为猎头详细的背景调查将打破精心编织的谎言。

（4）职业发展规划对职业经理人自身和企业而言都具有非常重要的意义，向猎头清晰传递自己的发展需要和职业倾向，将大大提高人才职业选择的有效性。

（5）猎头不仅关注人才的能力和业绩，更重视人才的人品、心态、价值观、职业发展规划和对事业、生活的责任感，稳健而不失创新是许多企业选择高管人才的重要标准。

（6）听从猎头的安排，增加与用人单位高层接触、交流、沟通的机会，可以扩大自己在业界的影响。媒体的关注和丰富的高层社交活动将会增加与猎头接触的机会。

（7）保持良好的职业操守对建立信任非常重要，猎头时刻都在关注着你。

（8）猎头在推荐、面试、上岗及上岗后的各环节上都发挥着重要的作用，职业经理人主动与猎头保持紧密沟通非常重要，猎头能给予人才许多辅导和有效的帮助。

（9）最有可能得到猎头公司关注的是：在行业内发表论文、文章，直叙自己的想法与观点；主动接受媒体采访，并介绍自己；多参加权威性高、有影响的培训班培训学习，引起特别注意；还要以积极的心态主动与猎头公司打交道。

四 人才喜欢被猎

人才在与猎头的密切联系中，找到了能充分发挥作用的平台和空间，实现自己的理想和愿望。因此，人才喜欢被猎。

（1）被猎而体现价值。凡是被猎者都会在岗位、报酬或今后发展等方面得到提高或提升。猎头公司猎的是头，是第一流的人才，是精英中的精英！如果猎头公司盯上了你，这说明你一定非常优秀，事业成功，前程看好。猎头公司只愿帮那些从来不愁找工作的人找工作，不愿意帮那些没有工作的人找工作。

（2）通过猎头掌握人才市场的资讯。听听猎头顾问的意见，有利于比较自己现在单位的薪酬、地位及升迁机会，看与行业内有何不同，是高了还是低了，做到胸中有数；也可以通过与猎头的接触，了解人才市场的岗位需求、职务待遇、自身还需要进行哪方面的提高和改进等。

（3）适当让老板知道你与猎头交往，引起领导的重视。通过与猎头的接触，了解了行情，可以与老板讨论，使他对你重新估量。如果你确实是企业和老板需要的重要人才，企业老板为了留住你，会开始重视你，会开始与你交流、交心，也会很快给你加薪、加职、提升等。

（4）为将来跳槽做准备。高级经理人不要拒绝或回绝与猎头顾问打交道，多接收一些猎头顾问的名片有益无害。与猎头顾问保持联络最起码的好处是：给自己带来良好的发展机会，获得职业发展指导，在保证职业安全的前提下寻找新机遇。与用人单位有平等对话的权利，而且更容易获得高薪，同时在老板面前可以挺直腰板。

如果你接到过猎头公司的电话，应该祝贺你，因为被猎头公司盯上是件幸运的事情，由此你可以判断自己在行业内的位置。

五　人才喜欢的猎头顾问

职业经理人在职业生涯中，猎头顾问会给他们很好的建议和提醒，他们很感谢猎头顾问。在职业经理人眼里，他们喜欢的猎头顾问如下。

（1）守规矩。做什么工作都有一定规矩可循的，否则市场非乱了套不可，猎头行业也不例外，而且它的规矩更多，不是一般商人能够承受的。尽管市场上称自己是猎头的人很多，但掌握猎头规则而又规范自己行为并不是那些假猎头所能做到的。猎头的确有很多规矩，像保密原则、收费的规矩，代号的规则、专卖的原则等，都是猎头顾问必须遵循和掌握的最基本规则。

（2）有素养。猎头顾问在与用人单位和人才交流过程中，要体现出有很高的个人素质和修养。要善于与人沟通交流，有良好的习惯，能注意听对方的谈话，尊重他人，有良好的沟通互动；有很强的识别能力，有专业的读人技巧和方法，能通过交流、交谈，对他人有准确的把握；有很宽的眼界，能真诚待人，有宽阔的胸怀、宽广的视野、丰富的知识，还要为人坦率正直，有良好的职业操守。

（3）有承诺。在猎头服务过程中，人才希望猎头顾问提供给候选人的各种资讯是真实可靠的；希望猎头顾问对候选人的简历和个人信息绝对保密；希望猎头顾问为候选人的职业生涯发展提供的相关指导是专业的；希望猎头顾问为候选人提供的各种服务是免收任何服务费的。

（4）能指导。在猎头服务过程中，人才希望猎头顾问能给自己的职业发展提供有价值的建议和意见；希望猎头顾问能在其工作中给予辅导和帮助；希望猎头顾问能为其化解疑问、克服困难，在解决问题的过程中给予帮助和支持。

六　人才不喜欢的猎头顾问

猎头顾问在猎头服务过程中要保持职业、专业，让人才感到可亲、可爱、可信任，但有些猎头顾问的表现让人才极不喜欢。

（1）衣冠不整、不拘小节。有些猎头顾问在与用人单位或人才交往中，不注意商务礼仪，着装随便、不整齐，又不拘小节，当着客户的面，擤鼻涕、掏耳朵、剔牙齿、修指甲、打哈欠、咳嗽、打喷嚏、跷"二郎腿"、乱丢果皮纸屑等。这些表现，让人才感觉讨厌。

（2）取悦被猎者，随口承诺。有些猎头顾问看到人才，生怕人才不同意或不愿意交流，为讨好人才或用人单位，信口开河，不负责任，随便承诺。猎头顾问的这种行为，让人才感到反感。

（3）频繁约见被猎者赴面试。个别猎头顾问手头人才数量少，看到一个人才就不放过，到处推荐碰运气，今天去这家面试，明天去那家面试。猎头顾问的这种行为，让人才厌烦。

（4）大材小用，胡乱推荐。有些猎头顾问对人才不加鉴别，也读不懂，不知道人才是什么层级，最擅长什么等，只要看到相同职位的就推荐，将大企业或优秀的企业高管推荐到一般单位做同样的职位，与人才的要求或职位相差很大。

（5）为了成功，故弄玄虚，不择手段。有些猎头顾问为了成功，就像社会上的"媒婆"，两头都说好，你要什么他说什么，只拣好的说，有时还会不择手段，弄虚作假。

（6）其他令人才讨厌的行为。猎头顾问在交流中经常向人诉苦，包括个人经济、健康、工作情况，但对别人的问题却不予关心，从不感兴趣；唠唠叨叨，只谈论鸡毛蒜皮的小事，或不断重复一些肤浅的话题；态度过分严肃，不苟言笑；言语单调，喜怒不形于色，情绪呆滞；缺乏投入感，悄然独立；反应过度，语气浮夸粗俗；以自我为中心；过分热衷于取得别人好感。猎头顾问的这些表现，都会让人才不喜欢。

猎 头

在猎头服务过程中,猎头为用人单位推荐合适人才,为人才寻找到有发展空间的合适平台,让企业和人才更优秀。猎头在用人单位与人才之间起到联系、沟通交流的重要作用,因此,猎头是联系用人单位与人才的桥梁和纽带。

一 猎头乐意服务的企业

猎头公司对其服务对象十分挑剔,猎头只愿为优秀企业提供服务,不愿为一般企业提供服务。猎头乐意提供服务的企业如下。

(1) 发展前景良好的企业。这样的公司一般成长性、收益性、稳定性等指标发展趋势较好;企业内部管理相对规范、有序,有一定的发展潜力和后劲;管理团队稳定,管理制度健全;企业所在行业和产业是国家鼓励或提倡发展的,行业和产品发展前景较好;企业目前发展较稳定和未来潜力较大等。这样的企业猎头公司乐意服务。

(2) 热心公益事业的企业。企业和老板关注公益事业,在承担经济责任的同时愿意承担社会责任,热心做一些社会活动如社区服务、环境保护、知识传播、公共福利、帮助他人、社会援助、社会治安、紧急援助、志愿者服务、慈善、社团活动、专业服务、文化艺术活动等社会公益活动。这样的企业猎头公司乐意提供服务。

（3）能为人才提供发展空间的企业。企业能尊重人才，信任人才，尊重他们的劳动成果，尊重他们的权利和自由，能为人才提供良好的工作环境、生活环境和丰厚的待遇及福利；能发挥他们的创造精神，给予充分的授权，让人才能在企业充分地发挥特长和作用。这样的企业猎头公司愿意提供服务。

（4）能使人才发挥作用并能留住人才的企业。企业不仅要能够招到合适的人才，更重要的是能够留住招到的人才，并能让人才在工作中充分地发挥作用。这样的公司是好公司，猎头公司愿意提供服务。

（5）诚心通过管理变革改变目前管理混乱现状的企业。企业在发展的不同阶段都会遇到不同的问题和困难，没有问题和困难的企业是不存在的，只是困难和问题不同而已。企业能够看到自身存在的问题，并希望通过变革来改变目前管理混乱的现状，使公司有更好的发展前景，这样的公司猎头也乐意提供服务。

二 猎头拒绝提供服务的企业

猎头服务过程中，要与很多企业打交道，他们不是对所有企业提出的申请都答应服务，他们对企业是有选择的，对如下企业猎头拒绝提供专业服务。

（1）言而无信、不守承诺的企业。有的企业和老板在当地口碑较差，不守信用，说过的话又不承认，承诺的事又不能兑现，这样的企业和老板，猎头公司不愿提供服务。

（2）唯利是图，损害员工、顾客利益的企业。这样的企业和老板见利忘义、唯利是图，为了追求未得利益和保护既得利益，不顾一切、不择手段。对不惜牺牲员工和顾客利益的企业和老板，猎头公司拒绝提供服务。

（3）崇洋媚外，损害国家和民族利益的企业。对于为自己企业的既得利益，丧失民族自尊心，一味奉承巴结外国人，不惜牺牲国家、民族利益和尊严的企业和老板，猎头公司坚决拒绝提供服务。

（4）管理混乱、员工流失率高，且不真诚改过的企业。企业制度不健全，有制度不执行，老板一人说了算，对员工不尊重，肆意践踏员工的权利，处罚过严过高，待遇福利过低，员工投诉得不到答复，员工流失率过高，存在问题得不到改进等，这样的企业猎头公司不愿提供服务。

三 猎头喜欢的人才

老猎手每天平均收到人才简历10~20份，每年收到人才简历约在5000份。而老猎手每年能做5~10个猎头项目，也就是说一位猎头顾问一年真正向用人单位推荐的人才在20~50位，成功10位左右。在猎头服务过程中，猎头顾问要花费很多的时间和精力用在人才身上，要在数百人才或数千人才甚至数万人才中挑选出他们喜欢的人才，那么什么样的人才是猎头顾问喜欢的呢？

（1）背景优。背景优是指所在企业是优秀企业，最好能有全球或全国500强企业工作经历，或有地区或行业前10名的企业工作经历，或有某一方面做得比较突出的企业工作经历。猎头服务的企业，一般希望人才能来自更好的大企业或名企，能来自更规范、更有影响力的大企业和名企。企业期待这样的人才能给自己带来更新的理念、更先进的技术、更成熟的管理方式、更多的客户渠道、更成功的运营模式等，能带来新的活力，使企业得到更大的提升和更快的发展。

（2）职位高。优秀的猎头公司服务的是大企业和高端职位，因此猎头公司对人才层次的要求也就较高。能够达到他们要求的一般应是35~45岁之间，大型企业中层以上，中型企业老总、副总，小型高科技企业老总，这是猎头顾问乐意见的或喜欢的人才。

（3）业绩好。猎头不仅要看人才有良好的工作背景，更重要的是要看人才过去的工作业绩。企业希望要的人才是到职后能挑大梁的，能较快地创造良好业绩的，能解决企业亟待解决的重大问题的。业绩是过去的，但业绩也能预示着未来。衡量人才能否胜任新岗位，最重要的一个指标就是看人才过往的工作经历和工作业绩。一位具有良好业绩的人才，肯定是猎头顾问推荐的重点。

（4）良好的教育。良好的教育是指人才要有良好的教育背景，即高等教育。良好的学习教育背景，意味着经过严格、系统的基础学习和专业的学习过程，在相当程度上影响甚至决定着人才的思维方式，预示着人才的未来发展趋势。猎头不太关注学历，更多的是关注能力。但好的学校、好的学历层次（本科、硕士、博士），更容易得到猎头青睐。

（5）权威的认证。一些专业性强的岗位涉及职业资格（执业资格）、职称等。有一个权威的、含金量高的职业资格（执业认证），将对猎头推荐锦上添花，有时更会雪中送炭。一般是财务、人力资源、审计、建筑等职业要求比较多。如果财务总监职位能有注册会计师、注册税务师证书，如果人力资源工作者能有一级人力资源管理师、注册人才测评师证书，肯定被猎头顾问推荐的机会增多。

（6）良好的职业操守。企业在招聘中很注重对德的要求，就是对人才的职业操守很关注。多数企业的用人要求是德才兼备，以德为先。希望人才在一个单位相对稳定，不要跳槽太多。一般人才在一个单位的工作时间应不少于3年，最好能在5年以上。要有良好的职业心态，指导和约束自己的心理和行为。

（7）合适的薪资期望。通过猎头服务将人才从一个单位引进到另一个单位，调换了单位和工作，待遇肯定有一个合理的增长。一般猎头希望人才待遇增加30%～50%，不要漫天要价，不能过于贪婪。

（8）良好的沟通。企业高级管理者的一个重要任务就是沟通，一个关键的能力就是沟通能力，他们每天都要面对与上级、下级、同级、政府、客户、供应商等沟通交流。一个有良好沟通协调能力的高级人才，能在工作中清楚、准确、及时地表达自己的观点、思想和意图，才能很好地处理好上下左右的关系，才能正确领会上级的真实意图，准确把握下属的思想脉搏，并调动各方力量和智慧，共同圆满完成工作任务。

四 猎头不喜欢的人才

猎头顾问在服务过程中要与各种形形色色的人才打交道，有许多猎头顾问喜欢的人才，不仅成了猎头顾问的"猎物"，还与猎头顾问成了很好的朋友。但有一些人才不受猎头顾问欢迎，有的甚至被列入人才黑名单。

（1）见异思迁者。总感觉别的单位或别的岗位好，这山望着那山高，不能安心在一个岗位或一个单位坚持干上一段时间，做出成绩，而是意志不坚定，爱好不专一，跳来跳去。这样的人才如果猎头顾问推荐了，肯定不稳定，不到三个月就要走人，即使不走也干不到一年，会影响猎头顾问的声誉。

（2）总是受害者。在一个单位或一个部门与同事一起工作，总认为领导对他不公平，看不到他的优点和长处，看不到他的成绩，对他不重视、不公正，不如他的人都被重用了，总感觉受到了天大的委屈。与同事在一起也是总认为同事嫉妒他、排挤他，抢他的功、争他的利，单位重要的工作是他干的，功劳荣誉是别人的，等等，总感觉受到很大的冤屈。这样的人才如果猎头顾问推荐了，天天需要跟踪服务，不仅企业意见大、人才意见多，猎头顾问也会感觉里外不是人。

（3）井底之蛙者。总是把自己看到的一个角落当成整个世界，把自己知道的一点点知识看作人类文化的总和，认为自己多么不得了，自吹自擂。认为自己的知识、能力，自己见到的、听到的，是这个世界最好的，无与伦比。不知道自己其实是孤陋寡闻、夜郎自大和安于现状。这样的人才猎头顾问无法与其交流和沟通。

（4）贵族子弟。这类人才表面看上去很职业，西装革履，举止仪表让人赞不绝口，但工作中不能放下身段来干事，怕吃苦，不愿受累，解决不了问题，克服不了困难，只能游手好闲，做做表面文章，不干实事。这种人才如果猎头顾问推荐了，开始几天好看，时间长了即便人才不辞职，用人单位也得辞退。这种人才猎头顾问和用人单位都反感。

五 猎头顾问不能挖的人才

在猎头服务过程中，猎头顾问要采取各种方式和渠道去寻访人才，有时候是千辛万苦把人才寻访到了，结果却挖不动或不能挖。

（1）对老板忠心耿耿的人才挖不动。有些职业经理人对老板特别忠诚，猎头顾问用更优秀的单位、更高的职位、更好的环境、更高的年薪、更丰厚的福利待遇等来吸引人才却是无能为力，无法挖动。这些人才一般是老板的知己，或一起长大的同学、同乡、亲友，或与老板一起创业，或老板对他有恩，或老板充分信任和授权，在企业有股份，等等。这类人才是猎头挖不动的。

（2）经常跳来跳去的不敢挖。有的人才是三天两头换单位，只要不顺心就走，遇到困难就走，遇到矛盾就走，领导批评了就走，以自我为中心，说走就走。他们经常跳来跳去，一年一个单位，或一年几个单位，耐不住性子，安不下心。这样的人才是猎头顾问不敢挖的。

（3）水平不够的不愿挖。有些人才简历看上去还好，但实际工作中有的缺方法、没办法；有的能力弱、水平差；有的眼高手低，解决不了问题，克服不了困难；有的看上去符合，本人意愿很强烈，但与职位需要解决的问题和困难不一致，达不到要求等。这类人才猎头顾问不愿挖。

（4）政策规定不能挖。在猎头服务中，有些人才让猎头顾问眼前一亮，很优秀。与企业、职位相当匹配，但政策规定不能挖。如正在承担国家、省级重点工程、科研项目的技术和管理人员，在职国家公务员，国家统一派出而又未满轮换年限的支援西部开发的人员，在岗的涉密人员和离岗脱密期未满的涉密人员，法律、法规规定暂时不能流动的其他特殊岗位的人员等。这类人才猎头顾问不能挖。

媒体链接

一个猎头的生存法则[①]

"金三银四",又到了人才跳槽和企业招聘的旺季。跟随多年的高管突然离你而去,让你犹如失去左右手,怎么办?

这时候推荐你使用"猎头",因为不仅可以节约时间、金钱成本,还可以为你快速找到企业急需的高端人才,更能为你的企业发展提供专业的建议与咨询服务。

郑孝领,就是专门做这样服务的一位老"猎手"。因为卓越的表现,他和他所领导的合肥企业经营者人才公司在2009中国猎头行业发展论坛上,分别被评为"中国猎头业10位专家级顾问""2009中国猎头业十大最具专业影响力品牌"。

猎头如何为企业搜寻合适的人才?猎头对服务的企业有哪些要求?哪些职业经理人能进入猎头的法眼?猎头与职业经理人怎样打交道?什么样的人适合做猎头?

《徽商》为你独家揭秘猎头生存法则。

做企业的"医生"

"真正的猎头要是一个好的'医生',能看出企业管理的病症,并开出合适的'处方'。"郑孝领认为要开出正确的"处方",猎头必须做好三个解读:解读企业、解读老总、解读职位。

[①] 《徽商》2010年第3期,记者:劳之伟。

很多人以为猎头就是"挖人","你（企业）要营销总监，我看他（人才）的职位是营销总监，就把他挖过去。""猎头不是'搬砖头'！"郑孝领强调道。

2002年，一家年营业额达3亿元的民营企业A公司财务状况混乱，郑孝领从一家大型国有企业找来一位资深会计师到A公司任职，很快该公司财务状况焕然一新。后来经过三年的发展，A公司的年产值做到了10亿元，成为当地的第一纳税大户。这时候郑孝领又为A公司从一家合资企业里挖来一位财务总监，帮助A公司从合法避税等方面节约了大量成本。

到了2008年，A公司年产值达到了15亿元，计划上市。郑孝领再次为该公司挖来了一位在上市公司有工作经验的财务总监，令A公司财务状况井井有条，达到上市要求并顺利上市。

"即使是同一家企业、同一个职位在不同的时期，对人才的需求也是不尽相同的。而作为猎头，这时候对企业需求、老总期望、职位要求的解读就尤为重要。"郑孝领向《徽商》娓娓道来其中奥秘。

郑孝领认为，猎头应该以企业顾问的身份出现，虽然不能要求客户做什么，但可以引导、影响企业作决策。

有一家房地产企业1995年进入安徽发展，公司业务发展倒也差强人意，但令老板M烦恼不已的是，没有一个高管在公司里待的时间能超过一年。至于原因，M百思不得其解，找到了郑孝领。

通过交流，郑孝领发现M追求完美甚至到了吹毛求疵的地步。郑孝领就给M讲了《西游记》的故事：唐僧不辨是非但目标坚定，孙悟空容易冲动却能力很强……每个人虽都有不足但优点明显，因为是一个很好的互补型团队，取经才最终获得成功。如果团队里都是孙悟空，恐怕也不见得是好事。

郑孝领的话让M醍醐灌顶。M按照郑孝领的建议搭建了一个互补型的领导班子，从此公司里再也没有出现以前的人才流失情况，业务也突飞猛进。

对于有些企业想一步到位招总裁的举动，郑孝领持反对态度。郑孝领认为，在很多民营企业甚至国有企业里，制度还不健全，约束机制也没有完全形成，如果直接"空投"老总级的人物，就容易出现一些违规现象，导致职业经理人不"职业"。他建议，企业可以从招聘的副总里培养老总，这样安全系数会更高些。

而有些公司招聘的不专业也令郑孝领痛心疾首。在一次普通人才招聘会上，有一家房地产企业在其项目副总的招聘启事上写道：招聘条件为在大型房地产企业从事中层以上管理岗位8年以上，房地产专业本科毕业，沟通能力强，社会资源广，做过大型房产项目开发，年薪10万~15万元。

这让在猎头业摸爬滚打10余年的郑孝领哭笑不得。"这么低的薪酬想要招那样的高级人才简直是天方夜谭，选择在这样层次的招聘会上招项目副总更是愚蠢至极。企业在招聘之前，必须要做充分的市场调查，要了解清楚什么样的岗位给多高的薪酬，什么样的职位应该在什么地方招聘。"

对此，郑孝领建议企业一定要根据招聘对象选择好招聘渠道与招聘方法。比如，生产企业招聘一般的操作工，到市劳务市场甚至是县一级的劳务市场就可以了；而招聘应届毕业生，可以进行校园招聘；如招聘有一定工作经验的中高级人才，就应该到专业的中高级人才市场；要招聘高级专业技术人才或者是副总级（含）以上人才，这时候就应该使用猎头了。

招聘什么级别的人才可以使用猎头？郑孝领对"猎物"有着自己"挑剔"的要求：一是企业年销售额至少3亿元或纯利润达到5000万元；二是猎聘职位必须是总监以上的岗位；三是所猎职位年薪一定在20万元以上；四是必须与公司老总交流4个小时以上；五是猎头佣金必须在35%（含）以上。

猎聘职位年薪动辄百万，不菲的佣金让很多人生羡。"其实，猎头公司也有风险，不是百分之百都能成功，10单能成8单就很好了。若寻觅不到企业所需人才，口碑就会大打折扣。"郑孝领略带神秘地告诉记者。虽然身兼公务员与总经理的双重身份,但和蔼可亲的郑孝领说话时总是嘴角上扬,和他的交流,更像是与一位朋友谈心。

做人才的"娘家"

新兴的猎头业,曾经被蒙上一层神秘的面纱。而在郑孝领看来,猎头就是老总的老总,让合适的人在合适的时间到合适的岗位上,优化高级人才的配置。

但如何找到合适的"猎物"?猎头为此往往要频繁奔波于各大城市,咖啡厅一个接着一个,人才也是见了一拨还有一拨,非得下苦功不可。

到哪里找人才?"高级人才一般是不会轻易地将自己的资料公布出来的,找这些人主要有五个渠道:一是与全国各地的猎头公司互换资源;二是向一些中介机构购买人才资料;三是到各地参加大型的培训、讲座等活动,去发现结识人才;四是浏览一些专业的报刊,搜寻人才;五是盯上一些知名公司的高级人才。"郑孝领毫无保留地说。

一般来说,在接受客户下单后,猎头便通过上述渠道搜索合适的人才,往往一个职位要筛选出 100 多位候选者。如何在这么多的人选中找到最终的入职人选?郑孝领只要通过五个步骤就能"轻松搞定":通过简历(字迹、语言等)读人才,通过电话(语速、音质等)读人才,通过面试(举止、穿戴等)读人才,通过背景(离职原因、职业道德等)读人才,通过测评(专业知识、性格倾向等)读人才。

"通常为一个企业物色到一个合适的人才,上岗了,双方都很满意,皆大欢喜,收取佣金后猎头的这一单业务也就圆满完成了。但我不是这样,我认为,做好后续服务才是猎头服务真功夫的体现。"

郑孝领一般在人才到岗第一天、第一周、第一月等关键环节上做好辅导。上班前要辅导企业如何用好猎取的人才,要辅导人才如何尽快熟悉企业;上班一周时辅导好企业如何发挥人才的特长，辅导人才如何发挥作用等。

虽然与人才因工作结识，但是郑孝领的最大心愿就是努力成为人才的"娘家"。

2009年春节，他之前推荐的一个企业的生产总监因为春节加班不能回家过年，他就把这位人才的家人从南京接到合肥，并为其安排住宿、年夜饭。人才一家都十分感动。

郑孝领不仅关心人才的生活，更会对他们的职业发展提出一些建设性的意见。

前几年，有一位在上海一直做生产管理的人才R先生频繁跳槽。有一天，厌倦了生产管理工作的R跑到了一家上市公司里做董秘，后来却做得不开心，用人单位也不满意。郑孝领告诉R："你的专长是生产管理，你现在已经40岁出头了，年龄已经不允许你再三心二意，我建议你做回生产管理或者人力资源管理。"最后，R听从了郑孝领的建议，到一家公司里做人力资源总监，现在做得非常出色。

期待安徽猎头业壮大

近年来，在猎头界流传着这样一段话："没有使用过猎头的人力资源总监，他的专业是不全面的；没有接过猎头电话的职业经理人，他的职业发展层级是不高的；没有使用过猎头服务的企业，它的发展规模还没有达到一定的程度。"猎头的重要性可见一斑。

"为企业输血、为人才牵线"的猎头业近年来在安徽取得了较快发展。即使在金融危机肆虐的2008、2009年，郑孝领手头的单子不减反增，甚至忙到有70%的单子因做不过来而舍弃。也是在这个时期，郑孝领收取的佣金由30%提升到与国际接轨的35%。

郑孝领也指出，安徽省的猎头业虽然发展多年，但与发达地区仍有很大差距，同时还存在着职业猎头少、一些猎头不够专业等问题。

于是，培养更多的职业猎头迫在眉睫，而猎头需要具备哪些素质呢？"首先，猎头必须是一个优秀的管理者，你要对你所挖的职位了如指掌。其次，猎头还要是一位外交家，猎头没有决定力，但一定要有影响力，一个猎头必须依靠自己良好的沟通技巧、十分的亲和力去影响客户与人才。最后，猎头要有良好的职业素养，例如，不能从服务过的企业里挖人，不能将一个人才推荐给多家企业等。"

心系安徽猎头业发展的郑孝领，他的目标是培养5名猎头。为实现目标，郑孝领一直在不懈努力。

既是管理者又是职业猎头的郑孝领，"忙起来可能一个礼拜都回不了家，陪家人吃饭是件奢侈的事情"。

郑孝领白天上班时间和普通员工一样，会早早地来到办公室处理一些日常事务。而在别人不上班的时候，他晚上、周末还要与老总、职业经理人交流。2009年为了给一家报业集团招聘一位总编辑，他当天下午4点飞到重庆，下了飞机就与人才交流，做人才测评，一直到深夜12点多。第二天中午即乘飞机回合肥，下了飞机立即在机场与一位职业经理人接触，然后下午开车又到南京与一位客户交流。

闲暇下来的郑孝领，唯一的爱好也是看与管理相关的书籍。"每个月我至少要看两本书，最近我读了《浮沉》（为所有在职场中浮沉的人们而写的作品，是一部激励人心的职场生存小说）与《聘谁》（一本极具创新思想的人才招聘与决策著作）。"

作为安徽猎头业的领军人物，郑孝领有一个心愿：他希望安徽的猎头们多交流，多到外面学习新的知识，安徽猎头业能与企业、人才队伍共同发展壮大。而他自己会继续在这个"助人为乐""助企为乐"的行业里耕耘！

编后语

本人撰写《猎术》缘于一个偶然的机会。2013年2月8日我因不小心摔了一跤，致右小腿骨折，手术后需要卧床（不能下地）休息三个月以上。对一位每周七天工作制的人，突然让他长时间躺在床上，这可以说是一种无情的折磨、艰难煎熬。开始我还能坚持，配合医生治疗和家人护理，后来心情开始烦躁，对于家人的照顾总感到不满意，经常发无名之火，脾气暴躁。我知道这是病人的一种不正常心理反应，最好的方法是调整情绪，转移自己的注意力。

过去我多次在人力资源沙龙和高峰论坛上讲过"人力资源经理如何读人"，在猎头论坛上多次讲过"猎头的核心技能"，我想把这些PPT讲稿重新进行推敲与整理，并形成文字，对猎头顾问规范操作流程会有很大的帮助。因此，就产生了写作此书的念头。由于我喜欢猎头服务，精力集中在书稿的整理上，也忘记了疼痛和不快。不知不觉三个多月很快过去了，近17万字的初稿也形成了。2014年2月，手术留在右腿内的钢板和五根螺钉需要住院做手术取出来，这样我又对书稿做了进一步的修改和整理，最终形成了此稿。

此书稿的形成，首先应该感谢的是我的妻子龚维秀和孩子们，他们在我生病期间给予了无微不至的关心和照顾。还要感谢公司副总经理朱晓红，她在我住院期间主持单位工作井然有序，对编写此书给予积极的鼓励和热情的帮助，对于本书的章节和内容提出了建议和意见，对于本书的出版给予大力的支持和帮助。也应该感谢公司猎头顾问团队，刘萍萍、张庆伟、赵盆玉、曹俊伟等对书稿的每一章节都进行了认真的讨论和修改。还应该感谢公司培训团队、人才测评团队和综合团队，他们对书稿的写作也给予有力的支持和帮助。由于我是在病床上整理书稿，只靠一部手提电脑，中间利用百度搜寻相关参考资料，未能留下资料名称和作者姓名，在此表示歉意，对资料的作者表示衷心的感谢！

　　书稿是完成了，希望能给中国猎头公司和猎头顾问带来帮助。如果您喜欢此书，将是我的莫大荣幸。如果有什么意见和建议，我作为老猎手随时愿意与您一起讨论和探讨。欢迎您提出宝贵意见。